怎样评价学生才有效
——促进学习的多元化评价策略

Student Assessment That Works: A Practical Approach

［美］埃伦·韦伯（Ellen Weber） 著

陶志琼 译

中国轻工业出版社

图书在版编目（CIP）数据

怎样评价学生才有效：促进学习的多元化评价策略／（美）韦伯（Weber, E.）著；陶志琼译. —北京：中国轻工业出版社，2016.1（2024.10重印）

ISBN 978-7-5184-0734-7

Ⅰ.①怎… Ⅱ.①韦… ②陶… Ⅲ.①中小学—教育评估 Ⅳ.①G632.0

中国版本图书馆CIP数据核字（2015）第279794号

版权声明

Authorized translation from the English language edition, entitled STUDENT ASSESSMENT THAT WORKS: A PRACTICAL APPROACH, 1E, by WEBER, ELLEN, published by Pearson Education, Inc., Copyright © 1999 by Allyn & Bacon

All rights reserved. No part of this book may be reproduced or transmitted in any form or by any means, electronic or mechanical, including photocopying, recording or by any information storage retrieval system, without permission from Pearson Education, Inc.

CHINESE SIMPLIFIED language edition published by PEARSON EDUCATION ASIA LTD., and CHINA LIGHT INDUSTRY PRESS Copyright © 2015

责任编辑：吴　红　　　责任终审：杜文勇
策划编辑：吴　红　　　责任校对：刘志颖　　　责任监印：吴维斌

出版发行：中国轻工业出版社（北京鲁谷东街5号，邮编：100040）
印　　刷：三河市鑫金马印装有限公司
经　　销：各地新华书店
版　　次：2024年10月第1版第9次印刷
开　　本：710×1000　1/16　印张：21.5
字　　数：196千字
书　　号：ISBN 978-7-5184-0734-7　定价：48.00元

读者热线：010-65181109
发行电话：010-85119832　　010-85119912
网　　址：http://www.chlip.com.cn　　http://www.wqedu.com
电子信箱：1012305542@qq.com

版权所有　侵权必究

如发现图书残缺请拨打读者热线联系调换

242241Y1C109ZYW

译者序

　　翻译一本书的过程其实也是理解和吸纳一本书的思想的过程。本人从2014年10月开始翻译《怎样评价学生才有效》这本书，有幸能够理解和吸纳此书的思想。按常规思维，人们会去思考"怎样教学生才有效"。其实，只是关注怎样教而不注重怎样评价，学生的学习效果和学习质量并不一定能得到保障。为了提升学习质量，对评价学生持关注态度是很有必要的。因此，看到《怎样评价学生才有效》这本书时，我就情不自禁地想要知道书中的内容：本书中所指的评价是什么意思？评价的目的是什么？谁会是评价学生的主体？谁会参与学生的评价？参与评价的人会采取什么样的评价措施和评价方法对学生进行评价？如何对学生进行评价才是有效的？

　　本书中所指的"评价"的意思是：观察学生的学习过程，共同协作去解释所收集到的资料，制定标准，描述进展，收集结果，记录反思和表现，发现学生的优点并帮助他们改正缺点的过程。评价是学习过程的必不可少的组成部分。评价就是提出好的问题并解决所提出的问题。思考缜密的问题给诊断和评价提供了基础。评价的目的旨在提升学生的能力，具体包括：检查学生回忆特定事实的能力，评价学生运用事实进行归纳和推论的能力，确定学生组织事实的能力并确保学生对事实之间关系的理解。

　　那么，为了达到对学生进行评价的目的，谁会参与学生的评价呢？如何进行评价呢?

一、谁是评价学生的主体?

在人们的常识性思维中,对学生进行评价肯定是任课教师义不容辞的任务。但在本书的第一大部分,作者埃伦·韦伯(Ellen Weber)指出,只依靠教师来评价学生是远远不够的。只有学生、教师、专家和家长组成评价共同体,各自发挥其在评价中的协作作用,评价的效果才有可能最为显著。

(一)学生作为学习评价的伙伴

作为积极参与者和主动学习者的学生,一旦成为教师的评价伙伴后,就会把枯燥的学习评价转变为热情四射的挑战,不只是对评价过程和评价目标有清楚的把握,而且学习动力也会得到激发。如果学习是终身的,那么评价就必须要适应这种自主的终身学习的模式。学生需要利用评价机会来了解自己的进步、评判自己的成绩和监控自己的发展,学生具备认识自己的优势、倾向和不足之处的能力。

学生也是学习责任和学习评价的承担者。要求学生制订学习计划,是为了使学生对自己的学业有高度责任感,并使学习结果体现多元智能的发展。要想让学生对学习承担责任,就要求学生相互交流学习目标。曾经孤军奋战的教师和学生汇报说,他们通过与他人的协作创造性地解决了问题,由此发现自己的专业知识得到了极大的增长,个人得到了很好的成长,获得了极大的满足感。这些收获促使教师为学生创设更多的协作性评价措施。及时的反馈会促进学习!评价就是反馈,就是对学习的促进。

同伴指导可以让很多学生受益。同伴指导首先要明确角色和任务,每个人都应该明确知道他们的角色和责任是什么;其次,对指导对象的表现要承担责任,让指导者确切地知道学生要学什么知识、要掌握什么技能和要完成什么活动任务;最后,评价措施应该既能体现学生的成长,也能反映他们自身的弱点。同伴指导不仅增强了学生的数学和科学技能，而且增强了他们的自尊心，帮助他们树立起了积极的学习态度，改进了他们的学习方法。学生将学会与他人建立积极的伙伴关系，矫正自身行为，反思学习活动。

（二）教师作为评价学生的专家及伙伴

作为知识传授者、高级学者和学习伙伴的教师，会想方设法地去教好学生，因而就必定会去了解和实施最佳学习策略，会经常反思自己的教学，会与其他人进行教学过程中的合作，从而让学生能够进行合作学习。未来的学校将会要求教师成为富有创造性的、富有智慧和干劲的教育者。教师同时也是某一领域的高级学者。教师作为自身领域的专家，应该在评价改革中发挥越来越大的作用。教师要想教好各种各样的学生，就必须掌握相应的技能、方法和学理上的哲学原则，就必须从战略的高度思考智能差异性问题。为了提高教育质量，教师需要与学生、家长和社区形成动态的合作关系。教师是培养学生特殊能力的关键所在。作为高级学者的教师，也希望能够从别的教师或学生身上学到东西，并把他们当作学习伙伴。经常鼓励学生并为学生提供帮助的教师通常会获得许多回报，会成为激活学生头脑的帮助者。

高质量的评价有的时候存在于"旧"的评价方式中，有的时候存在于"新"的评价方式中。好的评价并非意味着要抛弃所有的旧方法，也不意味着要全部采用新方法。一些教师只是凭直觉决定选用或抛弃什么评价手段。对合作学习得心应手的教师，则会通过与其他教师的交流来决定是否选用或抛弃某种新的评价手段。通过合作，教师会成为评价专家。为什么要进行评价？选用某种评价方式会带来怎样的结果？评价怎样才能成为教学与学习的中心？教师们需要共同探讨解决这些问题，并把评价和学习推向新的高度。

除了探讨教师作为评价专家的作用之外，还有必要探讨教师作为意义创造者的价值。教师知识的价值越来越受到重视。行动研究为教师改进课堂评价提供了可能，教师怎样看待学生主动学习的能力，通常决定着他们运用什么样的紧密相关的公平公正的评价手段。

作为行动研究者、问题界定者和解决方案创造者的教师，在评价中研究评价、提出问题、解决问题、创造出解决方案。教师对评价的推动，经历了一个从激烈竞争到协作，从无权到赋权，从冲突到解决，从偏见到接纳、理解与包容的发展过程。教师逐渐变成了将理论假设与教育实践联系起来的学者和专家。教师怎样才能更好地提出问题，从而引领评价实践的改革呢？

（三）家长作为评价学生的伙伴

家长参与学生的评价对学生的成长所起的作用也不可忽视。美国的国家教育目标要求每所学校都促进家校伙伴关系的建立，从而提高家长在孩子的社会、情感和学业成长中的参与度。家长介入孩子的学习越多，孩子取得的学习成功就会越大。当家长与全体教师、学生形成紧密的合作关系时，孩子就会开始意识到他们可能会有一个更加光明美好的未来。事实上，如果家长参与学校教育，整个学校也会从中获益匪浅。总而言之，家长与学校形成合作伙伴关系有助于孩子的健康成长，比如说，家长在与教师、学生进行合作帮助孩子进行时间管理的过程中，起着举足轻重的作用。

每一个人都有做梦的能力，有梦想的人更有可能想方设法去实现他们的梦想。家长在与学校建立起合作伙伴关系时，应该鼓励孩子坚持他们自己的梦想，并勇气十足地去追寻自己的梦想。当学生胸怀伟大梦想并开始为目标努力奋斗的时候，他们就会去学习识别自己的优点和缺点。如果教师和家长只强调和奖励他们的优点而忽略他们的缺点，将会大大限制他们取得成功的能力。实现梦想的关键就在于能够认识和接纳自己。家长作为孩子的学习伙伴发挥着重要的作用，家长是对孩子的梦想和才华最了如指掌的人，最有可能帮助孩子认清自己。

越来越多的家长和孩子一起读书学习，建立家庭常规，比如说，家长协助学校制订教学计划和有挑战性的方案。家长与学校在建立对学生抱较高期望和最大支持的学术标准等方面加强了合作。家长根据自己的实际情况和个人兴趣，通过定期参观、参加家长会或者参与课程开发设计的一些关键性会议等形式与学校保持着紧密的联系。当家长在社区内和学生、教师一起承担解决学生问题的全部责任时，对社区外的专家就没有多大的需要了。当家长融入社区中，与孩子共享智慧，陪伴孩子一起学习时，孩子就有可能实现高质量的学习。当然，家长的参与还有其他许多益处，在活跃的学习共同体中，家长与学校之间建立起了富有意义的关系，相互之间的合作也增强了，越来越多的学生受到了表扬。

当然，家长、学校的教师、社区成员、学生及同伴都是评价的参与者与协作者，为了保证评价的公平性和建立起与其他人的合作关系，用一系列清楚的评价指标来评价每个水平上的学生就显得至关重要。

二、如何对学生进行评价才是有效的？

我们怎样利用学生的优点和与真实世界有关的问题对他们的表现做出评价呢？这就涉及对学生的真实性评价与表现性评价的问题了。这是本书第二大部分探讨的主要内容。

（一）真实性评价与表现性评价

学生、教师、专家和家长之间的协作不但能够让学生体验到真实生活中的探险历程，还有助于他们解决有意义的真实性评价问题和表现性评价问题。

所谓"真实性评价"是指在真实生活环境中对学生的表现进行的评价。真实性评价的任务全都与学习过程中有意义、有价值的重要经历有关系。真实性评价应当满足多种教育需求，并能够将不同类型的知识和技能运用到相关的任务中去。这些任务对学生来说意义重大，它们是发生在学生的真实生活中的，因而也包含在课程标准之中。学生对现实任务做出反应的得分，要根据预先确定的具体标准，学生可以运用多种途径来展示符合好的表现标准的知识与技能。由于真实性评价包括多种指标，所以要帮助学生认识并欣赏自己能做好的事情。在真实性评价实践中，所评价的是学生实际的表现，而不是对他们潜在能力的抽象假设。真实性评价同时包括对学生和教师的评价。真实性评价策略与课堂实践的联系更加紧密。本部分涉及的真实性评价的方式主要包括：运用成长档案袋评价学生的个体差异（比如：多元智能评价方法，随堂记录卡）；传统情形中的真实性评价（比如：所有课堂都引进真实性评价，学习契约）；个人表现与小组表现相结合的评价（比如：小组内部冲突的解决，小组成长与发展，小组计划的诞生）；评价标准的协商与执行。真实性评价的任务会把学习和评价紧密联系起来，与学生的生活相联系，会考虑到学生的兴趣和能力。真实性评价的任务要求体现现实生活中的问题。如果评价包括真实的生活情境，那么评价就需要分享故事、展示图片和模拟角色表演。

"表现性评价"所关注的问题则包括：评价者如何知道学生知道了什么？在对学生进行表现性评价的过程中，评价者会定期观察和评价学生的表现。当然，学生必须知道对他们进行评价的标准是什么。明确的评价标准不仅可以让学生了解关键性的信息，而且可以为学生确立一个奋斗的目标。真实性的评价中包含着表现性评价。关于表现性评价，本书第三大部分中探讨得较多一些，比如说：怎样确立清晰的表现目标，表现目标可以包括具体条件。

（二）形成性评价和终结性评价

除了从"真实性评价"和"表现性评价"来探讨学生评价外，还可以从切实可行的形成性评价和终结性评价的角度来分析。所谓形成性评价，是指其结果能够指导以后的教学和学习的评价。形成性评价可以通过观察来确定一个学生应用知识和技能的能力如何。形成性评价也可以是一节课一结束就接踵而来进行的评价，教师可以用一两句话对上节课做画龙点睛的总结，并提出相关的问题，描述学生的课堂反应，或者是把学生与该主题相关的已有知识联系起来。形成性评价不仅可以帮助学生巩固已经知道的知识，而且有助于学生辨别出还不清楚的知识点。形成性评价也可以改善学生的注意方式、记笔记的方式、提问方式和解决实际问题的方式。形成性评价可以是结队进行的，也可以是以小组形式开展的。形成性评价常常受到学生的喜爱，因为其关注焦点在于更多地帮助学生表达他们已经知道的东西。形成性评价是设计用来帮助学生为最终的评分定级做准备的，简而言之，就是为终结性评价做准备的。终结性评价指的是，在每个单元或每节课后为判断学生在该单元/该节课中所学到的知识和所掌握的技能而进行的评价。终结性评价包括最后的结果，而形成性评价则包括在整个学习过程中的学习结果。

教师在评价活动中会遇到一系列的问题，譬如：评价活动在什么程度上讲是公平的且与真实生活问题紧密相关？在跨文化背景中，评价如何才能多元化，评价标准如何才能满足所有学生的需要？教师怎样才能精确而规范地对学生掌握的基础知识进行评价？教师如何才能确定学生已经掌握了什么知识？为了有效地评价学生对某个主题的细节的理解情况，采用的评价措施必须与具体的学习目标相关。这些学习目标在每节课中都得到了清楚的表述，并且学生和家长对学生掌握了什么都非常清楚。从理想的意义上讲，评价应该是测查学生所掌握的知识和技能，而不是测查教师认为他们所教的东西。形成性评价在教师改变教学实践使学生更加得益的专门领域会特别有用。为了定期了解课程对学生产生的影响，教师会频繁地采用形成性评价活动。其实，形成性评价和终结性评价各有特色，比如说：

- 形成性评价能够及时地发现问题，终结性评价则在学习结束后才进行。
- 形成性评价定期进行，终结性评价则在较长一段时间之后测查最终的结果。
- 形成性评价会发现个人的学习目标，终结性评价一般包括长期的学习目标。
- 形成性评价能够反映个人的学习进步，终结性评价可以用来比较不同学生的成绩。
- 形成性评价测查的是一个单元的学习，终结性评价测查的则是几个单元的学习。

通常，我们可以同时运用形成性评价和终结性评价。形成性评价可以提供及时的、定期的反馈，而终结性评价在更多情况下显示的是最终的学习结果。

（三）基于探究的学习方案

什么样的评价活动可以帮助学生学习动态性知识？什么样的评价活动可以帮助学生根据多种信息资源建构个人的意义？什么样的评价活动可以通过学生在真实世界中的表现来使学生得到恰如其分的评价？运用基于探究的学习方案来评价学生的学习，可以实现这些目标。通过运用师生协商制定的小组评价标准，在小组学习方案实施过程中，学生的个别表现和群体表现会定期地受到评价。基于探究学习方案的小组评价和个人评价，是学生个人和小组的学习及自我评价的至关重要的因素。师生共同协商确定的评价，能够让学生对学习进展进行反思，并有助于学生运用所获得的思想观念来提升自己将来的学习效果。作为评价专家的教师可以授予学生尽可能多的责任。评价活动中参与的人越多越混杂，评价活动就越与学习活动密不可分。学习和评价是相互交织在一起的，有助于更深层的、更复杂的主题的学习互动。鼓励不同学科的教师共同参与评价活动，他们会把自己特殊的专业经验带入到评价事业中来，评价活动自然就变得有整合性了。

通过专业发展活动，越来越多的教师运用多元教学方式来评价学生的学习。好的评价与好的学习一样，常常会与学生的真实生活世界相关联。

公正的智能评价，关键在于关注学生的多样性。专业化发展给教师提供了彼此互动的机会。这种专业化合作对于制定评价标准也是至关重要的，有助于教师共同确定多元评价标准，其中包括多种技能和不同内容的评价。

在此还值得一提的是，本书中对传统评价方法中存在的问题进行了探讨，试图让人们从"标准化考试的十大广为人知的神话"中走出来，走向"真实性评价"的光明大道。学生评价将走向何处？本书的回答是，走向合作评价：通过共同努力来建立一个共同的评价体系，从而确保我们的学生成为有成效的交流者、复杂的思考者、负责任的公民、能干的问题解决者、自我定向的学习者、有道德的个体和高素质的工作者。

但愿我们的学生在教师、家长、社区其他人员及学生自己组成的学习共同体的帮助下，在正确的评价手段的帮助下，信心百倍地走向美好的学习生活。

（宁波大学教师教育学院　陶志琼教授）

前 言

最近，我上门拜访了朋友，是朋友3岁的女儿梅甘为我开的门。梅甘热情洋溢地和我打了招呼，"你看看我，埃伦阿姨"，梅甘的眼睛睁得大大的，脱口而出来了句"我的打扮好适合自己！"。

另外一次，我听到一个被父亲拉着逛街购物的小孩说了句："爸爸，我的鞋子穿着一点也不舒服"。梅甘对自己的评论让我不得不去思考它所蕴含的内涵和智慧所在。小姑娘兴高采烈，因为她穿的鞋子、衣服和头上扎的丝带与"她本身"是那么匹配。对梅甘而言，这一切搭配到一起就是最完美的体现。同样的道理，我们在寻求与学习活动和学习者本身非常匹配的评价活动。与此形成对照的是，你是否可以回想起一项既不契合学习活动也不契合学习者的考试呢？

目前，我们也许可以发现，教育界近些年来发生了翻天覆地的变化——这些变化是立足于学习者更能够真正学习的方式方法的，而不是立足于学习者应当如何学习的神话的。我们正处于这样一个时期，即评价活动比过去更加契合学习活动了。但我们依然任重而道远。

传统意义上的评价活动是在一节课或一个单元结束后进行的，这就好比蛋糕冷却之后才去冰冻，已错过了评价的最好时机。现在的课程规划者建议教师在课程规划阶段就考虑评价问题。评价应该是推动学习的动力，而不应该是"跟着火车头的车厢"。那么,评价作为学习的推动力能够给一节课带来什么样的变化呢?将考试放在单元或课程学习的开始时进行与结束时进行有什么不一样呢?如果一堂课要讨论的问题是美国或加拿大对国际饥饿问题将做出怎样的举动,学生为了解决这个问题,就需要去收集一些统计资料,对事实进行比较分析,列举出历史上美国与加拿大对国际饥饿问题曾经采取过的措施,最后学生需要提出新的解决方案。与此相应的评价活动可能包括:撰写一篇与统计资料有关的文章,进行一次与传统反应相关的讨论,策划一个新的为了缓解国际饥饿问题的商业企业市场计划。

如果学生头脑里一开始就有"评价"观念,他们就不会只是去简单地记一些国际饥饿事件的点点滴滴的事实了,而是会去认真地考虑课程内容,因而他们就能更好地把注意力放在理解一些重要的概念上,会在一个更高、更深的层面上去探讨问题,并且会通过合适的评价活动去寻求解决问题的新方法,如此一来非常有助于解决所提出的问题。

在任何单元学习开始的时候,评价活动的计划都有书面考试这一项内容,但评价活动远不止这一项内容。评价活动还应该包括:对学生在学习过程中掌握知识的情况的评价,对学生最后达成学习目标的情况的评价。要想考查学生到底掌握了多少知识,学生、教师和家长就需要建立起评价的协作关系。表面看来这个评价小组所做的评价工作是回溯性的,但是当我们把评价作为推动力时,他们事实上起着推动前瞻的作用。

20世纪90年代以来,传统意义上的单元学习结束后的评价正在逐渐被更多的真实性评价(authentic assessment)所代替。真实性评价要求学生去解决他们所关心的问题,因此,那些以知识为基础的、零敲碎打的、机械的评价活动正在逐渐被基于表现的、基于成长档案袋的、基于知识背景的评价活动代替。现在越来越多的学区正在执行新的、以结果为导向的表现性计划(performance design)。表现性评价(performance assessment)要求学生展示他们对知识的掌握情况。运用这种评价方式时,学生就不会在课堂上消磨时间,或者在考试前的一个晚上复习,死记硬背一些支离破碎的知识来应付考试了。这种评价方式并不会要求学生因循守旧地学习知识，而是有助于学生达成意义非凡的学习目标。在这种评价体系下，学生能够直截了当地展示他们所掌握的知识。这种评价体系要求教师在单元学习的导入部分就向学生清楚地强调学习目标和教学目标。

一般来说，人们会认为传统的评价方法更多的是测查学生短期内的回忆能力，它只是要求学生解决一些人为虚构的问题，获得一些没有实际关联的答案，因而这种评价方法测查到的只是学生的部分知识和部分能力。相对而言，真实性评价运用多种测查方法，学生面对的是一项挑战，学生要对所提供的资料进行研究，最终必须解决一个真实的问题。真实性评价活动的目标具有适宜性，学生在解决复杂问题时允许出现个体差异性。真实性评价并不是想要用一些令学生愁眉不展的任务来为难学生，恰恰相反，它是想通过激发学生的兴趣和发掘学生的潜能来使学生超越自我，获得成功。

在本书中，我提供了一些有助于学生根据自身独特倾向来完成评价任务的评价活动和评价策略。在此要强调的是，这些评价活动和评价策略在课堂上是适用的，具有很强的可操作性。在本书中，我介绍了霍华德·加德纳（Howard Gardner, 1991）的多元智能理论中解决问题的八种方法。这八种方法分别是：数理逻辑探究方法、语言探究方法、空间探究方法、音乐探究方法、身体运动探究方法、人际关系探究方法、内省方法、自然探究方法。

多元智能理论在评价活动中的运用，把学生评价从测查学生考前的回忆能力转变到了测查学生在具体标准下知识、技能的掌握情况。通过利用学生先前已有的知识、能力和兴趣，学习活动与评价活动两者之间基本达成一致。比如说，我们要求学生阐释如何制造或销售一台发动机，与此相应的评价活动可能是要求学生演示真实的发动机的制造过程，同时要求学生在模拟市场中向家长们出售这台发动机。传统的评价方法则是简单地要求学生写一篇说明这台发动机的零部件构成的说明书，或者让学生回答一些多项选择题。事实上，演示过程应该与学习过程保持高度一致才最有效果。

本书首先介绍了学生、教师和家长在评价中所发挥的作用。这些学生、教师和家长对任何一种学习方案都达成了一致的期望，对评价术语和评价条件通过协商也达成了一致的看法。由于他们承担着共同的职责，所以学生的焦虑感得到了缓解，学习就变得更加直截了当，而且学习的目的也非常明确。然而，在鼓励学生对某个主题从多种角度进行了解之后，教师如何对学生的了解进行评价呢？我（1997）在阐释多元智能教学法（Multiple Intelligence Teaching Approach，MITA）时，阐述了理解任何一种内容可以运用的多种方法，其中把表现性评价作为学习过程的重点进行了说明。

加德纳的多元智能理论

- 数理逻辑智能：包括数学、资料、事件的逻辑顺序、问题解决的步骤，等等。
- 语言智能：包括头脑风暴活动、书面文字、辩论、演讲、媒体报道，等等。
- 空间智能：包括视觉空间感受物的呈现、图表、几何设计、图形、艺术品展示、雕塑，等等。
- 音乐智能：包括对音调、旋律、节奏和音色的感知与辨别、歌词、乐曲、器乐作品、背景音乐、文化特色（特定音乐与特定文化有关联），等等。
- 身体运动智能：包括运动、跳舞、角色扮演、建构模型、搭建项目、游戏，等等。
- 人际关系智能：包括小组工作、跨文化方案、小组解决问题、合作活动、结对共享，等等。
- 内省智能：包括记日志、从一个著名政治家或运动员的角度写信、自我管理、道德判断，等等。

- 自然智能：包括从一个著名的环保主义者或人类主义者的角度进行访谈、一个大型牛奶场的自行管理、站在农业和动物利益的角度进行道德判断，等等。
- 这里需要说明的是，加德纳于 1996 年提出了"自然智能"这一概念。

  与关键人物协商时，评价就与学习联系起来了。本书阐述了协作的、真实的评价活动背后的理论假设，也介绍了具体的评价方法和评价活动。这些方法和活动体现了今天脑科学对知识本质的认识和对教育学产生的启示。科恩（Kohn，1993）特别强调教师对应用于课堂中的所有评价实践活动所蕴含的理论假设有所了解的重要性。因此，本书所介绍的评价活动都存在着相关的最佳学习方式的重要理论假设和蕴含的智能意义的理论假设。

  科恩提出，当每个教师都拥有自己的一种学习理论时，那么，人们所认为的卓越的学习与优秀的教学活动和用来评价知识的策略或活动就会存在巨大的差异。我差不多从事了 30 多年的教学和课程研发工作，在此期间询问过无数教师对评价的看法和他们本人的评价实践情况。凯恩等人（Caine & Caine，1997）的研究发现，一些教师经常会回避今天出现的创新教育策略，依然去运用传统的或过时的心智模式。然而，正如凯恩等人所说的那样，陈的葡萄酒不可能有新的葡萄酒的味道：

> 基于我们的研究，我们相信，教育在经历了如此多的"有效策略"阶段之后，却依然如故，原因之一就是教学与学习的心智模式并没有发生任何改变。表面意义上的变化只需要使用新的词汇和新的解释方式，但其中那些时时刻刻都在驱动着我们的活动的基本信念并没有发生任何变化。我们用一位校长激动万分地告诉一位朋友的话作为结束语，那就是："噢！我们去年实践了基于脑科学的学习；今年我们正在推行基于建构主义的学习。"（Caine

& Caine，1997，p.22）

在本书中，我检验了一些评价的理论假设，提出了一些基于协作实践、真实性评价实践和主动学习实践的新策略。一方面，我对关于教师、学生与家长在学习—教学—考试过程中所起作用的一些根深蒂固的观念提出了质疑。我阐释了10种非常流行的传统的标准化考试的神话，同时揭示了这些神话是如何影响教学和学习的。另一方面，我提出了基于协作性、真实性模式的有实践操作性的评价活动。在本书中所反映的教学方法要求范式的转变，即转变教师控制的传统教学模式。本书中对凯恩等人（1997）提出的以学生为中心的教学方法进行了阐述：

> 我们所设想的基于脑科学的教学……是以学习者和学习者真正的兴趣为中心的。这种教学具有灵活性和开放性。这种教学包括学生个人或学生集体富有批判性的思想、有价值的问题和目的明确的计划方案。在这种教学方式中，教学具有高度的组织性和动力性，它能够让学生体验到真实生活的复杂性。(p.25)

本书介绍了与评价相关的三个问题。第一部分介绍的是协作性评价。其中阐述了学生、家长和教师在评价中所起的作用。在第一部分中，我还介绍了一些关键人物的协作性评价的范例。

第二部分介绍的是真实性评价。这种评价方法可以在传统教学课堂中使用，对那些想重新组织课堂教学以促进更多主动学习的教师特别有效果。也就是说，这部分对于那些希望在评价中包括下列因素的中学教师会很有用：进度性指标的反映、多重测查者与评估者、学生的个人兴趣和能力、需要解决的现实生活问题。

第三部分阐述的是注重协作和主动学习的一系列特定的评价活动。本书的每一部分都有适合课堂使用的评价活动，最后这部分成了为增进学习而创设的协商评价活动的基石。

目　录

译者序 ·· I

前言 ·· XI

第一部分　协作性评价实践······································ 1

第一章　作为评价伙伴的学生、教师与家长ᆞ·············· 3
真实性评价和表现性评价 ··································· 11
作为积极参与者的学生 ······································ 13
把厌倦变为挑战 ··· 16
作为自主学习者的学生 ······································ 18
作为知识传授者的教师 ······································ 21
作为高级学者的教师 ·· 23
作为学习伙伴的教师 ·· 28
家长的参与 ·· 29
与家长的伙伴关系 ·· 31

第二章　作为评价专家的教师 ································ 35
形成性评价和总结性评价 ··································· 38
教师在评价实践中所面临的问题 ··························· 43
改变教师方法的形成性评价 ································ 45
形成性评价与终结性评价的优劣 ··························· 46
作为意义创造者的教师 ······································ 47

　　　　　基于探究的学习方案…………………………………………… 49

　第三章　改进评价实践的合作……………………………………… 59
　　　　　来自高纬度北极地区的经验………………………………… 65
　　　　　教师之间的相互支持………………………………………… 68
　　　　　责任感的问题………………………………………………… 73
　　　　　协作评价的收获……………………………………………… 76
　　　　　对评价的对立观点：有利还是有弊………………………… 77
　　　　　作为行动研究者的教师……………………………………… 79
　　　　　作为问题界定者的教师……………………………………… 80
　　　　　作为解决方案创造者的教师………………………………… 81

　第四章　共同承担责任的问题……………………………………… 83
　　　　　给家长的建议和机会………………………………………… 88
　　　　　学校在学习伙伴中所发挥的作用…………………………… 90
　　　　　充满活力的学习共同体……………………………………… 91
　　　　　为你所在社区的历史喝彩…………………………………… 93
　　　　　企业的参与…………………………………………………… 98
　　　　　协作需要建立清晰的评价指标……………………………… 100
　　　　　为了学生成功的同伴指导…………………………………… 104

第二部分　真实性评价实践………………………………………… 107

　第五章　运用成长档案袋评价学生的个体差异…………………… 109
　　　　　多元智能评价方法…………………………………………… 119
　　　　　随堂记录卡…………………………………………………… 123
　　　　　教师小组评价和成长档案袋评价…………………………… 127
　　　　　成长档案袋的组织…………………………………………… 129
　　　　　共同的期待…………………………………………………… 130
　　　　　从成长档案袋获得的最大收获……………………………… 130

　第六章　传统情形下的真实性评价………………………………… 137

　　　　对学习风格的考虑……………………………………………150
　　　　所有课堂都引进真实性评价……………………………………153
　　　　拟订学习契约的步骤……………………………………………159
　　　　学习契约的范例…………………………………………………160
　　　　传统评价或者真实性学习的评价………………………………164
　　　　真实性评价有时候会伴随传统评价的发生……………………168

第七章　个人表现与小组表现相结合…………………………………171
　　　　学习小组内部冲突的解决………………………………………175
　　　　有助于学生解决小组冲突的核查表……………………………176
　　　　小组的成长与发展………………………………………………178
　　　　一个有意义的小组计划的诞生所必经的阶段…………………178
　　　　高质量讨论的促成及评价………………………………………183

第八章　评价标准的协商与执行…………………………………………195
　　　　优先协商…………………………………………………………195
　　　　多元智能教育……………………………………………………201
　　　　建构主义教育……………………………………………………203
　　　　共同体教育………………………………………………………205
　　　　成果导向教育……………………………………………………211
　　　　真实性评价的任务………………………………………………215
　　　　转变的原则………………………………………………………217

第三部分　丰富的评价活动……………………………………………**221**

第九章　作为主动学习构成部分的评价…………………………………223
　　　　将评价作为完整的主动学习的一部分…………………………230
　　　　更具协商性的评价活动…………………………………………231
　　　　提供并展示评价方案……………………………………………233
　　　　对评价方案的执行进行录像和整理归档………………………236
　　　　怎样确立清晰的表现目标………………………………………238

　　　　　表现目标可以包括具体条件……………………………… 238
　　　　　促进学习的评价……………………………………………… 239
　　　　　与动机、兴趣、指导和评价有关的问题………………… 242

第十章　传统测试的神话……………………………………………… 251
　　　　　传统评价方法中存在的问题……………………………… 251
　　　　　标准化考试的十大广为人知的神话……………………… 254
　　　　　传统评价是学习的绊脚石？……………………………… 258
　　　　　情境中的评价……………………………………………… 260
　　　　　传统评价和真实性评价的差异…………………………… 263
　　　　　是铤而走险，还是就为了犯错误？……………………… 266
　　　　　与传统评价紧密相关的术语……………………………… 271
　　　　　压力是成功的障碍………………………………………… 273

第十一章　将学生的进步与具体目标相联系………………………… 275
　　　　　评语在评价报告中所发挥的作用………………………… 285
　　　　　对英语课堂中的表现和进步的评价……………………… 287
　　　　　对学习和进步的自我评价………………………………… 288
　　　　　小组学习的同伴评价……………………………………… 290
　　　　　评价实践将向何处去……………………………………… 292

第十二章　学生评价将走向何处……………………………………… 295
　　　　　为研究论文建构一个评价标准…………………………… 296
　　　　　个人标准与小组标准……………………………………… 300
　　　　　自我评价…………………………………………………… 301
　　　　　家长的角色………………………………………………… 302
　　　　　从传统考试到评价作为学习的一部分…………………… 303
　　　　　增强学习动机的评价……………………………………… 308
　　　　　结论………………………………………………………… 311

参考文献……………………………………………………………………… 319

第一部分

协作性评价实践

第一部分阐述了几类在中学生评价中有介入的参与者所起的作用，他们分别是学生、教师和家长。本部分首先探讨的是学生、教师和家长在评价过程中所扮演的角色。评价活动是作为协作工作的起点被提出来的。

教师是作为有助于课堂内部评价过程的评价专家的身份而存在的。协作被当作一种策略，能够通过课堂来改善评价形式，它有助于提升讨论的质量从而提高评价的效果。

最后，提出了学生、教师和家长共同承担的责任问题，同时阐述了如下问题所导致的结果，比如说："围绕广泛的目标来重新组织的课堂，会比一套固定的课程更能培养出优秀的毕业生吗？"

第一章

作为评价伙伴的学生、教师与家长

> 如果一个人朝着梦想的方向前行,那么他(她)将在平凡时刻与成功不期而遇。
>
> ——亨利·戴维·梭罗(Henry David Thoreau)

杰克·莫里森是我非常喜欢的一位高中老师。杰克在每个学期开学初都会给学生布置一项作业:自传公告板(autobiography bulletin board)。作为学生每年里的第一份作业,杰克和他的学生都会在公告板上展示大量的与自己有关的事实和图片。孩子的父母、爷爷奶奶、邻居和朋友都会帮着收集与他们有关的最光辉灿烂的事迹,并把它们在学生的个人展示区域内展示出来。

杰克老师对人们的生活和才能的颂扬已成为这个社区的传统。社区里的所有成员都想参与到这个活动中来。在活动中,你经常可以碰到孩子的父母及祖父母,甚至一些没有孩子在上学的社区成员也参与进来。他们站在杰克准备的万花筒般的公告板旁边,饶有兴致地谈论着学生们的各种作品。曾经有一年,公告板上展示的照片有:一名乘竹筏探险的男孩和他的小狗,三名在国际饥饿旅行中为自己的国家赢得了奖品的女孩,一名拥有自己的影印公司的学生企业家。

　　学生们向我们展示了他们的最大努力和最佳成就，既让我们羡慕，也让我们深受鼓舞。但杰克道出了他做此事的真正意图——"通过孩子们对自己的真才实学的展示和人们对他们所取得成绩的重视，让他们得到激励和鼓舞"。杰克创制的自传公告板不仅让孩子们能做的事情得到了重视，而且帮助他们认清了自己进一步要学习的技能是什么。你也许认为公告板上只是在炫耀学生们所取得的成绩。事实上，你也可以在公告板上看到学生对自己的失败的披露。比如说，一个学生写了一篇文章讲述自己经过三次努力仍然没有通过一次至关重要的数学考试，她对自己非常失望。还有一名十多岁的学生也写了一篇文章，讲述了自己在第一学期的期中考试中没有及格，而自己的好朋友却取得了好成绩，还获了奖，他为此感到非常羞愧。学生们需要把收集的材料和照片进行分门别类的整理，因为自传公告板包括各不相同的五个主题："最辉煌的成绩""最重要的努力""兴趣和爱好""未来的目标和梦想""与我的弱势技能相关的问题"。一些学生整个暑假都在为自传公告板上的事情而忙碌着：设计和制作公告板，搭建公告板，设计抽象画，撰写故事，为自己的故事设计海报，等等。他们希望自己设计的公告板能够入选学校社团的展示活动。虽然没有人对他们的工作进行评分，但学生们所做的这些工作真的非常出色。

　　事实上，学生只要把个人信息填写进了公告板，就能获得 10 分的满分。杰克推出的评价活动与学生们的价值观非常吻合，提升了学生的自信心，这正是杰克和他的学生在一学年中开展合作的重要起点。此外，由于杰克在一学年的开始就建立了融洽的生生关系和师生关系，使他们能够勇气十足、干劲冲天地追求进一步的成功。接下来，他们会把杰克的科学课当作一种享受，而不是一件苦差事。

　　自传公告板的作业要求清楚明白，就是要创造性地展示"个人信息"，以便科学课上的同学能从中真正地了解你。在完成这项作业的过程中，同学之间可以互相帮助，比如说，挂旗帜、编织丝带、挂照片、编辑文章、做问卷，等等，需要同学之间的帮助才能完成。在作业中，可以介绍自己的家庭成员、出生地、父母的职业、会说哪些语言、什么功课学得最好，以及自己的工作意向、兴趣爱好和特长、未来的目标和梦想。由于学生们对这项作业的热情很高，因此每年的展示活动都要持续好几个月才会结束。杰克可以说真正做到了倾听学生的声音，倾听学生对科学实验的看法，与学生一起讨论作业，在科学考试中体现学生自己的思想。因此，虽然其他班级的学生非常害怕科学课和科学考试，但是杰克班的学生却盼着上科学课，盼着有科学考试，因为科学课是他们共同的享乐时光。

杰克的自传公告板作业阐明了两个事实：一是学生们拥有许许多多的想法和经历需要分享，二是学生们贡献的智慧让评价活动变得成效卓著。不幸的是，正如迈克尔·富兰（Michael Fullan）所说的那样，虽然十多岁的孩子有许许多多好的想法，但是没有人愿意倾听他们的想法。而且，我本人也经常忽略学生的丰富思想，只因为我从来就没有想过要在课堂上征求他们有价值的意见。但最近，我经常会问我的学生们："你们是如何看待这次考试/作业的？"他们的看法改变了我的教学方法和评分方法。正如彼得·圣吉（Peter Senge，1990）所说的那样："我们在过去15年里所学到的关于教与学的东西是两百年以来最激动人心的发现。"

教育家们对这样的事实深信不疑：改变了我们的教法和学法的新发现为评价效果的提高打开了一扇新的窗口。今天，学生的学习方法与学校评价学生学习情况的方法之间几乎完全吻合，但这离加德纳（1991）所提倡的"智能公平评价"还很遥远。然而，在我们今天看来微不足道的行为也许会为将来的辉煌成果奠定良好的基础。尽管学习和评价密不可分，但是我们还是想特别强调一些有助于提高学习质量的评价活动。没有人会否认好的评价就是好的教学。正如圣吉（1987）所说的那样，可以测量的东西就是学生学到的东西。当我们为了给学生的工作评分而考虑具体目标和目的时，会问这样一些问题：评价应该包括些什么？评价怎样才能成为学生有意义地学习的手段和动力？哪些人应该介入学生的评价中来？

为了回答与评价和增强学习效果有关的问题，我们需要考虑这样一些问题：谁能够真正提供帮助？怎样提供帮助？以威尔逊和戴维斯（Wilson & Daviss, 1994）为例，他们为推动评价改革，论证了有必要招募和培训一些新的教育测查专家：

- 第一，此类专家应该是经验丰富、能力较强的老师。最有成效的学生评价的设计应该由一些对教师、学生和学习材料之间的互动有深刻理解和独到见解的人来进行。比较了解课堂节奏的评价者能够很好地解释和平衡主客观评价，而主客观评价刚好构成了一个完整的"评价方案"。

- 第二，那些设计教育测查工具的人必须要了解教育的效果会受到许多课堂之外的因素的影响。城市里的中、上阶层家庭的孩子与其他家庭的孩子对同一个问题的回应可能完全不一样。如果让一个物理教育专家去评估一项物理课程改革的价值，最好的评价方案应该由一位非常了解被评价群体的专家来设计。在招募新的评价专家小组时，专家组的每个成员都应该受到该方面的系统的、特殊的训练。

- 第三，评价专家在整个评价革新过程中都应该与革新者齐心协力，并肩作战。每个专家应该在多种评价方案提出之初就进行反复的比较和权衡利弊，而不应该在每个教师和研究者已经花费了大量时间和精力后才去判断方案的有效性。热情万分的设计者和冷静的观察者进行协作，可以在教师和研究者浪费宝贵资源之前就发现问题所在。

- 第四，教育者不仅需要精心设计精确的新方式来决定具体革新项目的相对价值，而且需要设计准确的方法去监控和指导教育方式，从而促进教育方式的自我更新。学校对教育过程改进的重视意味着要持续完善改革的过程。(pp. 154, 155)

当学校对其课程和考试进行重新思考时，一些学校已经提出了跨学科的任务、小组教学和许多其他非传统的方法。然而对于那些非常忙碌的教师而言，存在的问题是他们既不能保证背完全部课程内容，也不能保证学生全都能够达到他们提出的要求。而且，随着教育经费的减少和班级人数的增加，教师们很少会去思考和理解自己所表达的关于某个主题的知识的意义。与此同时，还存在着另外一些妨碍评价改革的因素。一方面，一些活跃于各自领域的教育者对考试改革做了许许多多的工作，但这些工作都是根据学校的当时情况进行的。另一方面，过去十多年中试图对评分系统进行的改革就好比在一辆公共汽车里试图推动这辆车一样，不可能有什么成效。由此可见，在同一时间里要想同时完成这两件事情是根本不可能的，因为，一个人不可能完全接受传统的评分系统，也不可能完全自由地去创造一种人们所需要的有价值的崭新的评分系统。

一些深感沮丧的改革者提出了这样的疑问：评价是否依然会很好地进行？这本书所介绍的，只是一位教育者提供的一些新的、可供选择的评价活动。这些评价活动已经由一些优秀的教师实践过并卓有成效，对其他人的学习和评价可能会有所帮助。本书只是推荐了部分学生评价的新进展，在此我无意对传统的评价手段进行评判。但是，既然我已经了解到评价活动中的一些新进展，我就希望把它们介绍给大家。希望读者在必要的时候舍弃一些已过时的评价做法，接受一些评价的新做法，正如儒家思想的开创者孔子所说的这样：

"子曰：君子成人之美，不成人之恶。"

——《论语·颜渊》

让我们再回到杰克的科学课上来吧。通过科学讨论会，杰克的科学课证明了一个不言而喻的事实：学生和家长可以成为执行有一定难度的科学方案的有机组成部分。杰克为学生主导的讨论会设计了如下五个阶段：

学生主导的会议的组织

1. 在学生选择了他们的科学方案并且开始实施之后，应该就讨论会的细节与家长和社区成员进行探讨。每三人组成一个小组并各写一封"致家长的信"，从中选出一封信作为范例。"致家长的信"应该包括：（1）描述讨论会的目的是为了促进交流；（2）说明家长参与到汇报中来的重要性；（3）指出学生将在引导家长的过程中完成整个方案；（4）强调讨论会的目的，从而帮助学生学会评价、反思，并且为以后的工作设立目标。

2. 大约一个星期之后，再发出一封致家长的信，重申讨论会的确切时间和地点，并再次强调家长参与的重要性。由于不同家长的时间安排不一样，所以可以在两个以上的不同时间召开讨论会。

3. 家长进入体育馆或者别的讨论会会场后，给他们发一张用来记录他们对学生工作进行评价的表格。该表格也可以在后面的学生—教师—家长讨论会中使用。该表格要求填写学生的姓名和方案的名称，其中有五项需要由家长来填写：
   - 观察到的优点和最近的进步
   - 观察到的行为、工作习惯和态度
   - 观察到的需要进一步改进的地方
   - 您希望下一学期您的孩子需要实现的目标
   - 家庭和学校能够帮助学生实现的目标

4. 在学生主导的讨论会之后，邀请家长写一封为会议提建议的匿名信，并请学生给家长写匿名信。然后把家长和学生的信打印出来并送到家里去。（也许这项任务可以请计算机科学小组来完成。）

5. 给家长发一张签名参加三方讨论会的时间表。表格中应该包括学生姓名、家长姓名以及所选择的参加会议的时间和地点。请家长

> 带上他们的观察评价记录表。学生也应该在会前、会后填写一张类似的评价表格。这些表格可以存入学生的档案中。

会议中所需信件范例如下：

> 亲爱的妈妈：
>
> 　　非常感谢您来参加我的讨论会。您充满渴望、兴趣盎然地了解了我所设计的水下照相机。
>
> 　　这次会议由我主讲对我来说收获很大。妈妈，再次感谢您！我已在期盼着明年的学生主导会议了。
>
> 爱您的儿子

> 亲爱的爸爸、妈妈：
>
> 　　我代表学校和我本人对你们能够光临我们的学生主导会议深表谢意。会议非常成功，而你们的光临使本次会议的成功成为可能。我认为我们之间有很好的交流。对于我来说，本次会议是我个人取得的好成绩。万分感谢！
>
> 你们的女儿

> 亲爱的儿子：
>
> 　　你从你们的方案中得到了如此多的乐趣，真是件令人高兴的事情。请不要跑得那么快，否则我们这一代人怎么追也会赶不上的。
>
> 　　不管怎样，你都要继续这份很棒的工作哦！
>
> 　　让我们一直保持联系吧！
>
> 爱你的爸爸

在我们进行下面的介绍之前,应该先对评价和考试进行一个区分。在传统的教学中,对学习的测查被看成孤立开来的事情。但是"assessment"(评价)这个英语单词,来自拉丁语的"assidere",意思是"旁边就座"。评价与考试的意思相反,需要学生、家长和教师之间的协作。本书中所指的评价要求长期收集信息以满足多种教育的要求,要求使用多种指标,通过多种渠道——学生、家长和教师——来评估学生的进步。

"评价任务"(assessment task)这个术语的意思是指,一种紧扣教学目标并为学生创造机会展示自己的进步和能力的具体行为。

在本书中,"评价"指的是观察学生的学习过程、共同协作去解释资料、制定标准、描述进展、收集结果、记录反思和表现、发现学生的优点并帮助他们改正缺点的过程。本书认为,评价是任何学习过程的必要组成部分,虽然有些人不这样认为。尽管评价在传统意义上的作用是测查,以此决定地位、升级或毕业,但现在评价的作用已拓展到包括考查"学生的思考能力、分析能力、适应能力和整合知识技能的能力"(Wilson & Daviss, 1994, p. 144)。

本书并不太关注"机构的责任"——包括对校长的表现、学校的效率等的评价。本书关注的是诸如由西奥多·赛泽(Theodore Sizer)的精英联合学校(Coalition of Essential Schools)——由150所各种各样的改革学校组成——所倡导的评价改革。简而言之,本书介绍了有关学生行为表现的理念和活动,它们更多的是根据学生实际上学到了什么而不是根据教师教了什么来提出并形成的。

有些教师可能会问:"我们如何才能确保学生已掌握了我们所教的内容呢?"本书中介绍了一些与多种学习活动紧密相关的评价任务。这些评价工具包括:逸事报告、细目观察表、成长档案袋、试题(诸如多项选择、简答、论述)、自我评价、口头陈述、相互介绍、学生方案、访谈、学生主导会议、日志、记录、日记、录像带、录音磁带、标准参照评价、表现、同伴评价、问题解决方案、家庭作业、家庭测验、设定共同目标、问卷

（如态度、兴趣、学习风格）、评价标准和成就测试。这里所描述的大多数活动都需要真实性评价和表现性评价工具。

真实性评价和表现性评价

家长、教师、专家和学生之间的协作能够让学生体验到真实生活中的探险历程，还有助于他们解决有意义的问题。"真实性评价"是指在真实生活环境中对学生的表现进行的评价。真实性评价的任务全都与学习过程中有意义、有价值的重要经历有关系。例如，在真实性评价中，一个学生为了解释发动机的各个零部件，可能需要把一台发动机重新进行一次组装；为了解释药物对疟疾的作用，可能需要对一个真实的病例进行分析。与此相反，传统的评价方法强调的是对发动机的零部件、身体各部分或者疟疾的表现特征的机械记忆。真实性评价隐含的意思是：评价是学习的一部分，评价是不断发展和变化的。学生是成功还是失败，只能用于描述学生在新环境中应用知识和技能的能力的具体表现。在本书的第二部分，我们将进一步对真实性评价的具体细节进行介绍。

与真实性评价一样，"表现性评价"所关注的问题包括：我们如何知道学生知道了什么？在对学生进行表现性评价的过程中，我们会定期观察和评价学生的表现。当然，学生必须知道对他们进行评价的标准是什么。明确的评价标准不仅可以让学生了解关键性信息，而且可以为学生确立一个奋斗的目标。

真实性评价与表现性评价的任务特征体现在如下五个方面：

- 注重情境
- 关注整体
- 注重元认知（要求学生对自己的思考过程进行思考）
- 与所教课程紧密相关
- 具有灵活性（对知识的呈现和对技能的展示的方式多种多样）

一般来说，对真实性评价与表现性评价的要求体现在如下六个方面：
- 运用方式多种多样
- 要有自我评价
- 要有同伴评价
- 要有具体的标准
- 要体现常规学习的阶段性成果
- 要有自我反思和个人内心的反省

真实性评价需要有一系列的行为用来与最佳表现方式进行对照。换句话说，真实性评价包含着表现性评价。这两种评价方式都要求获得解决问题的"产品"或拿出解决方案，都需要有学生在与学习环境和学习内容相关的真实生活中的表现。

在一堂数学课中，真实性评价要求学生运用给出的公式和一些数据去解决现实生活中的问题，要求学生运用所给公式和数据计算出公式中某一变量的值。这些问题可以写在问题卡上，学生分成三人组，每组各自计算出未知的变量的值。学生解决的问题要与真实生活情景相关，比如说："学生要去一个32公里之外的地方野营，但是只有10分钟时间，那么，他们必须以怎样的速度前进才能到达目的地？这个速度值会是个小数吗？"

每张问题卡片上的问题形式都一样，给出了一个等式，要求计算出一个未知数，但每张卡片上的问题并不一样。当一个小组正确完成一张卡片上的问题后，就给他们另外一张问题卡片。在一定时间内解决问题最多的小组可以获得一定的奖励。随后，请学生们汇报他们的问题及其解决办法。学生们可以以多种方式参与到他们自己的学习和评价活动中来。在评价活动中，学生们可以相互帮助，也可以请教成人。本章将介绍在学生的真实性评价或表现性评价中各个参与者（学生、教师、家长）所起的作用。首先介绍学生所起的作用。

根据赫尔曼、阿什巴彻和温特斯（Herman, Aschbacher & Winters, 1992）的观点，任何一种高质量的评价都应考虑如下十个关键问题：

1. 评价必须与意义重要的教学目标保持一致。
2. 评价必须要对学习过程和学习结果进行测查。
3. 基于表现的活动并不是评价本身。
4. 认知学习理论及其建构主义知识学习方法非常赞同把评价方法论与教学结果和课程内容进行整合。
5. 整合学习观和主动学习观要求对学生评价的综合化和复杂化。
6. 评价方案设计取决于评价目的,评分方案和监控学生进步的方案与诊断和改进方案之间存在着明显的区别。
7. 有效评价的关键在于教学任务和预期的学习结果之间的吻合。
8. 评价学生表现的标准至关重要,缺乏评价标准的评价仍将是孤立的、片段性的活动。
9. 高质量的评价能够为学生的学习提供大量的反馈信息,教师可以根据这些反馈信息做出决策。
10. 最能综合反映学生成长的评价系统包括过去一直在使用的多种方法。

作为积极参与者的学生

凯恩等人(1997)讲述了一个叫杰瑞的学生的故事:

……杰瑞坐在我的对面。我们开始聊天,他说他对数学和一些同学非常厌烦。为此,他来我这里咨询该怎么办。我问他为什么会感觉厌烦。他说,课堂内容实在太简单了,所以他觉得很厌倦。他认为,在成人眼中他们小孩子只会制造麻烦。(p.82)

杰瑞对其数学厌倦情绪进行咨询之后,他的行为是否会得到改善呢?如果他发现了对自己的数学能力有挑战性的问题,那么他还会对数学课感到厌倦吗?显然他现在的能力可以轻而易举地解决数学课上的问题。由于杰瑞在数学课上没有感受到任何压力,而他又是个主动积极的课堂参与者,没有压力也就没有了动力,所以他出现了厌倦数学的行为问题。

其实,教师运用一个简单的数学兴趣调查表就能够发现杰瑞的厌倦情绪。下面的表格就是一个范例,通过此表可以发现学生的性格倾向和当前的期望。

姓名:＿＿＿＿＿＿＿＿＿

日期:＿＿＿＿＿＿＿＿＿

班级:＿＿＿＿＿＿＿＿＿

对数学兴趣的调查:

1. 你用来形容数学的三个词是＿＿＿＿＿＿＿＿＿＿＿＿
2. 数学对我的生活的影响方式是＿＿＿＿＿＿＿＿＿＿＿
3. 在数学课上我最成功的一次经历是＿＿＿＿＿＿＿＿＿
4. 在数学课上我最喜欢做的事情是＿＿＿＿＿＿＿＿＿＿
5. 在解答数学题时我＿＿＿＿＿＿＿＿＿＿＿＿＿＿＿＿
6. 数学课上让我沮丧的一件事情是＿＿＿＿＿＿＿＿＿＿
7. 在数学课上我不乐意做的事情是＿＿＿＿＿＿＿＿＿＿
8. 在数学课上我愿意做的事情是＿＿＿＿＿＿＿＿＿＿＿
9. 如果我能改变数学课上的一件事,我将会改变＿＿＿＿
10. 在数学课上我更愿意做＿＿＿＿＿＿＿＿＿＿＿＿＿

兴趣调查表可以存入学生的成长档案袋,作为学生进步和工作乐趣的指标。兴趣调查表为学生之间的协作提供了方便。有些教师为每个教学主题都设计了兴趣调查表,以此来了解学生的已有经验和经历,从而识别和解决学生的问题。兴趣调查表在讨论一个学生在课堂中的进步时会提供一个有意义的指导。兴趣调查表也可用于设置目标,以便改进或改变课程,从而与学生的独特天赋和兴趣相符合。

在我读博士期间，我访谈过一些学生，我发现他们对学校如何促进或阻碍学生的学习和动机这一问题有着令人惊讶的洞察力。我撰写的两本书《创造性学习》（*Creative Learning*）和《圆桌学习》（*Roundtable Learning*），就是我就每门学科与学生座谈的产物。学生们依然还在教着我！我再也不能无视他们的批判性观点了，因为他们向我展示了他们是怎样为我们的学习和教学活动贡献智慧的。

全美中学校长协会（National Association of Secondary School Principals, NASSP）在其会刊《中学》的 1997 年 6 月这一期中，邀请学生对美国圣公会社会服务与精选的纽约公立学校校内网站（即校园网）进行合作的问题发表了看法（Tobias & Turner, 1997）。这个团体之所以这样做，是因为他们觉得真正倾听孩子的声音是他们提高学术成就的前提。一个 13 岁的男孩罗伯特·杰克逊是这样说的："……我的梦想是成为一个作家。我喜欢我自己，因为我帮助我的好朋友找到了他丢在餐厅里的夹克衫，我心情非常愉快。"另一个孩子威廉·安德森这样描述了自己的进步："……我的理想是能够成为一名科学家，能够治愈癌症病人。我今天的心情非常好，因为我真正学会了如何解决自己的问题。我知道这一点，是因为今天我直接去上学了，而没有和我的朋友到处瞎逛。直接去上学的自我感觉非常好，我喜欢这种良好的感觉，比逃课的感觉要好得多。"（p. 33）

当我们听到这些学生的真心话时，我们不仅从他们身上学到许多东西，而且会逐渐学会尊重和欣赏他们的兴趣与能力。我们乐意帮助学生在学习上取得成功，我们可以从上面提及的学校网络方案中得出一个结论，那就是与学生的协作可以让我们从多种途径帮助到他们：

> 大多数年轻人都承认学校网络教育减轻了考试失败、不公平竞争、"聪明"和"愚蠢"的标签给他们造成的压力。绝大多数教师认为，这种积极的改变是由在学校网络教育中心设计的活动中形成的积极的、合作的关系产生的。这种经历增强了孩子们的自信心和成就感。（p. 38）

把厌倦变为挑战

什么样的学生算是在主动积极地选择学习活动，而什么样的学生算是感到厌倦的呢？大致上讲，一旦学生积极参与到课题的选择中去，并为其达成的结果设定标准，还为完成工作规定期限，那么他们就开始把评价与自己更大的教育目标联系起来了。当学生成为教师的积极主动的评价伙伴后，评价就不会只是简单地给学生提供一个考试的分数了。学生们就要迎接考虑过程和目标的挑战，他们的学习动力就会得到激发。

维托·佩龙（Vito Perrone，1991）研究发现，"当学生成为主动的参与者时，比如说他们有机会回顾自己以前撰写的文章时，他们会发现自己在写作上的进步，即写得越来越流畅，他们也会觉察到表现依然需要改进的地方和知识面依然需要拓展的地方。"（p. 166）另外一种具有挑战性的激发学生的方法就是，把评价活动与学生的真实生活联系起来。

比如说，如果给学生提供一个表达思想的框架，学生们经常会乐意分享他们的个人信息或人际交往的信息。要想在课堂中体现学生的思想，教师与学生彼此之间应该非常熟悉才有可能。生命诗篇就给出了一个表达思想的框架，这有助于学生在学生群体中反思、展现个人的独特个性。下面就是生命诗篇的框架。

生命诗篇的框架

第一行：名字_____

第二行：列出四个形容性格的词语：_____，_____，_____，_____

第三行：亲戚关系（如哥哥、姐姐、弟弟、妹妹、女儿）_____

第四行：我所爱的（列出三个事物或三个人）_____，

> ＿＿＿＿＿＿＿＿＿，＿＿＿＿＿＿＿＿
> 第五行：我感觉＿＿＿＿＿＿＿＿＿＿＿＿＿（列出三项）
> 第六行：我需要＿＿＿＿＿＿＿＿＿＿＿＿＿（列出三项）
> 第七行：我害怕＿＿＿＿＿＿＿＿＿＿＿＿＿（列出三项）
> 第八行：我给予＿＿＿＿＿＿＿＿＿＿＿＿＿（列出三项）
> 第九行：我想看到＿＿＿＿＿＿＿＿＿＿＿＿（列出三项）
> 第十行：我是＿＿＿＿＿＿＿＿＿＿＿＿＿居民
> 第十一行：姓氏＿＿＿＿＿＿

生命诗篇框架也为和学生的协作提供了一个良好的开端，可以把它作为学生的个人宣传册在课堂中展示。学生乐意与父母共同完成生命诗篇框架，父母也会为子女完成一个这样的生命诗篇框架，并将它放在学生展板的旁边。生命诗篇框架的理念旨在为学生创造互动机会，分享生命诗篇框架是一个好的开始。

在过去，学生经常会产生厌学情绪。在今天，我们更多地了解到，学生喜欢以各种各样的方式展现自己的知识。那么，这个事实对我们测查学生的学习产生了怎样的影响呢？赫尔曼、阿什巴彻和温特斯（1992）认为，当前的评价趋势体现了我们对学习和评价的看法的变化：

1. 学习评价观从行为主义转向认知主义：
- 由过去一味强调学习的结果转向关注学习的过程
- 由被动反应转向主动的意义建构
- 从评价具体的、孤立的技能转向评价整体和跨学科的技能
- 对元认知（自我监控和学会学习的技能）和认知技能（动机与其他影响学习和成绩的因素）的关注
- 转向注重知识的意义和技能的获得——从零散的事实和技能的积累转变为强调知识的应用和使用

2. 从书面考试转向真实性评价：
- 与学生紧密相关，富有意义
- 关注情境性的问题
- 强调复杂技能
- 不止一个正确答案
- 标准是公开的，事先都知道
- 个人化的步调和进步

3. 成长档案袋——从一次性评价走向定期取样：
- 是教师评价的基础
- 是学生自我评价的基础
- 是其他人（如家长）评价的基础

4. 从单一归因转向多元评价：
- 认识到学生的多种能力和才能
- 不断认识到学生的潜能
- 为学生提供发展和展示各种能力的机会

5. 从几乎只强调个人评价转向群体评价：
- 群体过程评价的技能
- 协作的"产品"(p.13)

当学生主动对评价进行选择时，他们就不会满足于机械的、数字化的考试分数。他们会勇于面对个人化的过程，并为实现个人目标而努力奋斗。

作为自主学习者的学生

由于学生是大多数学校改革的关注焦点，所以让学生介入自己的学习和评价是很有意义的。在建构多元智能教学方法（MITA）时，我对几个学生进行了访谈。他们对自己的优点和不足了如指掌，并且对承担学习责任表现出了极大的兴趣和热情。一旦学生的自主性表现出来以后，一些教师就会提出质疑：应该如何应对那些确立较低学习目标并且只希望尽可能少地完成作业的"懒"学生呢？这个质疑非常好，能够引发关于"懒"学生的讨论，并有助于教师了解学生的优点和不足。就我个人而言，在我30年的从教生涯中还从未遇到过一个"懒"学生，但我的确遇到过遭受挫折的、备感厌倦的、非常害怕的学生。我也遇到过一些明知不会赢却还是会抗争的学生。

此外，与我交谈过的学生一致认为，多给他们一些权利，让他们自己选择学什么和怎么学，同样会增强他们的学习积极性。这个事实应该是很正常的反应。根据斯顿博（Stumbo，1989）、泰勒（Taylor，1991）和利伯曼（Lieberman，1992）的观点来看，如果给予学生更多的权利，他们将会成为自主的、独立的学习者。斯顿博呼吁，在课堂上要多听听学生的声音，给予学生更多的课堂活动空间，不能像传统课堂那样只是教师一言堂。泰勒指出，一旦教师和学生之间做到相互尊重，学生就能够从中受益。利伯曼描述了主动的学生与传统课堂中的学生相比所具有的优势。

比如说，在"解代数等式"中，教师要求学生通过各种方法解等式，然后让他们对自己所使用的方法做出解释，并运用这些方法列出相同的步骤来解新的等式。

学习活动与评价策略紧密相关。下面就是应用多元智能教学方法（MITA）的学习活动。

语言学习活动

阅读并讨论教材中的信息，简要记录描述求解等式的各个步骤的关键信息。

空间学习活动

画出一个能够阐释你解等式的步骤的流程图。

音乐学习活动

给"雪鸟"曲谱填写歌词,歌词必须能够说明分配律、交换律和结合律。

数理逻辑的学习活动

解方程式,标明数学的过程和步骤。

身体运动的学习活动

用石子和天平来演示等式,用天平两边的石子来表示等式两边的数值,看天平两边如何保持平衡。

自然的学习活动

用自然界中找到的事例或模式解释你的主要观点,解释它对自然环境的影响。

内省的学习活动

写一篇小论文,介绍你发现的解等式的最佳方案、你面临的困难和你学到的东西。

人际关系的学习活动

与朋友讨论教材中的信息和你解题的方法。你们的解题思路是否有所不同?你们互相之间学到了什么?

当然这种评价活动应该有一定的评分细则。比如说,流程图要包括解等式的关键步骤,每个步骤都有一定的分值,等等。其中的一些评价活动要有可选择性,有些则可以重复进行。

作为知识传授者的教师

教师要想教好学生,就必须了解和实施最佳学习策略,它们必须是最新研究的成果。今天,一些中小学和大学已经建立起伙伴关系,共同开展教师培训和教学实习工作。一些改革步子快的学校已逐渐形成了这样的思想:学校应承担对新教师的支持和指导责任以及对学校改革的道德责任。其中存在的困难是,如何支持教师并发挥他们的主动性。

经常反思教学的教师会主动放弃一些没有什么效果的教学方法,去采纳最新的研究成果。我和一些教师设计了一张反思检查表,用于帮助那些希望通过改善教学来提高学生的学习效果、增加学生的学习乐趣的教师。你从中可以看到对你有帮助的"教师反思指南"。一些教师会定期整理这些问题,对要讲的课和要进行的评价不断琢磨。

教师反思指南:促进有效学习的问题

在你考虑做必要的改变之前,简单记下效果良好的教学方法一直是个好主意。

列举出你所教课程的三个优点:
- _____
- _____
- _____

列举出你要改变的三件事情:你想怎样改变?你的做法会有什么不同?
- _____
- _____

对教学内容进行反思的问题：

1. 所教课程的主要目标是什么？
2. 学生对哪部分内容学得较好？为什么？
3. 学生对哪部分内容学得不太好？为什么？
4. 你在将来会做怎样的改变？
5. 上课的内容有趣吗？这些内容是否适合这个班级的学生？
6. 学生是否具备了必要的背景知识？
7. 对上课的内容将来会做怎样的改进和完善？

对讲课过程进行反思的问题：

1. 我讲了多长时间？
2. 学生讲了多长时间？
3. 谁说得最多？为什么？
4. 还有没有能够帮助学生学到更多知识的活动或方法？
5. 我在告诉学生现成知识还是在引导学生发问？
6. 我在这堂课中是如何激发学生学习的？激发的策略有效吗？为什么有效或无效？

一般性的反思问题：

1. 如何让一个优秀生能够专心听讲？
2. 如何让一个后进生能够专心听讲？
3. 大部分学生对本课的反应如何？为什么？

你可以把这些问题提供给听课的同事，从而了解同事对你的教学的看法和建议。关键在于，你要从积极的方面入手，这样才能将同事的建议转化为你的看法。

作为知识的传授者，教师有责任与其他人进行教学过程中的合作，从而让学生能够进行合作学习。未来的学校将会要求教师成为富有创造性、智慧和干劲的教育者。今天的教师应该了解脑科学研究的最新进展，知道哪些社会团体可以提供帮助，具有制订紧急议案的远见，这个议案关注的是有效性和成效性而不是缺陷和失败。

作为高级学者的教师

与学生相比，教师是某一领域的高级学者。教师作为自身领域的专家，应该在评价改革中发挥越来越大的作用。我们需要用创造性的思想观念来确保今天的年轻人获得成功，这一点是不容置疑的。曾经有一份国会报告预言，少数族裔的人口会有显著的增加。只要想到这个报告，教师就得超越自身所处的社会和经济背景，就需要包容文化的差异。教师需要有大量的专业知识、技能培训，这样才有助于改善学生的学习。教师还需要考虑到：学习者的独特性，尤其是不同的文化背景和他们对社区接纳的至关重要的需要，学生的千差万别的需要，以及大量的促使学生思想碰撞的方法。

教师要想教好这些具有各种差异的学生，就必须掌握相应的技能、方法和学理上的哲学原则，就必须从战略的高度思考智能差异性问题。教师需要设计和实施今天派得上用场的反映教与学的知识的课程。但教师的工作量已十分繁重，他们不可能单独进行这项工作。为了提高教育质量，教师需要与学生、家长和社区形成动态的合作关系。

教师是培养学生特殊能力的关键所在。如果你根据加德纳（1983）的多元认识方式来考虑评价策略，那么要成为这样的关键人物并不是难事。加德纳的多元认识方式包括：语言的、空间的、数理逻辑的、身体运动的、音乐的、人际的、内省的和自然的。教师作为学习指导者和高级学者，能够为学生和年轻的学者创造广泛的评价机会。下面是加德纳的多元智能评价所建议的活动。

在语言智能评价中，要求学生：

完形填空（填写重要文章或文本中缺失的词）
在班级朗读预先准备的材料
录一段原声讲话
录一段模拟访谈
口头翻译一段文字
辩论
讲故事
创造性写作
写诗
齐声朗读
写论文
写日志
完成口头测试
主持一个展示工作的会议
设计个人化的书籍
写日记
回答关于某个主题的问题
在同伴面前演讲
完成口头或书面报告

在空间智能评价中，要求学生：

涂色
画画
绘制地图
使用地球仪
收集照片
洗照片
参加或设计相关游戏
雕刻作品
根据录像进行角色扮演
想象和解释情节
做模型
制作三维物品
制作立体模型
为支持或反驳一个主题设计一份海报
展示公告板
装饰窗户
设计一个建筑物
设计一个软件程序

在数理逻辑智能评价中，要求学生：	**在身体运动智能评价中，要求学生：**
运用符号解决问题	计划徒步去博物馆
计算数学公式	设计户外活动课
总结段落大意	参观图书馆或历史名胜景点
做图表	创作戏剧
使用表格	进行武术活动
用计算器解决问题	运用身体语言
运用隐含信息制作工作表	参与体育运动
解决数字问题	进行相关的游戏和表演
把抽象材料教给同伴	在社区举办家庭咖啡聚会
用抽象物代替具体事物	表演滑稽动作
运用价值观解决问题	设计和发明产品
转换一般模式和主题	设计实验
完成多项选择题	跳民间或自编舞蹈
制作问题工作表	完成家庭测验题
设计日程表	设计学习中心
解决文字问题	创设互动公告板
实验	陈述
揭示因果关系	运用数学操作
创造性地运用统计和数据	做体操

在音乐智能评价中,要求学生:
展示声音和音调模式
准备经典的背景音乐
汇报歌剧表演
描述爵士乐或摇滚乐的背景
展示音乐剧
制作一个音乐光碟
创作一首歌曲
合唱
表演独唱、二重唱、三重唱
合成环境混合音
形容乐器的音色
描述乐器声
吹口哨
表现音乐的颤音
创作一首能增进记忆的歌曲
朗诵原创的抒情诗
为重大事件写歌曲
把音乐和学习进行整合
创造性地使用韵律

在人际关系智能评价中,要求学生:
两两分享想法和解决办法
向同伴提供反馈意见
参加小组活动
参加大组活动
访谈某位专家
小组合作讲授概念
通过合作来做出决定
准备学生主导会议
校对同伴的文章、写评价语
与老师在某个项目上合作
描述别人的动机
说明领导者的道德抉择
参加家庭和社区工作
撰写小组回答的记录
创想一个商业计划
设计管理程序
参加讨论小组
描述一个特别的兴趣小组
阐述解决冲突的想法

在内省智能评价中，要求学生：

撰写特定主题的个人反思
记录班级讨论和阅读的日志
展示个人活动的日程
制订个人方案
基于个人伦理学陈述自己的思想主张
撰写自己的故事
创想一生的规划（包括成功和失败）
写自传
出版个人专著
阐述自己的情绪过程
列出自己的兴趣
阐述目标设置的策略
完成对一个主题的自我评价
在阅读课文时记录个人反应
设计个人成长档案袋
将个人的动机与情绪和他人进行比较
创作一个个人剪贴簿

在自然智能评价中，要求学生：

从自然界中收集数据
给自然界的标本做标签
整理收集的东西
对从自然界中获得的数据和信息进行分类、排序
参观博物馆
联络自然历史景点
展示对自然问题的研究
完成来自自然的实验
把几位自然专家的陈述进行比较
解释放大镜、显微镜和双筒望远镜的使用方法
清楚描绘自然模式和对照物

运用这些方法时，教师可以指导学生用多种方式去认识了解一个主题。当教师不再填鸭式地向学生灌输知识或不用僵化的考试方式来评价学生时，教师就可以引导学生用多种方式来获取知识。作为高级学者的教师，也希望能够从别的教师或学生身上学到东西，并把他们当作学习伙伴。

作为学习伙伴的教师

经常鼓励学生并帮助学生的教师通常会获得许多回报。教师扮演的不再是"知识的传授者",而逐渐转变为激活学生头脑的帮助者。我们已经历了很长一段时间,因此古德拉德(Goodlad,1984)写道:

> 我们在描述课堂活动时,没有看到……为学生提供的诸多接触知识的机会,这些机会有助于学生充分发挥各方面的理智能力。人们想知道学生们依靠年复一年坐着听课、重复练习所获得的知识的价值到底何在。马古恩(Magoun)脑(译者注:一种网状激活系统)作为大脑的一部分,会受到新奇事物的激发。据我了解,学生们在12年的学校生活中,似乎不太可能经历较多的新奇事物。那么,马古恩脑是不是就会处于休眠状态呢?(p. 231)

如果学习真的就像古德拉德所说的那样,依然还有漫长的路要走,那么学生的学习则取决于他们在学习过程中的已有能力与他们个人的潜在能力和兴趣的激活的联系紧密程度。许多教师都听说了一些专家所描述的教育的鸿沟,比如最近设计了耶路撒冷市政中心的建筑专家杰克·戴蒙德(Jack Diamond)就是其中的一位。他在接受访谈时非常遗憾地谈到,学校并未能培养学生的空间表达能力。不幸的是,我们并未与许多领域的专家形成伙伴关系,因而学生在那些方面仍将得不到成长与发展。我们将依然不会教授和评估那些对学生和社会而言非常重要的知识。在我们教育领域的专家队伍中,家长可以成为我们的亲密合作伙伴,可以把家长的专业经验借用来为他们的孩子服务。然而就像别的领域的专家一样,家长也在抱怨:他们似乎已被排除在学校教学之外了。值得庆幸的是,越来越多的学校已开始欢迎家长的介入了。

家长的参与

教师不再假定家长一点也不关心其孩子的进步,而是开始考虑学校层面存在的阻碍家长参与的因素有哪些。对许多家长而言,自己的不愉快的学校经历会妨碍他们对孩子上学的介入。一些上学时学习成绩不佳或曾经辍过学的家长在学校情境中可能会变得不够自信(Finders & Lewis,1994)。一位父亲是这样描述他儿子的学习情况的:

> 他们让我去学校,就是为了告诉我我的孩子有多笨、有多不守纪律。
>
> 他们一直这样和我说了整整三年,我干吗还要再去听他们说这些呢?
>
> 他们为我的孩子什么也没有做。他们只是告诉我我的孩子是个坏孩子。
>
> 你们看到了吧,我也曾经在那儿上过学。我知道,学校让我很害怕。他们说我是个麻烦制造者,可是我确实是个遇到了麻烦的男孩。没有任何人帮助我,因为他们不喜欢我在众人面前露面。如果我本学期就退学,他们会觉得很好。我曾经退过九次学,他们就是希望我离开学校。(Finders & Lewis,1994,p. 51)

这位父亲自己在学校的失败经历成了他帮助和支持儿子学习的障碍。可是,家长上学的负面经历或有限的受教育水平真的就成了他们自信地帮助孩子的绊脚石了吗?

下面这些不实的想法会妨碍一些家长更好地参与孩子的学校教育。一些家长认为:

- 我对课程不怎么了解。
- 我改变不了任何事情。
- 我非常清楚我的信念与公立学校教育完全不合拍。

- 我不想蹚这个浑水。
- 我不会受欢迎的。

芬德斯和刘易斯（Finders & Lewis, 1994）的研究发现，我们需要把重点放在如何吸引家长介入到学校教育中来的创造性方式上。他们认为："如果我们用多种途径明确地表达我们非常重视家长们的语言、文化和知识，那么他们就可能会比较乐意接受我们的邀请。"（p. 54）

家长介入孩子的学习越多，孩子取得的学习成就就越大。当家长与全体教师、学生形成紧密的合作关系时，孩子就会开始意识到他们可能会有一个更加光明美好的未来。事实上，如果家长参与学校教育，整个学校也会从中获益匪浅。显而易见，如果我们忽视家长的参与，那么我们就可能会阻碍学校的进步。就家长的角度而言，他们会享受通过民主商讨做出决定的乐趣。当家长们一起参与解决各种问题争端时，他们会从为了满足更多学生的需求而力争解决问题中受益良多。

美国的国家教育目标要求每所学校都要促进家校伙伴关系的建立，从而提高家长在孩子的社会、情感和学业成长中的参与度。研究表明，增加父母的参与度与较高的数学成绩和阅读成绩紧密相关。与此相反，家长的低参与度会增加孩子辍学或被开除的可能性。过去，家长的参与一般被限定在特定的课程活动中，而今天在一些优质学校里，这种情况正在得到改观，家长已成为学校支持系统中的重要组成部分。

位于马里兰州上马尔伯勒镇的凯特灵中学围绕家长参与这个理念形成了自己的整套管理系统。你参观这所学校时就可以在它的校门口看到一面旗帜，上面写着："对我们学校来说……家长是非常重要的。"为了保持与家长的伙伴关系，凯特灵中学建立了家校联系制度。家长定时就学校计划与学生活动和学校保持接触。最近的一项家长调查，其反馈率达到了80%。

凯特灵中学一直认为，家长的参与对学生的学业成功来说至关重要。家长每个学期至少要听一堂课，会见一个学术小组。家长还要检查学生作业并签字，从而为学生创造一个坚实的学习环境。家长也要参与讨论学校的活动以及课程的选择。家长已和学校达成共识：每晚的6:30—9:00是学生固定的学习时间。正如预期的那样，家长的参与帮助学生提高了平均分数和考试成绩。

在凯特灵中学里，学生、家长与教师签订了合约，内容包括他们一致同意要达成的期望目标。他们的伙伴合作关系超出了学业范围，包括共同协商解决酗酒、离异家长、残疾孩子、无人接送孩子等问题。凯特灵中学只是众多逐渐认识到家长作为教育事业的合作伙伴的重要作用的一个范例而已。

与家长的伙伴关系

通过合作项目，学校对家长的参与正在形成积极的态度。这种合作伙伴关系充分反映了各自的态度，其中包括：

- 对家长及其见解的极大尊重
- 没有评判的倾听
- 对文化多元性和能力多样性持开放态度
- 创设积极的学校氛围的真诚伙伴关系
- 在实践上相互信任和相互鼓励

在过去，学校对于是否邀请家长平等参与学校事务会犹豫不决。家长很少参与学校的决策过程。孩子一旦进入中学，家长就完全退隐到学校之外了。而在今天，美国有1000多所学校已经采用了家校交流平台，这种交流模式是运用电信交流技术来联络学生、教师和家长的。教师常常用它来记录每天的上课安排、布置家庭作业和其他在家完成的相关活动。这个交流平台有一个自动拨号的语音留言系统，可以用多种语言通知家长为一个将要举行的活动做好准备，也可以定期向家长汇报学生情况。

学校利用这个系统使家长的参与度提高了80%，学生的成绩也得到了显著的提高。这个系统非常好用，可以帮助一些学校邀请家长参与目标的制订和活动的协作。一些学校对家长的意见和贡献抱以极大的热忱，由此取得了相当意义上的成功。一位教师在谈到不同背景的学生开展的合作活动取得了良好效果时，补充了一句："没有家长的参与，我们怎么可能做到这些呢？"

家长在与教师、学生进行合作帮助孩子进行时间管理的过程中，起着举足轻重的作用。许多学生课前课后的生活过得繁忙而充实，他们需要按照日常活动计划去合理分配和利用时间，完成自己的个人事务和学习任务，家长和教师的合作有助于学生提高学习效率。

比如说，当教师给学生布置了一项课外作业时，要给学生家长发一个通知。这个通知要简单说明作业及其相应的要求。这些要求你作为老师已事先和学生达成了共识。找个恰当时机询问一下学生和家长，以确保所有的学生都理解并且制订出了完成作业的计划。在进行大组讨论之前，给家长和孩子10分钟时间，让他们通过头脑风暴阐述自己的观点并提出自己的意见。比如，如果你决定使用一个个人计划的日历，你可以让一个学生或家长拟订一份下学期的学习计划日历，或者由你提供一份已经准备好的日程表。你或许会希望学生在日历中描述清楚他们在学校学习期间的具体事情。这些信息会吸引学生的兴趣，鼓励他们把个人私事安排到计划中。学生可以在家长的监督下着手制定他们的个人计划日历，同时每周要有两个5分钟的时间来更新个人计划。学生可以用不同的颜色来标明假期、做作业的时间、考试日期，等等。经过一个学期后，许多学生就都能够学会合理地计划自己的时间。一旦学习计划日历拟订出来以后，就有必要把它作为整个学习计划的有机组成部分。由此，学生就会懂得无论是在课内还是在课外，制订计划都是至关重要的。

家长起先可能会每周都制订计划，以确保孩子会跟上进度。当学生有什么作业落下了，通过检查个人计划日历就有机会把落下的作业补上，采取措施赶上进度，并确保能及时交上作业并获得分数。个人计划日历除了记录日常事务外，也可以用来记录个人的成绩。事实上，为了扩充日历的项目，可以采用表格形式，这样，家长和学生就可以如表 1-1 中那样，用成就表来记录学生的成绩了。

这是一种帮助学生和家长记录任何一个科目的进步的理想方式。学生可以在完成每项作业之后及时地确定作业的等级。对很多学生而言，这种直观的成就表不但提高了他们的学习动机，而且为接下来的作业在什么地方需要做得更好指明了方向。与此同时，这种评价表也帮助学生形成了自己的想法，还提升了他们的能力。

正如亨利·戴维·梭罗提醒我们的那样，如果一个人朝着梦想的方向前行，那么他（她）将在某一平凡时刻与成功不期而遇。杰克的公告板加速了学生朝着更高的梦想前进的步伐。每学期开学初，杰克运用自传公告板代替死板的科学考试，通常学生会非常担心自己是否能通过考试，而采用完成公告板作业的形式，学生不但不会担心，反而会觉得是在夸赞自己的生活和才能。杰克通过这种方式了解到学生已经达到了什么样的水平，而且把学生的家庭拉进了这个活动中。杰克让自己的学生邀请父母、祖父母、社区成员来参观他们完成的精彩纷呈的公告板。在这样的情况下开始一学期的科学教学，不但让学生获得了信心，赢得了勇气，而且激发了学生为接下来的科学作业取得持续的好成绩的动机。

表 1-1 成就表

_____班的成就表

姓名：_____

领域：_____

	1	2	3	4	5	6	7	8	9	10	11
100%											
95%											
90%											
85%											
80%											
75%											
70%											
65%											
60%											
55%											
50%											
45%											
40%											
35%											
30%											
25%											
20%											
15%											
10%											
5%											
0%											

第二章

作为评价专家的教师

> 我们采取行动越不迅速,我们的行动就会越难以持久。
>
> ——佚名

在从西班牙到好望角的非洲海岸线的海上旅行期间,我的女儿坦娅给家里买回一个哥斯达黎加的咖啡制作器(见右图)。你可不要认为它只是个没有经过任何现代工艺加工过的简单木制小器具,它可为我们做出了许多美味的咖啡呢。向那只没有漂白的小小纯棉口袋里舀一勺咖啡,装到半满状态就行。这个小口袋是套在一个篮筐状的金属圈中的,随后你只要把水加入这个口袋里,再过几秒钟时间,水一开,就会有一股浓浓的咖啡香味扑鼻而来,咖啡就做好了!

我们应该把芳香扑鼻的咖啡归功于来自哥斯达黎加原汁原味的咖啡豆,还是坦娅可能从哥斯达黎加的专家那里学到的秘诀?不管怎样,我还是非常喜欢这个简单的咖啡制作器,我就把它放在我们家那台复杂的现代咖啡制作器旁。

我要煮咖啡时，有时候用旧的，有时候用新的。

　　同样，高质量的评价有的时候存在于"旧"的评价方式中，有的时候存在于"新"的评价方式中。好的评价并非意味着要抛弃所有的旧方法，也不意味着要全部采用新方法。一些教师只是凭直觉决定选用或抛弃什么评价手段。但对合作学习非常得心应手的教师，会通过与其他教师的交流来决定是否选用或抛弃某种新的评价手段。通过合作，教师会成为评价专家。

　　不久前，一些教师坐在一起对下列问题进行了严肃认真的探讨：为什么要进行评价？选用某种评价方式会带来怎样的结果？评价怎样才能成为教学与学习的中心？为了更好地回答这些问题，我们需要组成评价小组，激发创造性的评价从而满足学生的学习需要。在过去，我们提倡的是单打独斗，却没有一个人能独自做好对学生的评价。乔治·麦克唐纳（George MacDonald）是19世纪的一位知名作家。他曾说过，一台起重机可以吊起两吨重的东西，而把两台起重机组成一组一起吊物体，却可以吊起23吨重的东西。这太让人惊奇了！同样的道理，初中和高中学校要想走向卓越，就需要教师们一起合作形成合力，把评价和学习推向新的高度。

　　我们根据学习和教学研究的新成果，运用集体智慧对评价手段进行了改革，这个改革比一些单打独斗的人所做的零零星星的革新速度要快得多。我们再回到有关咖啡制作器那个话题，相比之下，哥斯达黎加的咖啡制作器要简陋得多，但由于它蕴含着咖啡喜好者的聪明才智，所以这个简单的咖啡制作器能够在短短的几秒钟之内做出好喝的咖啡。

　　在此，我并不是说在任何时候这种简单的咖啡制作器都管用，也不是说每个教育者对每种评价方式都会接受。但我们可以在一周内对两种工具各自使用两三次。今天的一杯好咖啡的味道，与几百年前用漂白过的棉布袋滤煮出来的好咖啡的味道是一样的。就如同我对简单的哥斯达黎加咖啡制作器非常满意一样，我现在对30年前的一些评价方法依然很满意。在这种情况下，我和三位年长资深的社会研究课的老师、60名九年级的学生一道把阿尔伯塔课堂改造成了一个生机勃勃的新斯科舍省的钓鱼村。

在这个课堂上没有正式的考试。相反,我让学生在新斯科舍省的佩吉小海湾附近创建了一个模拟的咖啡屋,以此表达他们对新斯科舍省的历史的理解和欣赏。学生通过这个咖啡屋,能感受到时光的倒流,他们仿佛回到了那个古老的咖啡屋中所代表的小渔村的生活。学生穿着渔民服,仿佛一下子变成了来自四面八方的渔村村民,大家坐在盖着蓝白相间的桌布的粗木桌子旁边,相互交谈着与海有关的故事。在微弱的油灯旁边,学生讲述着过去的时光,演示着如何编织一张结实的渔网,回忆着遭遇到的复杂而险恶的海上经历。雨点正滴答滴答地敲打着"教室"(其实就是那个模拟咖啡屋)的窗户。在这个"教室"里,玛萨正在绘声绘色地描述她所赖以养家糊口的渔场,而丹恩正指着身上破烂的上衣和有破洞的鞋子,悲伤地讲述着他的渔场十年来由兴盛转向衰败的故事。学生通过自己所选择的角色扮演来互相探讨着经济萧条问题。不管你什么时候结束这种交流,你都还可以从其他"村民"那里了解佩吉小海湾里每天发生的事情。即使在30年以后,根据本书中所描述的各种各样的评价活动,我们也可以对学生在这一个月内的工作和努力进行评价。这些评价方式可以说真的经得起时间的考验。

合作的教师们发现这种评价手段与他们的具体学习目标非常吻合。我的咖啡制作器对于早上十点才开饭的早饭来说可能并不适宜。你也不可能设置一个拨号,在夜晚到来之前的黄昏时刻能闻到正在滤煮的咖啡的香味。然而,让我非常好奇的是,在今天这样一个技术日新月异的时代,可谓一步落后步步落后,而我提到的那个咖啡制作器在某种情形下却能为我提供一种有品质的生活,让我对我的哥斯达黎加咖啡制作器制作出的香气四溢的咖啡越来越赞赏。

教师们发现为某项具体作业共同制定普遍标准时需要花费时间和必要的资源,毫无疑问,在这一点上他们会达成共识。一些教师也会和自己的学生一起合作来设置普遍标准,从而让学生在学习什么和怎样学习方面体验到主人翁的角色。无疑,尽管这种工作与教师的精确评价相比依然存在着重重阻碍，但是当我们对教师进行支持，并把他们作为有价值的课堂专门对待时，学生会获益匪浅。

不管是新手教师的知识还是资深教师的惊人智慧，都越来越受到社会的重视了。本书介绍了一些年轻教师和资深教师在学生评价中所做出的实实在在的贡献，他们对有效的评价活动在反思的基础上进行编辑整理。在本章中，我的主要意图是为一些忙碌的教师介绍一些有用的评价资源。我希望这些资源能够为那些手头上没有什么值得信赖的评价方法的教师提供帮助。为了能够切实帮助和支持教师，我对大部分教师所面临的评价问题都考虑到了，并对他们的问题进行了解答，从而为其评价工作提供恰当的方式。本书第二部分将会介绍几种切实可行的形成性评价和终结性评价的方法，这些方法有助于教师克服困难从而做出好的评价。

形成性评价和总结性评价

在对形成性评价（formative assessment）和总结性评价（summative assessment）这两种评价活动分别进行浓墨重彩的介绍之前，有必要对这两个概念进行清晰的界定。所谓形成性评价，是指其结果能够指导以后的教学和学习的评价。形成性评价可以通过观察来确定一个学生应用知识和技能的能力如何。形成性评价也可以是一节课一结束就接踵而至进行的评价，教师可以用一两句话对上节课做画龙点睛的总结，并提出相关的问题，描述学生的课堂反应，或者是把学生与该主题相关的已有知识联系起来。学生可以运用 RSQC2 方法来复习功课。RSQC2 指的是回忆（recall）、总结（summarize）、提问（questions）、评论（comment）和联系（connect）。通过回忆，学生可以列出上节课的兴趣点和重点。学生可以用一句有意思的话来概括要点。学生可以就任何相关概念提出质疑。学生也可以就所学材料或上课的内容进行评论，表达自己的观点。最后，学生可以把本节课所学的内容和其他相关的问题联系起来。这个步骤是通过讲课结束后所提出的

系列问题得以完成的,或者是以反馈或复习的方式要求学生回答下列问题来完成的:
- 上节课我学到了……
- 今天我学到了……
- 今天我的疑问是……
- 在这堂课中我感觉……
- 这节课与……相关

形成性评价不仅可以帮助学生巩固强化已经知道的知识,而且有助于学生辨别出还不清楚的知识点。形成性评价也可以改善学生的注意方式、记笔记的方式、提问方式和解决实际问题的方式。形成性评价可以是结队进行的,也可以是以小组形式开展的。比如说,要求同一小组的成员向所有组员解释某个问题。在一张纸上可以写四个问题,要求小组中的每个学生用三分钟时间向其他学生解释清楚其中的一个问题及其解决方法。接下来,由下一个"教师"对下一个问题进行解释。教师通过简短的小组反馈汇报会议,就可以了解哪个知识点学生已经掌握了,哪个概念还需要做进一步的解释。

形成性评价常常受到学生的喜爱,因为它的关注焦点在于更多地帮助学生表达他们已经知道的东西,而不是汇报他们依然还不知道的东西。对于繁忙的教师们而言,形成性评价也是受欢迎的,因为它一般不需要教师付出太多的精力或者是评定成绩。甚至学生们自己就可以创造出别具一格的用来进行形成性评价的活动。比如说,一个小组决定通过真人秀戏剧性场景来展示他们对学过的几首诗的理解。学生们选择了史蒂维·史密斯(Stevie Smith,英国职业诗人,小说家)的两首诗:《不是为了挥手而是为了求救》(*Not Waving but Drowning*)和《独人森林》(*Alone in the Woods*)。学生们创作的真人秀戏剧性场景显示出了史密斯的这两首诗的主题中所体现的孤独和绝望的效果。

其中的一个真人秀戏剧性场景让《不是为了挥手而是为了求救》这首

诗中的溺水者刚溺水时的呻吟和做最后挣扎时的呻吟形成了鲜明的对比。六个学生摆出了冻僵的造型，构成了两边的场景。为了表现这个溺水者溺亡的过程，两个学生伸出手臂，不断地与大浪搏斗着，不断地挣扎着。其他几个学生则围成一圈，完全忽视了溺水者的存在，摆出了心满意足的冲浪者的姿态——他们看起来似乎是骑着生活之浪在旅行，一点也没有下沉的感觉。学生们在对大家的真人秀表演做出最后的定论之前，对这首诗的意思进行了激烈的争论，争论持续了好几个小时。他们的表演给全班同学创造了更深入的讨论和探究的契机，他们探讨了这首诗所传递的要旨及其价值。

另外一个真人秀表演揭示了斯密斯的《独人森林》一诗中所描写的自然对人类的憎恨情感。学生们在理解这首诗时引发了关于自然为什么会憎恨人类这个主题的讨论。这个真人秀表演的是一个年轻人在密林（由学生们重叠交织在一起组成）中挥砍树木，想辟出一条路来。可显而易见的是，随着他一步步地深入密林，不但没能辟出一条路来，自身反而陷入了愤怒的荆棘丛林中不能自拔。学生们非常喜欢用这种真人秀的表演方式来展现诗的意境，由此探索它们与自己的现实生活相关的深层次的主题。因而，从形成性评价活动的三个方面来回答最后的关于诗的考试题目就不奇怪了，大多数学生都会把自己的观点与真人秀表演中的所见和讨论时的结论结合起来回答。

真人秀表演对中上等成绩的学生来说效果非常好。学生们的智慧将决定着这类形成性评价活动的目标和期待。这类活动既可以简单到一节课的活动，也可以复杂到要花整整一周的时间来做准备工作。一些学生为他们的真人秀表演配置了背景音乐和评述语，与此同时，他们还可以在学校层面去展示，或者邀请家长来参与。不管怎样，这些形成性评价活动要做得恰到好处，还需要教师给学生提供明确的指导，这样就能使学生达到事半功倍的效果。下面我们给出了一个指导范例。

诗歌或故事学习的真人秀表演活动

1. 学生组成五人小组，一起阅读所学材料并确定一个描绘了该作品主旨的最重要的场景。
2. 学生通过头脑风暴创设一个最能描绘该作品主旨的场景，要求这个场景能引发全班学生对该诗或该故事的讨论。
3. 小组成员各自选定自己在场景中要扮演的角色，并在班上进行初步的排练，设计服装或小道具，画速描或拍照片。
4. 向全班学生展示真人秀表演的场景。在展示过程中，首先要讨论为什么会为表演选定这样的场景布置，作者本来的意图是什么，作者写这首诗的意图与当今学生的关系是什么，等等。
5. 学生互相打分，满分为 10 分，标准如下：表演场景表达诗歌主旨的情况、讨论掌控的情况、问题的解答情况、小组成员合作情况。
6. 在公告板上挂上照片或速描，用来复习这首诗，对于全班学生应对最后的考试也是个提醒，便于他们记住这首诗的主题、作者、背景和时代。

在这个范例中，形成性评价使学生获得了一个把诗歌立体化的机会。学生可以对诗歌所描绘的一些主题提出质疑，去思考诗歌的更深层次的意思和多样化的表达，还可以欣赏到别的学生所讲述的与该诗相关的故事。此外，这种形象的真人秀表演有助于学生把一个诗人的诗与另一个诗人的诗进行比较。一个学生观察员评论说，史蒂维·史密斯的诗和埃米莉·迪金森（Emily Dickinson）的诗意的声音有着惊人的相似性，他之所以注意到了这种相似性，是因为他在真人秀表演中对两位女诗人的诗意都进行过表演。

形成性评价是用来帮助学生为最终的评分定级做准备的，简而言之，就是为接下来要讲的终结性评价做准备的。

终结性评价指的是，在每个单元或每节课后为判断学生在该单元/该节课中所学到的知识和所掌握的技能而进行的评价。终结性评价涉及最后的结果，而形成性评价则涉及在整个学习过程中的学习结果。本章介绍了形成性评价和终结性评价的方法。对学生、家长和教师而言，成绩可以提供许多有用的信息，可以让三方都了解学生的学习情况。因为在不同科目之间，百分制的成绩和等级制的成绩之间存在着差异，教师和学生希望对某种科目的成绩用同一种评价方式来公布。安迪·法夸尔森（Andy Farquharson）介绍了三种给文章打分的方法，可以保证评分的准确性、可靠性和一致性（1988, pp.6-7）。

1. 列出问题的标准答案：回答每个问题时的要点，每个要点的分值。
2. 在对研究性论文进行评分时，通读整篇文章，根据文章满足答案要点的情况打分。
3. 基于事先准备好的具体的百分比给文章的内容、风格、表达方式打分。

给小论文打分的范本

姓名：_____   日期：_____

_____/15 **引言和主题**：清楚地阐明了主题，对作者想要证明的观点表达非常清晰。评语：

_____/10 **文章结构**：逻辑结构清楚，运用的材料与所要论证的观点吻合。评语：

_____/10 **相关度**：每个小点都在升华讨论。评语：

_____/10 **覆盖面**：涵盖了所有的需要用来支持主题的要点，但不包括不相关的背景信息。评语：

_____/25 **内容**：每个观点都有一定的材料支撑。材料的数量充分、质量优良。评语：

_____/10	**结论**：概括了主要的观点，重申了文章的观点，对延伸含义有所涉及，重申主题。评语：
_____/10	**风格**：语法和拼写正确，行文优美。文章的思想表达清晰。评语：
_____/5	**段落**：一段文章一个观点，段落长度适中。评语：
_____/5	**其他格式**：脚注、参考书目、题目、页码等标示都正确。评语：
_____/100	

终结性评价可以采用"无记名的方式"，学生的名字可以用数字或匿名代码代替。这种方式可以防止打分时出现偏见。但即使采取了这样一些措施，终结性评价还是存在着其他一些问题。

教师在评价实践中所面临的问题

在今天的学校改革大气候下，教师面临的主要问题是评价问题。下面这些问题是就是在学校改革中出现的：

1. 课堂评价是如何影响学生在标准化的国家考试中的成绩的？
2. 学校的重组改革会如何影响评价的形式？在商业界，我们已经看到了在领导方式、期望、评估和合作中的变化趋势。在教育领域，类似的改变会消除目前的评价措施吗？
3. 评价方法的更新将对教师准备工作的重点产生怎样的影响？为了进行跨学科的合作，教师需要时间一起进行计划，也需要提升他们工作质量的支持和资源。
4. 在评价报告方面，教师究竟有多大的自主权去对评价做出改进？
5. 有革新思想的教师是怎样激发其他一些习惯于传统评价方式并且拒

斥变革的教师的？许多教师都阐述了学校文化对评价改革的阻碍。在一些中学里，教师们的改革士气低落，依然保持着惰性状态。

6. 评价是如何受到社会大背景变化的影响的？学校怎样才能帮助学生为一个未知的、变化莫测的未来做好准备？
7. 评价活动在什么程度上讲是智能公平而且与真实生活问题紧密相关的？
8. 在知识爆炸的今天，学生怎样才能精确地评价那些只是诉诸记忆的事实性信息？
9. 在跨文化背景中，评价如何才能多元化，评价标准如何才能满足所有学生的需要？
10. 保持了某种程度的一致性的评价措施中，能够允许学生的答案有多大的模糊性和矛盾性？评价测查的是一些已有确定答案的问题还是需要学生进行思考的有争议的问题？
11. 教师怎样才能精确而规范地对学生掌握的基础知识进行评价？
12. 什么样的考试能够最有效度和信度、能够最有效地对课文内容和课堂活动做出正确评价，同时又能符合学生的个人兴趣和能力？
13. 技术在什么程度上将会继续改变目前学校背景下正在践行的评价方式？

教师如何才能避免这些问题从而确定学生已经掌握了什么知识？为了有效地评价学生对某个主题的细节的理解情况，采用的评价措施必须与具体的学习目标相关。这些学习目标在每节课中都得到了清楚的表述，并且学生和家长对学生掌握了什么都非常清楚。从理想的意义上讲，评价应该是测查学生所掌握的知识和技能，而不是测查教师认为他们所教的东西。形成性评价在教师改变教学实践使学生更加受益的专门领域会特别有用。

改变教师方法的形成性评价

为了定期了解课程对学生产生的影响,教师会频繁地进行形成性评价活动。迈克尔·斯克里文(Michael Scriven,1967)认为,形成性评价能够给教学提供及时的反馈。教师、家长和学生可以通过形成性评价及时发现学生学习过程中存在的问题。比如说,他们会发现,学生只有在掌握了某些技能或者是与全组成员一起对课程领域进行复习后才能进入更高层次的学习。

形成性评价不仅可以帮助教师对学生一小部分内容的学习情况进行检查从而及时发现教学问题或学习问题,而且可以帮助教师对形成性评价中要检查的项目和具体的学习目标进行对比,这样就能确保教师的教学与评价的一致性了。由于形成性评价的目标在于发现学生什么方面还不知道,从而及时调整教学,所以形成性评价有助于在学生学到的东西与对学生要评价的东西之间形成密切的相关性。教师的教学在一学期中十分繁忙,他们一般都会意识到学生所学与评价之间存在的鸿沟,常常对此感到无能为力,尽管如此,他们还是会想方设法去做出弥补。教师在形成性评价中给出的分数有助于教师对学生的学习做出及时的反馈,而不是等到很长一段时间后才去评判和汇报。对教与学做出定期的评判是一个完整的形成性评价活动的组成部分。

形成性评价的手段通常不同于传统的、标准化的、基于常模或标准的纸笔考试。比如说,取而代之的形成性评价可以要求学生回答一个开放性的问题,为一个问题的解决提出解决方案,演示一项技能,或者以某种方式开展一项工作,而不是在一张纸上选择答案。成长档案袋(持续收集相关的方案)和教师对学生的观察就是值得选择的评价方式。

形成性评价与终结性评价的优劣

- 形成性评价能够及时地发现问题,而终结性评价则在学习结束后才进行。
- 形成性评价定期进行,而终结性评价则在较长一段时间之后测查最终的结果。
- 形成性评价会发现个人的学习目标,终结性评价一般包括长期的学习目标。
- 形成性评价能够反映个人的学习进步,终结性评价可以用来比较不同学生的成绩。
- 形成性评价测查的是一个单元的学习,终结性评价测查的则是几个单元的学习。

通常,我们可以同时运用形成性评价和终结性评价。形成性评价可以提供及时的、定期的反馈,而终结性评价在更多的情况下显示的是最终的学习结果。教师在教授新内容之前,可以借助形成性评价来了解学生是否已经达到一定的水平。形成性评价还可以检查学生掌握知识的情况,从而帮助学生决定是继续复习旧内容还是学习新内容。

这两种评价方法都省时、方便。形成性评价的练习可以直接引导学生建构和使用"先行组织者"。学习理论家奥苏贝尔(Ausubel, 1991)认为,先行组织者可以确保学生掌握新的概念,并能有效地运用新的概念。下面为教师如何使用先行组织者提供了几种范例和活动,它们有助于教师用形成性评价手段来帮助学生学习和评价学生的学习进步。

对先行组织者的建构和运用

1. 阅读本章或本单元的内容,强调关键点。概括材料的主要观点和次要观点。
2. 把你已经知道的与这个主题或类似主题相关的观点和主要的事实联系起来。比较先前已经知道的事实与新的材料有着怎样的差异?新材料与你已知的东西有着怎样的相似性?
3. 对新材料中的例子进行解释,联系新观点来阐释已知的东西。
4. 列出五个问题,使其可以帮助学生对新内容进行反思,并且与学生个人的独特背景和经历联系起来。
5. 为了使新材料更加容易理解和记忆,对新材料重新进行组织分类,把思想和概念类似的放在一起。
6. 减少你的先行组织者,让其篇幅为所学材料长度的 1/10。
7. 确保学生知道怎样创设和运用先行组织者来帮助自己有效地洞察和运用新知识。

教师通常面临的一个问题是,在对具体学习单元进行评价时没有好的评价资源可以利用。因为教师每天都有许多的压力和要求,所以最简单的办法就是运用唾手可得的考试方式。然而,越来越多的教师正在分享某个特定学习板块的高质量的形成性评价与终结性评价活动。互联网也成了有价值的教师资源,它可以快速地为教师找到合适的评价手段。通过这些资源,教师可以更加主动地介入到创设和选择各种各样的评价活动中来。

作为意义创造者的教师

教师知识的价值越来越受到重视。以课堂为基础的学术研究被用来促进学习和评价活动。这种研究被称为行动研究(action research)。行动研究由教师或其他学校的人员进行,这种研究能够让教育者对自己的日常教学实践进行系统的反思,并为其他教师提供一些好的教学实践资料。行动研究给教师提供了探究感兴趣或很关注的问题的机会,为课堂教学和评价的改进提供了可能。

教师怎样看待学生主动学习的能力,通常决定着他们会运用怎样的相关的、公平的评价手段。比如说,如果我们相信学生的智能是天生注定的,我们就会运用机械的评价手段,来把学生分成不同等级和不同类型。但如果像脑科学专家雷纳特和吉弗里·凯恩(Renate & Geoffrey Caine, 1997)所认为的一样——我们把学生看作积极主动的学习者,那么学生的生物遗传能力就会得到最大的优化从而产生新的脑力——我们就会选择积极的评价措施来促进学生的学习。

凯恩等人提到一本谈论音乐认知的书,该书把学习者看作达尔文主张的物竞天择、适者生存的进化结果,认为 DNA 遗传基因决定了一个人的能力和生活质量。

> 本书通过点点滴滴描述了我们在听音乐时大脑和神经系统中发生的变化。神经系统对音乐的反应是可以识别和分类的。人类只不过变成了一架对一定的刺激会产生敏感的机器而已。该书的写作风格是当今社会最为流行的科学的范式,但它的科学结构是建立在牛顿式思维方式上的。我还没有看完这本书时就感受到了深深的悲哀、烦躁,而且害怕中还带着沮丧。在本书所有的定义和解释中连音乐的影子也看不到。音乐及其带给我的愉悦情绪反应只不过是一种自动化的生理反应,我的内部思想活动也不过是 DNA 控制的结果。(Caine & Caine, 1997, p.83)

那些把学生看成呆板的学习者、只是主张机械化检测学生学习的教师,几乎不会发现凯恩等人称之为"紧急情况"的东西,这些紧急情况不能用可以辨认的量化的因果关系来追踪。这些教师只是简单地把学生的心灵看成机械操作的、人为的和自然事件的混合体,然后根据这种观念来评价学生。但如果教师对我们为什么要进行教育做出反思，并经常考虑生活状况对学习的影响、不断成熟的大脑对学习的影响，那么他们就会重新思考怎样测查学生的学习才是公平的。对于凯恩等人而言，这种反思会促使传统评价方法转向真实性评价方法。对于评价的转向他是这样描述的：

  传统评价方法的核心思想如下所示：

  只有专家才能创造知识。

  教师是以传递信息的形式传授知识的。

  学生是根据他们掌握知识的多少来进行分级的。

根据凯恩等人的想法，一旦我们接受了完全不同的一套信念，根本的教育变革就势在必行。他们描述了他们称之为动态性知识（dynamical knowledge）的转向要求：

  动态性知识要求在多种信息渠道基础上进行个人的意义建构。

  教育者的作用是帮助学生建构动态性知识。

  动态性知识会通过真实世界的表现展现出来。

什么样的评价活动可以帮助学生的动态性知识的生成？什么样的评价活动可以帮助学生根据多种信息资源建构个人的意义？什么样的评价活动可以通过学生在真实世界中的表现来使学生得到恰如其分的评价？下面讲的是一个反思性指南或者说是核查表，它运用基于探究的学习方案来评价学生的学习，也就是凯恩所说的动态性知识。

基于探究的学习方案

教师利用多种资源进行合作，通过审慎地设计出一个基于探究的学习方案来提出共同关心的问题。探究式学习方法包括如下六个阶段：

1. 教师和学生创设一个与单元主题相关的问题，设计的问题要把学生的兴趣和能力考虑进去。
2. 每组学生在问题板上列出一个问题。

3. 愿意解答同一问题的学生组成一组。
4. 在小组内,学生和教师进行商讨之后可以对问题进行一定的修正。
5. 学生们为了向全班同学汇报和展示对问题解答的情况需要选择角色,他们要从认识一个特定问题的七种方法中至少选择五种来进行汇报(加德纳的八种方法:语言的、空间的、数理逻辑的、身体运动的、音乐的、人际关系的、内省的、自然的方法。见下图)。

6. 学生们对自己的问题进行研究、讨论、准备,并向全班同学展示解答的情况。学生们同样也希望能够在家长聚会、社区人员聚会或者体育馆举行展示会时汇报他们的研究结果或展示他们所做的工作。

在第一个阶段,教师和学生要对与单元主题相关的一个问题进行阐述,这个问题要把学生的兴趣和能力结合起来。首先,所有的学生都要围绕主题写出一个自己感兴趣的问题。然后,运用表2-1的QAXP活动方案,学生每4个人分成一个小组,小组成员分别为1号、2号、3号、4号。接下来,由1号学生向其他三位同学说明自己的问题,2号学生说出自己对问题的回答,再请3号学生说出答案,但不能重复2号学生的答案。最后,4号学生简短地对问题的回答进行总结，并对两个同学的回答进行简要的解释。

表 2-1 基于探究的学习方案

第一轮	第二轮	第三轮	第四轮	
1 = Q	2 = Q	3 = Q	4 = Q	
2 = A	3 = A	4 = A	1 = A	
3 = X	4 = X	1 = X	2 = X	
4 = P	1 = P	2 = P	3 = P	
1	2	3	4	Q
2	3	4	1	A
3	4	1	2	X
4	1	2	3	P

Q——问问题
A——回答问题
X——补充 A 的答案
P——对问题和答案进行概括总结

一轮活动完成后，每个小组进入第二轮，由 2 号学生提出他的一个问题，3 号学生回答问题，4 号学生做补充，1 号学生总结。这样，进行四轮，直到每个学生都扮演过每种角色为止。

每个小组从其问题和答案中，选出一个主要的问题向全班同学汇报，这个问题要包括本小组的部分或所有被问过的问题。这个问题可以是小组一致同意的、大家最感兴趣的问题，也可以是在讨论中产生的新问题。将每个小组提出的问题列在问题板上，每个问题旁边写上组号。然后，活动就进入第二个阶段。

在第二个阶段，要求每个小组上台生动地汇报一个问题。每个小组把自己的问题展示在黑板上，然后全班学生都要在列出的问题下面选择一个签上自己的名字。最后，根据学生的选择情况重新进行分组，每组 3～5

人。每个学生可以任意选签一个问题，不局限于自己所在小组的问题。如果同一个问题下签名的学生太多，就得请这些学生再选择两个与这个问题相关的附属问题，这样就可以把他们分成两个小组。

在第三个阶段，一旦学生根据特定的问题形成了不同的小组，他们就必须做出相应的回应，小组要对自己组的问题进行内涵界定。在确保小组人数相当的情况下，还要确保小组成员对问题的认识和表达与其所选的组相契合。

在第四个阶段，小组成员与老师和组员商讨之后可以对问题进行修正，学生通过头脑风暴提出解决问题的方案，然后向全班同学进行汇报。每组请一个学生在一张大纸上记录下所有同学的意见。小组的问题在这个商讨过程中可能会修改好几次。在此，有必要对加德纳的多元智能理论的解决方案进行介绍，学生在提出评价活动的想法时可以用多元智能理论的建议作为指导。

- **数理逻辑的建议**：包括数学、资料、事件的逻辑顺序、问题解决的步骤，等等。
- **语言的建议**：包括头脑风暴活动、书面文字、辩论、演讲、媒体报道，等等。
- **空间的建议**：包括视觉空间感受物的呈现、图表、几何设计、图形、艺术品展示、雕塑，等等。
- **自然的建议**：包括对不同实物进行比较、展示云彩、岩石的构造、各种植物以及从自然界中收集来的各种东西，等等。
- **音乐的建议**：包括对音响和音色的识别、歌词、乐曲、器乐作品、背景音乐、文化特色，等等。
- **身体运动的建议**：包括运动、跳舞、角色扮演、建构模型、搭建项目、游戏，等等。
- **人际关系的建议**：包括小组工作、跨文化方案、小组问题解决、合作活动、结对共享，等等。

- **内省的建议**：包括撰写日志、从一个著名政治家或运动员的角度写信、自我管理、道德判断，等等。

在第五个阶段，确定每个人的角色，明确各自的职责。小组向全班同学的汇报展示中，至少要吸收七种认知方式中的五种对问题做出解答。在一些活动中，他们可以进行合作；而在另一些活动中，则可以独自行动。然后把各部分综合起来，形成完整的小组方案。主题是否明确对解决方案是否完美起着至关重要的作用。每个部分都要与其余部分的主题吻合，并且每个部分必须解决小组的一个主要问题。一旦在这方面取得进展，许多小组都会对他们的问题进行多次修订，以便他们的回答方式保持统一的风格。

在第六个阶段，学生研究、讨论、准备，向全班同学汇报解决方案。每个小组可以花一个小时来做汇报。全班学生在小组汇报期间要保持积极的学习状态。为了让学生能够相互交流研究的思想观念，教师要为每个小组的学生创造积极主动的学习机会。就这点而言，学生可能也希望把他们的研究成果在家长或社区集会上展示，或者想通过在体育馆中举办一个展览、一个学生主导的会议来展示他们的成果。

基于探究学习方案的评价是一个持续的过程，它需要学生本人、同伴评价、师生协商确定的评价三个方面的共同努力才能得以实现。对学生的进步及学习体会进行行之有效的快捷而简单的评价方式就是鼓励学生定期进行互动的回应。学生一旦成为合作学习小组的成员，在离开班级之前，必须填写一张随堂记录卡作为走出教室的门票。在下页的表格中，列出了随堂记录卡中的部分内容。

随堂记录卡将会放进学生的成长档案袋里，在学习方案结束时要求学生再次填写回应第一次的问题。教师根据学生的随堂记录卡，在下节课中可以对学生关心的问题进行回顾，进行一个例外的讨论，也可以对由随堂记录卡引发的其他问题进行讨论，在此基础上开始下一堂课的学习。形成性评价有助于学生对在学习方案的执行中所扮演的角色进行反思，使其在开始阶段就能清楚地知道自己的优势和劣势。

随堂记录卡

这是你今天出教室的门票,在你离开前必须交回。

学生姓名: _____ **日期:** _____

我喜欢我们组的:

我们的方案中我所关心的是:

在小组中我希望能学到:

我还未解决的问题是:

我希望为我们组做的贡献是:

小组合作一段时间后，教师可以指导学生运用本书第七章中提到的"有助于学生解决小组冲突的核查表"。这项活动允许学生对自己解决冲突的能力进行评估，学生可以通过讨论和头脑风暴法互相帮助来对矛盾或问题进行建设性的补救。

一旦小组冲突得到确认以及意见分歧得到妥善解决，学生就会被要求去相互评价各自的表现。下面提供的是同伴评价的问卷，它可以帮助学生阐述同学所做的贡献，并识别出同学出现的问题。

用于同伴评价的学生问卷

同伴姓名：_____　　　　　　　　日期：_____

我的姓名：_____

　　列出你所在小组的所有成员的名字，写出每个成员为小组所做的一件或两件主要的事情：

　　列出每个小组成员的一个优点和一个缺点：

　　你所在小组的成员是如何利用其优点去克服其缺点的？

　　你会怎样描述你所在小组做出的努力和取得的成绩？

最终的学习方案和实际的评价展示,将由教师和学生协商之后共同决定评价标准来执行。在此,必须清楚地阐明目标,这样学生不但能了解他们的工作期望,还能感受到主人翁意识。比如说,设计的评价标准要包括以下几个方面:

- 来自三个方面的研究证据
- 井然有序的小组努力工作的证据
- 解决冲突的证据
- 创造性
- 对多元智能的回应
- 对主动积极学习的强调
- 拼写的语法的使用
- 编辑、修正之后的最后版本
- 其他方面

通过运用师生协商制订的小组评价标准,在小组学习方案实施过程中,学生的个别表现和群体表现会定期地受到评价。长期的评价可以通过下列方法进行:定期观察、事先给学生发放检查表、学生做出的反应比如说离场协议或同伴评价、观察、录像带剪辑、来自小组和个人的口头或书面报告、学生向全班同学介绍方案实施进展的座谈会,等等。

基于探究学习方案的小组评价和个人评价,是学生个人和小组的学习和自我评价的至关重要的因素。师生共同协商确定的评价,能够让学生对学习进展进行反思,并有助于学生运用所获得的思想观念来提升自己将来的学习效果。清楚表述的具体期望目标,一直以来都有助于训练学生设计和遵照自己的具体指南来进行独立学习。

作为评价专家的教师可以授予学生尽可能多的权利。评价活动中参与的人越多越混杂,评价活动就越与学习活动密不可分。学习和评价是相互交织在一起的,有助于更深层的、更复杂的主题的学习互动。有些时候这种相互补充要求我们能够避免单一化的课程和因循守旧的评价。一些教师会问:"我们应该如何运用传统的评价方式?""我们应该怎样做才能把新的思想融入常规课堂中来?"其中的一个解决之道就是运用探究方法来呈现新知识。比如说,在一节热力学课上,教师可以提出这样的问题:"在航天飞机上,热量是如何变成热动力的?"现实生活中的问题形成了最好的自然整合器,把传统的支离破碎的学习有机联系起来。

随着不同学科的越来越多的教师共同参与评价活动,他们把自己特殊的专业经验带入到评价事业中来,评价活动自然就变得有整合性了。但观点、概念与不同文化背景的整合需要专门的评价手段,用来服务于整合性教学。比如说,在考虑学生怎样才能演示他们的研究和呈现技能的同时,也要考虑他们所掌握的你要教授的关于某个主题的内容知识。这个标准可以通过学生集体的创造形成展示的基础。学生可能在泡沫芯上安装构件或在电脑上创造一个德行博物馆。评价活动应该反映州的标准,但运用整合的评价方法时也可以跨越几个传统学科的边界。正如被评价的知识信息那样,教学和评价也应该是紧密结合在一起的,因而难以分辨清楚什么是教学、什么是评价。

在学习过程中,如果允许学生整合、实践和展示他们所学到的东西,那么传统评价的转型就会在不知不觉中发生。

> 就年轻人的想法而言,任何事物都是独特的,都代表着他们自身的存在。慢慢地,他们学会了如何把两件事情联系起来看待,并找到它们的共同特征。然后,他们会发现三件甚至三千件事情的联系……他们发现一些截然相反的事件或距离很远的事件存在着共同的基础,发现不同的事实具有共同的来源……天文学家发现,几何学是一种人类思维的纯粹抽象的表达,却可以用来测量行星的运行情况。化学家发现物质的比例构成和可理解的方法。科学不过是发现最遥不可及的部分之间存在着的类似性和同一性而已。
>
> ——拉尔夫·瓦尔多·爱默生(Ralph Waldo Emerson)

教师们依靠共同的专业力量创造出了整合性的学习情形,同时也为拓展评价机会扫清了道路。中学里的整合性教学和学习意味着评价活动丰富多彩,一些评价活动是老的方式,一些是新的。就如同一道机械呆板的多项选择题不可能做出精确的测量那样,如果评价者多种多样,则更能够给千差万别的学生提供不同的评价机会。有学生参与的评价会给那些来自不同文化背景和不同信仰的人提供机会,使他们能从自己的已有经验和知识中受益。简而言之,包容面广泛的评价,要求学习者在独特的解决问题的过程中成为积极主动的学习者,对学习个体的优点和缺点都能包容。在协作中,除教师之间的互动、教师与学生之间的互动外,还有学生之间的互动。

就拿我前面所提及的哥斯达黎加咖啡制作器来说吧,它的优点是由诸多因素共同促成的。而满足这些因素并不复杂,也并不难。比如说,一小块木头、一根电线、一根原色棉线,不需要专门的指导、不需要按按钮,不需要插电线,这样就可以做出好喝的咖啡来。评价也一样,共享的评价活动可以创造出神奇的学习效果。也许哥斯达黎加咖啡制作器这个小礼物让我最为欣赏的地方就是,它不用恳求就能分享一些共同利益。对于自己所做的贡献和对别人看法的小小鼓励而感到无比自豪的老师,无论用新的还是旧的评价方法,都会用得非常到位。

当教师群体共同提出清楚的愿景和可以实现的期望时,一般来说,他们既不会完全抛弃旧的评价方法,也不会完全采用新的评价方法。第一章讲述了教师作为学生学习伙伴的角色,第二章突出了教师作为评价专家的角色,他们会促使更多的人参与到评价中来并做出相应的贡献。在下一章中,我将阐述诸多参与者的不同思想观念所发挥的作用是如何有助于完善评价实践的。

第三章

改进评价实践的合作

> 教师学会的是应试教学——教育实践工作者通常对此持批评态度……因为这样一来学生学习的只是为了应付考试,就不可能掌握广博的知识了。
>
> ——萨拉逊(Sarason, 1990, p. 171)

好的评价与好的学习一样,常常会与学生的真实生活世界相关联。公正的智能评价,关键在于关注学生的多样性。在听取了来自学生的声音后,我们就会设计个性化的评价手段来评价他们的知识,由此,大多数学生自然就会受到激发去表达自己掌握的知识了。

马克·吐温的《哈克贝利·费恩历险记》(*The Adventures of Huckleberry Finn*)中的主人公哈克贝利有这样的深思:"我们明明已经知道星光闪闪的天空就在那里,可当我们通常仰面躺着并盯着满天的星空看时,就会禁不住发出疑问:它们究竟是实实在在被创造出来的存在呢,还是只是碰巧产生的呢?"加德纳认为费恩是在运用自己的自然智能,他能够对自然环境中的事件进行认识和区分。

与哈克贝利遭遇的星空问题一样,我认识了北极地区的大乌鸦。1993年10月27日,我第一次发现了过去10年期间一直只在北极地区行走的大乌鸦。

居住在北极圈附近的因纽特人，通常依靠他们与生俱来的自然能力求得生存，他们也用他们的自然生存技能与许多其他生活在这个地区的生物和谐共存。居住在加拿大高纬度北极地区的巴芬岛上的摩西人是因纽特人的一部分。当我看到这里的大乌鸦笨拙地跳跃一下然后向前走去时，对这个现象不是很理解，于是向他们求教，他们对此做出了这样的解释：10年前，大乌鸦只能跳。这些大乌鸦在北极地区可以长到小狗那么大。它们是北极地区的食腐动物，已学会了许多生存本领，比如说，由于已经习惯了北极地区恶劣的气候状况，因此，它们不再飞往南方去过冬。摩西人和我都禁不住去思考：大乌鸦是怎么学会这些本领的？是谁教会了它们这些本领呢？

我们设计了一个小组评价活动范例，要求学生分成小组对一个具体问题做出回答，然后用相互交错的方式把他们的回答情况与其他小组进行交流。学生可以通过互联网或图书馆查阅与大乌鸦有关的神话故事和科学事实。表 3-1 所呈现的就是运用大乌鸦主题展开的评价活动，其实你也可以在其他不同的主题活动中运用这种方式来进行评价。

在这个评价活动中，共设计了四个与大乌鸦课题相关的主题。将学生分成四个小组，每个小组负责一个主题。这次评价活动的总主题是高纬度北极地区的大乌鸦，其实际设计的四个主题外，还可包括数学问题、科学实验、音乐作品或历史事件。每个学生可以对这个大主题的部分小主题进行探讨，然后将自己的发现与其他同学进行分享。交流以相互交错的方式进行，每个人都有发言的机会，一个人发言时，其他人要做好笔记。通过这种活动，零碎的知识就逐渐形成一个完整的体系了，并且学生在完成这个活动的同时，学生的许多能力也得到了锻炼。

在这个活动中，学生首先组成较小的小组，在每个小组中通过合作方式完成如表 3-1 所呈现的那些问题。每个小组只需要研究和解答一个主题。然后，他们再组成一个新的小组即"专家组"，专家组的学生依次介绍自己所在小组探讨的问题和答案。一个学生介绍时，其他成员要做好笔记，记下每个问题的答案要点。

表 3-1　关于大乌鸦的研究的新手—专家组的评价

姓名：_____

　　保存好这张活动记录表，以备你以后对北极地区大乌鸦的主题进行复习之用。你和你所在小组的同学共同负责找到一个主题的答案，并将自己的答案与其他小组进行交流、分享。交流时要在记录表上把要点记下来。

第一组：描写北极地区大乌鸦的外形特点。大乌鸦与什么鸟相似？大乌鸦与众不同的外形特征是什么？
小组整理过的答案要点：
- 大乌鸦是黑色的，但在特定光线的照耀下全身发出紫色光。
- 它们与乌鸦很像。
- 大乌鸦比乌鸦要大，嘴更长。
- 大乌鸦咽喉部的羽毛更尖、更长一些。

第二组：描写北极地区大乌鸦的生活习性。
小组整理过的答案要点：
- 大乌鸦是食腐动物，栖居在悬崖峭壁上。
- 经常在垃圾堆旁边或海岸线附近聚集。
- 大乌鸦是飞行高手，是强健的生存者。
- 大乌鸦是诡计多端的猎手。
- 大乌鸦是聒噪的、肮脏的。

第三组：描写北极地区大乌鸦的生殖习性。
小组整理过的答案要点：
- 大乌鸦成对栖居在悬崖峭壁或苔原地区的洞穴中。
- 由于北极地区特殊的地理位置，大乌鸦通常把洞穴建筑在海拔较低的岩石地区。
- 即使有大乌鸦会南飞，它们也会经常在高纬度北极地区的岛屿上产卵。
- 大乌鸦经常以特技飞行表演来发出寻求交配的信号。

第四组：描写大乌鸦对北极地区的因纽特人的象征意义。
小组整理过的答案要点：
- 巴芬岛上的因纽特人将大乌鸦的狡猾和凶猛看成许多古代神话的基础。
- 比如说，在一些神话故事中白天是怎样开始的，冬天和夏天是怎样更替的，大乌鸦通常会以骗子或神秘者的角色出现。
- 大乌鸦也代表人们的精神世界，它有时将善与恶、好与坏掺杂在一起影响着一个猎手的命运。

　　在你为自己所在的小组收集整理好答案后，你将被安排在专家小组中向其他人介绍你们组的答案。每个人轮流介绍，其他人要做好笔记。待专家小组的四个人都介绍完之后，在你们组的活动记录表上将四个主题的答案要点写上去。

在选择新手组和专家组的时候，可以通过有字母和数字标记的卡片进行（比如说，数字卡上写有1，字母卡上写有A）。抽到数字卡的为新手组（共分4组），抽到字母卡的为专家组（共1组）。新手组的所有成员负责解答一个问题，而专家组的学生则是一个人负责解答一个问题，并且要清楚准确地向其他三个同学进行介绍。按照这样的形式重复下去，直到每个学生都有机会进入专家组为止。新手组和专家组的形式是很好的评价方式，它对学生的研究能力和共享能力进行了评价。同时，还为学生提供了一张记录卡，便于学生在考试前快速地复习答案要点。除此之外，更为重要的是学生的合作能力得到了培养。

让我们设想有这样一种评价系统，在这种评价系统中，就如同北极地区的大乌鸦一样，所有学生的智能水平都使其能够学会行走和飞行。只有这样的评价系统才能循序渐进、层层深入、从一个成功走向另一个成功。设想我们的学校改变了当前的评价环境，能让更多的学生用自己独特的方式来表现自己的学习成果，那么，学生将会在常规的学习中取得更大的成绩。要拓展只有少数学生或教师喜欢的评价方式，我们依然任重而道远。让更多的学生满意的学习方式，就是在我们的常规课堂活动中采用多元智能的教学方式。

尽管没有一种评价体系是十全十美的，但令人欣喜的是，我们为确保更多的学生取得学习成功而开展的工作已取得了很大的进展。比如说，在过去的40年中，教师们齐心协力致力于评价体系的改革，改进了成果导向教育（outcome-based education，OBE）。斯帕迪（Spady）和马歇尔（Marshall）1991年的研究成果强调了成果导向教育的三个令人鼓舞的特点：

- 所有学生都能学习并取得成功，他们的学习方式或学习时间可能不一样。
- 成功孕育成功，因此，所有学生为了实现自己的目标都会要求自己不断取得成功。
- 成功取决于学校提供的条件，学校在不断改善条件以满足学生成功的需要。

阿尔伯特·爱因斯坦的老师批评爱因斯坦智力迟钝、孤僻、处于愚蠢的白日梦状态,这样的事情已离我们很遥远了。现在,几乎不会再有教师会鲁莽地指出学生身上的显而易见的缺点,相反,他们会采用一定的评价措施来诊断和帮助学生改进。现在许多学校都在提倡成果导向教育,因为这种教育支持教育工作者齐心协力去改进学生的学习从而帮助学生取得进步。但成果导向教育也需要借助评价手段的拓展才能很好地实施。当我们想了解一个学生是怎样学习的时候,我们就会发现,评价手段不只是针对一个目的的单一工具。黑尼(Haney,1991)指出:"试图用一次考试来实现几个目的,就好比是用一种工具,比如说一把螺丝刀或一把铁锤,来完成从脑部手术到打桩的所有工作一样,肯定是行不通的。"一位中学校长补充说:"哲学博士可能做不出简单的木箱子,而教育程度较低的木匠也读不懂高深的哲学著作。"这里的问题是:在常规基础上,你如何判断一个人知道些什么呢?

比如说,一些学生只是要求留给他们比平常讨论的时间更多一点的"思考时间"。要了解比较安静的学生在沉默的时间所做出的贡献是非常重要的。但许多教师都倾向于用自己的观点或问题去填补那段沉默的时间。事实上,如果给予学生充分的思考时间,即使是那些沉默寡言的学生,也可能会提出他们的思想观点。一般来说,安静的学生思考问题时会非常投入,如果给予他们更多的思考时间,他们会从不同的角度对问题进行回答,有可能针对任何主题都提出值得进一步思考的新问题。

本书为教师提供了许多可供选择的评价手段,教师从中选择适合的评价方式可以帮助学生解决各种各样的问题,甚至允许学生"把马车拴到星星上去"(爱默生语)这样异想天开的举动。同时,本书提供了大量的评价活动设计方案,帮助教师选择高质量的评价手段进行评价活动。教师和学生将各种评价手段汇集在一起,就会形成一个共享的评价工具库。当教师运用别的文化背景的评价手段时,就会对那种文化特点越来越敏感。比如说,在北美地区，公开评价就是标准的评价做法，而在其他地区评价可能是私下进行的，因为他们认为所有的学生都不喜欢当众出丑。而在有些地区，任何隐含公开批评的做法都会被认为是粗鲁的、带有严重攻击性的行为。

本书提供的可供选择的评价方式一般来说是简单易行、直截了当的。比如说，让学生在一张8厘米×13厘米的索引卡上写下他们在一节课中的某些方面遇到的问题，将卡片混合后重新分发，让持有卡片的学生读出卡片上的问题，每个学生都有机会回答问题。这种方式一方面有助于那些比较害羞的学生大胆地提出自己的疑问，而不会遭遇到其他同学觉得自己看起来很愚蠢的尴尬，另一方面能引导那些语言表达能力差并且不爱说话的学生大胆地表达。

这里还提供了其他一些方式，用来减轻学生的压力，鼓励他们积极参与活动。比如说，学生可能非常喜欢"接龙"形式的活动，在这种活动中，每个学生必须贡献一点自己在阅读或课堂上所学的关于某个主题的新东西，"接龙"一般从不完整的陈述开始，比如说："我从今天的课上（或从与今天所学主题相关的课外阅读中）所学到的新东西是……"教师最好也参与到活动中去，记录下表现优秀的学生的名字。

对于喜欢通过电子邮件进行书面交流的学生，他们应该随时可以通过网络形式留下交流的信息。教师每周可以留出固定的时间对学生的电子邮件做出回应。如果学生预先知道教师上网沟通的时间，他们就会通过这种方式正式或非正式地与教师交流。那些在课堂上不敢发言的学生在网上则可以自由地问问题和表达自己的想法。许多学生都喜欢这样的交流方式。一些学生喜欢与教师单独交流，一些学生则邀请网友一起参与讨论。无论采取哪种形式，学生都能自由地表达思想并从其他人那里学到一些东西。

一个名叫马琳妮的学生，通过进入互联网上的小组论坛表达了自己对某小组处理非洲黑人问题的不满。马琳妮自己就是一个非裔黑人，她为我们班提出过一些出色的建议。马琳妮表露出了自己在班级中处于孤独无助和受排斥的心情，并通过网络清楚地表达了好的想法，由此，我们都了解到了这一点。这个问题始于我们班的另一个小组创作的一幅粘贴画,该画以否定的方式描绘了非裔黑人,而这样的人物在其他文化中却是真正的英雄人物。

马琳妮做的是对的。第二天,那个小组的同学就取下了那幅粘贴画,并从不同文化背景的小组中吸取建议,对其进行了公正的修改。全班学生由此受到启发,以小组的方式对加拿大和美国独特的文化贡献进行了讨论。在此,我们都从马琳妮的领悟中受益良多。

来自高纬度北极地区的经验

同时运用来自不同文化的学习材料和评价材料尤其显得至关重要,这是我运用麦克吉尔方法对因纽特教师进行培训时所得到的教益。因纽特教师和我相处时极有耐心,我们一起开发了融合几种不同文化的新的学习和评价资源。

近来在北极地区的从教经历,让我认识到另一种文化会让我学到许多东西。在此之前,我从来没有意识到改变传统的评价活动并使其具有多元文化的包容性是多么重要。传统评价往往只适用于一种文化。在因纽特,由于远离了传统的影响,我对因纽特社会中所展现出来的一些知识技能产生了疑问:这些知识和技能意味着什么?于是,我和参加培训的因纽特教师一起体验了适应北极生活方式的评价活动。

一天早上,天刚蒙蒙亮,我便透过窗子(朝向北极湾)看到了远处高山上大大的因纽素克。这座简单的沙石构造物,类似于人的形状,常常被北极地区的人当作一个标志物,指引来自许多不同地区的旅行者。因纽素克同时也在向我讲述着极北地区的文化,将我带向了遥远的过去。因纽特教师给我讲了许许多多这样的故事,它们在极北地区的文化和我头脑中的文化之间架起了一座桥梁。

在我们的北极之旅中,我将评价比作照耀北极海湾的极光。

因纽素克（Inukshuk）是北极地区的一个象征物，用来指引那些居住在没有树也没有其他自然标志的地区的人们。因纽素克这个词语来自因纽特的语言和文化，意思是"假造人"。

　　一盏神圣的聚光灯照耀着北极海湾，这里那里闪闪亮亮的灯光和倒影使北极海湾显得格外美丽。以蓝天做背景，以苔原做舞台，色彩斑斓、不断变化的阴影就像一个万花筒一样。从冻结的窗子里向外望去，外面的风景就如同一场神圣的戏剧表演，在这一瞬间，斑斑点点的光投射到白色的悬崖峭壁上，映衬着万里无云的深蓝色天空；在下一瞬间，这些斑斑点点的光会从悬崖移照到沿着悬崖筑造的房屋；一小会儿过去后，紧接着北面的灯光跳跃着滑过水晶般的湖面，照耀着蓝绿色水面上的一条条渔船，它们正顺着海岸停泊在那里。一个年轻人带着家人在因纽特人狗队的拉动下，用他们的木制雪橇滑冰。

评价，就像我在巴芬岛上见证的灯光一样，应该把光聚集来照耀所有的绝妙的获知方式，这是我和因纽特学者打交道所体验到的道理。同时，评价还应该强调其他文化倾向的特色和所有文化的独特之处。但是，在北极地区运用的评价措施也常与南部地区运用的评价标准极其相似，而这与北极人的智慧和知识毫无关系。

十年前，北极地区的大乌鸦突然学会了走路，那么反映大乌鸦的古老知识的问题出在哪里？对旅行者而言，在没有人和物指引的情况下能够走过冻土地带，考察他们这种空间能力的评价措施是什么？还有，在北极地区广泛存在的打猎、捕鱼和雕刻的技能是怎样进行评价的？不管在什么时候考虑到这些问题，都会得出一个显而易见的答案，那就是北极地区的教与学是与众不同的，它与南方学校常常强加给因纽特学生的考试是格格不入的。教师们必须共同努力，让评价活动成为学习的一个基本组成部分。

我和一些因纽特教师一起制定了系列的评价标准，用于评价跨文化课堂中包括多元智能维度的学习方案。评价标准包括下列四个有效的评价策略：

- 激活学生的已有知识和经验。
- 运用重要的影视资料来补充和支撑书面材料。
  ——用图表来显示不同思想观念之间的关系。
  ——用直观形式对材料进行概括。
- 运用多种途径帮助学生表达他们的思想观点，使其能兼顾文化背景的多样性和语言的差异性。
- 运用小组评价帮助那些英语水平较差的学生，使其能从教他人英语或向他人学习英语中获得成长。

教师之间的相互支持

在考虑学生的创造性贡献之后,我们为学生提供了一份评价检查表(如表3-2所示)。本检查表可以作为你自己的活动的一个起点,也可以作为特别的中学评价方案。韦伯在《圆桌学习》中提出的多元智能教学方法(1997)是一种教和学的形式,其中包括加德纳的多元智能理论和维果茨基的建构主义学习理论(这种理论认为,一个人的学习是建立在已有知识基础上的,通过已有知识基础建构新的知识)。多元智能教学方法简明扼要地阐述了增加合作性、整合性和协商性的评价活动的课堂条件。换言之,多元智能教学方法提出的最核心的问题就是:最能体现多元智能理论和建构主义理论的课堂条件是什么?

表3-2 中学多元智能教学方法评价检查表

用这个检查表检查你的评价方案中对多元智能活动运用的情况,有助于你确认是否掌握了至少五种学习方式去认识所学的主题。请你用最后的方案来完成这个清单:

学生或小组的名字:＿＿＿＿＿＿＿＿＿＿
方案的名称:＿＿＿＿＿＿＿＿＿＿
这个方案所强调的主要问题:

用到的材料或资源:

对这个方案进行评价时使用的标准:
-
-
-
-
-

续表

多元智能活动所用的检查表

语言智能
____关注的主要观点非常清晰
____口头表达或书面表达好
____书面证明材料如姓名、地点、事件等有根有据
____运用的资源紧密相关
____拼写和语法正确
____用语言交流创造性的想法
____运用恰当的词汇表达思想观点
____运用恰当的讲述技巧
____包含有词语游戏,如双关语、抒情诗等
____其他方面

数理逻辑智能
____演示问题很清楚
____协调组织能力好
____运用了数字游戏和策略
____运用相关的计算机演示
____事实和计算正确
____运用创造性游戏,如字谜、脑筋急转弯等
____运用恰当的抽象或具体的例子来表达思想
____准确地阐述了事物之间的因果关系
____分类和综合组织能力强
____其他方面

身体运动智能
____对于所要进行的运动有清楚的把握
____精细运动能力很协调
____角色扮演或滑稽表演很逼真
____能进行明显相关的建构项目
____动作连贯正确
____创造性的表达或戏剧性的表达
____精确的大幅度运动技巧
____触觉活动,如做黏土模型或模拟建筑物
____能进行跑步、跳舞、跳高或游泳等活动
____其他方面

空间智能
____能画好地图、图形或草图

续表

____创造性的图形表达能力
____相关资源的运用
____对视觉形象能清楚地把握
____雕塑能力或画画能力
____直观地交流创造性的观点
____恰当地运用几何图形、脑电图或图表
____三维图形的建构
____迷宫、字谜或视觉游戏
____其他方面

音乐智能
____对声音有明显的关注
____唱歌能力强
____能做好音乐事实的档案
____音乐作曲
____准确的节拍感和节奏感
____声音的表现力富有创造性
____运用合适的乐器

内省智能
____独立的观点
____个人的力量感
____个人弱点的知晓及适应
____独立完成工作
____个人的反思
____创造性地进行角色扮演
____明显的自我激励
____自信
____清楚地表达观点、感受和爱好
____其他方面

人际关系智能
____与他人能很好地共事
____接纳他人的观点
____认可他人的优势和能力
____与他人形成亲密的友谊关系
____对他人表示关心和关照
____参与委员会、俱乐部或小组活动
____与他人融洽地合作与交流
____要求他人帮助

续表

＿＿＿接纳集体教学的学习机会
自然智能
＿＿＿从自然世界中收集资料
＿＿＿从自然界中收集标本并进行准确的标注
＿＿＿对收集的东西进行归类整理
＿＿＿对自然资料进行分类，对信息进行分类、分层
＿＿＿参观博物馆和自然历史名胜
＿＿＿演示与自然有关的研究
＿＿＿准确掌握有关自然实验的词汇
＿＿＿像自然学家一样讲述
＿＿＿放大镜、显微镜或双目望远镜的运用
＿＿＿其他方面

通过专业发展活动，越来越多的教师运用这样的方式来评价其学生的学习。在《教职员工发展的新视野》(*A New Vision for Staff Development*, 1997) 一书中，丹尼斯·斯帕克斯和斯蒂芬妮·赫什 (Dennis Sparks & Stephanie Hirsh) 将"教职员工发展"作为体制改革的核心来探讨。但是，正如他们所指出的那样："研究和经验让我们了解到，要在课堂中广泛、持久地实施新活动，则需要校长办公室和其他重要的办公机构采取一种新的专业发展形式。" (p.1) 新的思想观念要求在所有人中创设动态的学习社区。这里指的所有人包括学生、教师、校长和其他员工，每个人既是教师，也是学生 (p.16)。

专业化发展给教师提供了彼此互动的机会，让他们摆脱了今天课堂中所面临的负担和压力。与此同时，这种专业化合作对于制定评价标准也是至关重要的，有助于教师共同确定多元评价标准，其中包括多种技能和不同内容的评价。新的合作计划对评价进行了重新定位：与以前相比，现在更多的是奖赏人的判断能力，珍视教师对所评价知识的广度和深度的理解。这样一来，教师就能学到更多的评价原则，并且可以相互商讨这些评价手段的信度和效度，同时还能以一种开放的姿态随时欢迎他人对评价活动的持续支持。

在一所市区高中,教师对学校教职员工会议上只有管理人员才有发言权而教师只能保持沉默的状况进行了抗议。新校长上任后,要求每个教师对学校的规定提出自己的想法和看法并进行交流。教师提出的问题越来越多,于是,校长要求每个教师提出一个重要的问题进行讨论,阅读相关的资料后提出新的看法。这种讨论形式鼓舞了更多的教师积极参与,激发他们去选择解决问题的办法。

这种全体教职员工合作的形式,促使他们运用了几种新的评价策略。每个教师提出一个问题供大家讨论,将其作为新的评价活动产生的组成部分,教师通过阅读和研究其他成功的案例来丰富自己的观点。此外,这种评价活动还提出了一个补充措施,那就是邀请一些长辈参与讨论,或者是请一些评价专家主持会议,让校长作为一个学习者与教师们一同参与。

这个过程要求主动将与考试实践相关的每个步骤概念化,提高了教职员工的创新意识和保留有价值的传统考试的意识。最后,几个兴趣浓厚的教师自愿继续进行此项活动,并同意将他们的发现和建议向其他人做汇报。因为这些会议是以教师为主体而不是以自上而下的管理模式进行的,每个参会者都可以畅所欲言,充分自由地表达自己的思想观点,这就确保了活动的成功。这种方式效果显著,该中学最终改革了过去的等级评价制度,采用了许多具有真实性和表现性的评价措施。

通过积极主动地参与这样的教职员工发展活动,教师即使面对一个很大的主题,也会感觉是小菜一碟,得心应手。慢慢地,一些奇思妙想就会在教师们中间传播开来,改变以前只允许一个人决定重大问题的现象。甚至连校长也从教职工集体会议所产生的各种想法中获益良多。他们把这些奇思妙想转化成高质量的、有利于学生进步的评价措施,由此从种种奇妙的新维度拓展了学生评价。

责任感的问题

要求学生制订学习计划，是为了使学生对自己的学业有高度责任感并使学习结果体现多元智能的发展。评价从一定的评价理念开始，最后通过与多元智能相联系的学习目标来体现。学生的学习目标通常以具体的动词（如列举、比较、界定）而不是以抽象的或含混不清的词语（如理解、欣赏、知道）来表达。

要想对学习承担责任，就要求学生相互交流学习目标。表3-3显示的是如何使每门课程的学习目标引发学生更加深入的理解。

在许多情况下，学生都会表达出他们对问题的关联性缺乏清晰的认识。当他们在完成抽象度比较高的作业时，会由于看不出问题的关系而深感挫败。考虑一下表3-4所呈现的学习目标，你是否会从中发现中学生应该承担什么样的学习责任？这个主题是与"变化"相关的跨学科的单元学习问题，所涉及的是英语、社会研究、数学和科学四门学科。

如表3-4所罗列的那样，一旦确定好所有的课堂单元的问题，就需要逐步引导学生并帮助他们完成这个学习计划。比如说，什么样的反应是运用多元智能理论时可以接受的？在此，学生要通过与老师和其他同学的协作来表达多元智能的观点。在这里，所表达的观点是与"变化"主题相关的课程内容。

表3-4中呈现的活动有助于学生回顾自己的学习，同时为"变化"主题的评价做好准备。相似的目标也可以通过某种改编适用于其他的跨学科单元的学习。表3-4也是教师运用多元智能教学方法让学生表达的关于"变化"的知识的展示。这些目标对于确保你的学习计划中包含有多元智能的学习来说特别有用。它能帮助学生顺利迎接考试，有些问题有可能在期末考试中出现。

我们对表3-4中评价活动的细节进行了修改，使其适合更为广泛的范围。基于对学习目标的考虑，学生和教师也会努力创造合适的评价活动来发展那些与任务密切相关的知识和技能。

表3-3 多元智能教学方法在中学跨学科方法中的运用,运用一个共同的主题:"变化"

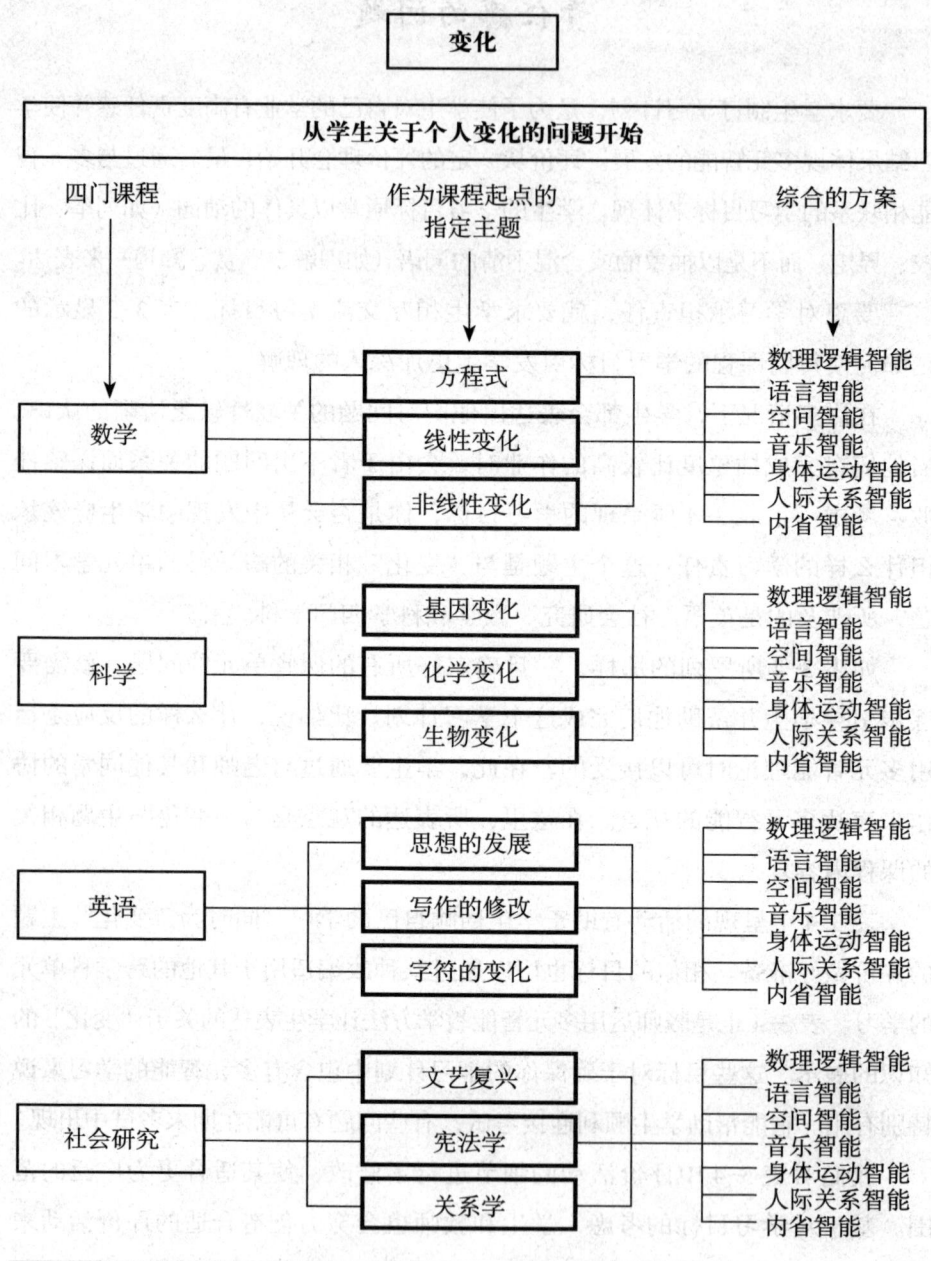

表 3-4　关于……学习计划的学习目标

学生或小组的名字：＿＿＿＿＿＿＿＿＿

学习计划的题目：＿＿＿＿＿＿　日期：＿＿＿＿＿＿

语言智能
- 学习者将会拟写一个关于……的传记的框架
- 学习者针对……访谈……
- 学习者从三种渠道收集关于……的信息

数理逻辑智能
- 学习者将几何图形用于……
- 学习者为……构造梯形
- 学习者在……中辨识数学模式

身体运动智能
- 学习者创编舞蹈来演示……
- 学习者建构一个……
- 学习者演示一幅关于……的生动图画

空间智能
- 学习者制作一幅关于……的拼贴画
- 学习者画……
- 学习者绘制……的图表

音乐智能
- 学习者表演……
- 学习者为……做音乐伴奏
- 学习者边听音乐边创造一个……

自然智能
- 学习者组织和安排……
- 学习者计划一次到……地方的郊外旅行
- 学习者辨别自然模式去演示……

内省智能
- 学习者识别自己在……方面的技能
- 学习者假定某人……
- 学习者记录关于……的日记

人际关系智能
- 学习者进行角色扮演，两两表演或者……
- 学习者与两个人一起讨论关于……的问题
- 学习者报告其他两个人关于……的观点

协作评价的收获

曾经孤军奋战的教师和学生汇报说,他们通过与他人的协作创造性地解决了问题,由此发现自己的专业知识得到极大的增长,个人得到很好的成长,获得极大的满足感。这些收获促使教师为学生创设更多的协作评价措施。

为了帮助学生复习一个主题、一个单元或一节课的内容,思考一下表3-5中所呈现的配对活动的益处。

表3-5　复习所学内容,为评价做好准备

学生姓名:＿＿＿＿＿＿＿＿＿＿＿＿
评价活动所需要的复习内容是:＿＿＿＿＿＿＿＿＿＿＿＿＿＿＿＿
日期:＿＿＿＿＿＿＿

今天我感觉良好的是:

在这项工作中,我发现＿＿＿＿＿＿＿＿＿＿比较容易,因为:

比较困难的是:

我特别喜欢的是:

我已解决的一个问题是:

我所面临的下一个挑战是:

我将要借助＿＿＿＿＿＿＿＿＿＿＿来完成这项工作。

我将向＿＿＿＿＿＿＿＿＿＿＿寻求帮助。

这样的表格可以保存在学生的成长档案袋中，帮助学生和教师去检查学生所取得的进步和确认学生所面临的问题。教师一度只是知识的传授者，独立于学生的学习目标之外，现在也能与学生一起协作来创造新颖的评价措施。一旦解除了外部定性控制的压制，教师就会越来越多地创造出满足学生需要和学习目标的别具一格的评价措施。比如说，小组活动结束时，可以为学生提供一个反思性评价，在小组背景下使用。表3-6所呈现的内容就是用于让学生思考自己在小组活动中所起的作用，并为下一个阶段确定新的目标。

表3-6 你参与小组活动的情况

学生姓名：＿＿＿＿＿＿＿＿＿＿＿＿＿＿

活动方案名称：＿＿＿＿＿＿＿＿＿＿＿＿＿＿

日期：＿＿＿＿＿＿＿＿

参与活动的情况：
- 我所做的事情是：
- 帮助过我的人是：
- 我是怎样完成我这部分工作的：
- 我特别喜欢的是：
- 我面对的最大挑战是：
- 我的下一个目标是：

对评价的对立观点：有利还是有弊

不管什么时候教师积极主动地发表与评价制度相关的看法，都会不可避免地产生意见分歧。这种意见纷呈所产生的冲突却常常会为成功的改革铺平道路。悬而未决的冲突情形就像刚刚开垦过的土地一样，其实已为耕种做好了准备。这种冲突情形也为教师分享不同的看法,并在最好的评价活动中取得一致意见做好了准备。

根据琳达·达林—哈蒙德(Linda Darling-Hammond, 1992)的观点,学校改革工作存在着两种截然不同的理论,这两种理论通常会为不同的目的服务,但有时也会有交叉:

> 一种理论把焦点放在控制上:更多的科目、更多的考试、更多的官方课程,由于更多奖励而强加的更多的标准、更多的约束。教师通过开发更多的考试把奖金与考试分数进行挂钩来改进教育状况……第二种理论关注教师的胜任力,通过教师教育、资格认证、证书授予过程等方面的改变来促进学校的发展……还有些专业发展学校鼓励教师参与决策,改变地方评价实践,发展教师与学校之间的网络联系。(p. 22)

几乎人人都同意关注北美地区学校中的传统评价实践所带来的局限性。当前,美国西部地区仍然是世界上运用考试方式最多的地区。然而,一些教育工作者会抱怨:当教师为了考试而教时,这些千篇一律的考试会限制学生乐意接受的真实、准确和公平的评价。耶鲁大学教育心理学教授斯滕伯格同意加德纳的观点,他认为,传统的考试评价的是极少的智能类型,即只是对语言智能和数理逻辑智能大为欣赏。斯滕伯格(1991)还描述了其他两种传统的标准化考试不可能评价到的智能类型:情景智能和实践智能。因此,值得一提的是,当我们在评价中忽视了某些智能类型时,我们是不是等于忽视了个体对团体和个人实践做出的巨大贡献?

通过对这些对立观点的探讨和实验,教育工作者拓展了远远超出传统界限的评价方法和措施。那些运用了创新方式的学习者是天生聪颖的,如果我们能帮助学生识别和运用各种不同的智能,即使是学业智能缺乏的人也会获得成功。正如斯滕伯格(1991)所指出的那样,"如果我们想测量智能,我们就应该以广泛的而不是狭隘的方式来测量学生的智能,否则,我们将不可能对人类的智能做出真实的描述。"(p. 80)

那些以批判的眼光看待评价方法的教师往往能够证明新方法的有效性，并能保留传统评价实践中的某些优点，将过时的方法转化成高质量的评价活动。在下一节里，我们将考察教师的角色。他们被看作将成功的学习与高质量的评价活动联系起来的专业人员。

作为行动研究者的教师

教师对评价的推动，经历了一个从激烈竞争到协作，从无权到赋权，从冲突到解决，从偏见到接纳、理解与包容的发展过程。教师具有自身的优势，因为他们处在两个角色之间：一个是提出思想观念的理论家，另一个是从思想观念的实施中获益或受害的学生。

理查德·萨格尔（Richard Sagor，1997）整理了40年以来的有价值的文献，指出大部分教师所做的行动研究通常遵循如下六个连续步骤：

1．提出问题
2．拟订收集资料的计划
3．收集资料
4．分析资料
5．报告结果
6．采取行动

按照戴维·纽南（David Nunan，1989）的观点，只是遵循既定方法的教师和课堂研究者存在以下几点差异：

……课堂研究者鼓励教师用批判的眼光去探讨思想和方法，并运用实验性的方法将这些观点融入课堂活动中。除了运用新方法、新材料、新观点和直觉来判断课堂教学的效果外，课堂研究者还设计了一个小规模的课堂实验来监控、观察和证明新方法、新材料对学习者的语言、学习目标、课堂气氛等方面的影响。这个过程本身就是一个令人满意的、值得奖励的做法。此外，校长的角色也发生了变化，他们亲自去观察真实的课堂活动，而不是从外部毫无批判地将自己的思想观点强加给教师和学生。（pp. 97-98）

教师逐渐变成了将理论假设与教育实践联系起来的学者和专家。纽南（1989）指出，为了让教师将理论转化为实践，首先应该将思想观点转化成可以在课堂上研究和反映的问题。如果我们很好地关注这些有意义的问题，无疑将会激励教师研究者不断革新教育实践。

那么，怎样才能更好地提出问题，从而引领评价实践的改革呢？在下一节里，我们将探讨一系列与教师有关的评价实践问题。

作为问题界定者的教师

经过一系列的对八年级学生"光"主题学习的评价方法的探索，一位美国乡村教师对"变化"主题的评价提出了质疑。这个评价运用了1995年我提出的多元智能教学方法，其中包括加德纳的多元智能理论。他提出的问题可以分为四类：①传统考试不能测查多元智能的问题；②一个更具互动性和合作性的评价方法的特征问题；③评价的具体任务是否需要的问题；④能够准确测量技能和知识发展的活动和策略的问题。

第一个问题包括如下几个方面：

- 在考试中包括了加德纳多元智能中的哪一种？
- 对一年级的学生来讲，什么样的考试最重要？如何利用考试结果来提高学习水平？
- 我们所运用的这些考试是谁创造出来的？这些考试的最初目的是什么？这些目的实现了没有？

第二个问题包括如下几个方面：

- 考试如何才能准确地测查学习的过程和内容？
- 如何使评价活动与课堂上运用的积极互动的学习方式结合起来？

- 运用的评价方法是否包括小组学习和小组中的个人学习？

第三个问题包括如下几个方面：
- 评价方法如何才能测查学生的学业进步？
- 每个考试的评价目标是什么？哪些目标没有得到充分的体现？
- 如何证明评价措施考虑到了学生的所有智能？

第四个问题包括如下几个方面：
- 在某个学习单元中，最理想的评价活动是什么样的？
- 学生是否共同参与了评价标准的制定和改进？
- 评价结果如何促进具体技能的进一步发展？

作为解决方案创造者的教师

教师经常会提出一些与当前活动有关的问题，以此思考与教学方法的相关性和拓展传统评价活动的评价措施，从而确认和满足特定的目标。前面几节所提出的问题为进一步讨论提供了一个起点，也为学生的思想观念和学习目标的实现奠定了基础。

同时，教师也常常会督促学生去思考评价的目标。表3-7就是给学生提供的思考评价目标的练习范本，用来帮助学生提出思考性的问题从而确认要实现的评价目标。

表3-7　学生思考的评价目标

学生姓名：_____　　　　　　　　　　　　日期：_____

1. 描述你的方案、论文和展示的主要目标。

2. 你所做的工作的主要问题是……

3. 你完成这项工作所需要的知识和技能是……

续表

4. 描述你要达到目标所面临的主要挑战。

5. 这项工作的完成需要什么样的物质资源和人力资源？

6. 你怎样描述自己在实现这个目标过程中的成功之处？

7. 以后你将做什么不一样的事情？

8. 关于这项工作你还有什么要告诉评价者？

当教师和学生一起用这种方式从事教与学的工作时，有意义的改革就变成了可持续的常规的更新过程。学生就会从天衣无缝的整合性的评价措施中受益，就会乐意汇报自己的成长和收获。

几乎不会有人对教师通过合作来丰富评价活动产生非议，但是，究竟什么样的评价才是最好的评价，人们不可避免地会对此产生争议。在小组的详细检查下，有效性极低的等级评价方式一定会土崩瓦解。那些认识到评价可以有效促进学习的教师可能不会再去为了考试而教了，也不会再去运用那种仅仅判断学生是否"通过"的评价标准了。这种良好风气避免了过去狭隘的学习目标，使学生学到了广泛的知识。

好的评价就跟好的学习一样，会激发学生去表达他们自己的世界中的知识。当大乌鸦不但能够走路而且能够忍受北极地区恶劣的气候时，没有人会去限制大乌鸦笨拙的跳跃，没有人强行要求它们冬天必须南飞。在第四章中，我们将会讨论为了不断革新评价方式所要共同承担的责任的问题。我们要回答的问题是："谁对评价负有最终的责任？每个参与者需要扮演什么角色？"

第四章

共同承担责任的问题

各所学校作为"关怀机构"的特征在程度上有极大的差异，教师和学生对这一关怀机构的特征有着一致的看法……即学校机构通常是与师生想要实现的许多目标密切关联的。

——巴蒂斯蒂奇、所罗门、华森和夏普斯
（Battistich, Solomon, Watson & Schaps, 1994, p. 15）

正如一个少年梦见一颗星星飞入梦中一样，有梦想的人更有可能想方设法地去实现他们的梦想。马丁·路德·金的梦想是，一个充满着黑人和白人的社会能够彼此接受和互相照顾；内莉·麦克朗梦想我们的世界是一个充满人道主义和刚毅精神的世界；马歇尔·麦克卢汉的梦想是，表面上看起来没有任何关系的事物，其实它们之间存在着的内在联系非常令世人瞩目；威廉·歌德的梦想是，能够帮助其他人通过自我解嘲来反思自己和憧憬未来；琼·瓦尼埃的梦想是，人们一起寻找童年时代的美好回忆以此证明人人都有一颗爱心；还有威廉莎·士比亚、达·芬奇、伏尔泰、查尔斯·达尔文、亨利·戴维·梭罗、威尔斯、列夫·托尔斯泰、泰戈尔、爱因斯坦、萧伯纳和甘地等人，他们都梦想着一个没有暴力的世界。

我们的梦想可能没有马丁·路德·金的梦想那样伟大，也很少有人愿意像他那样为了自己的信仰而不惜牺牲自己的生命。但是对于我们每一个人来说，我们的梦想也同样是伟大的。那么，为什么在学校里成功却只属于极少数的学生，而其他的大多数学生则只能在失败的边缘漂泊呢？每一个人都有做梦的能力，但是需要有一个同盟机构来帮助我们实现我们的伟大梦想。就像我们在学习那些伟大人物时所看到的那样，比如梭罗、托尔斯泰，学生的梦想和希望常常与他们想要实现的最大成就和成功密切相关。忽略这个事实就是忽略成长与发展的机会。

令人遗憾的是，相反的事实也是存在的。当我们的梦想受到冲撞的时候，我们就可能会像一只仅有一支桨的平底船那样随风漂流，不知会漂向何处，我们的自我价值感和生存能力也会随之下降。那么，怎样才能朝着我们的梦想方向发展呢？怎样追求成功才能避免失败呢？默纳，一名个子高高的却很瘦弱的女孩子，在一场大火中失去了家庭和6公顷农田，她在告别演说中将失败描述为获得更多智慧的开始，她不允许烈火吞噬掉她的梦想。后来，她为无家可归的女孩开设了一个收容所，由于她绝不让自己的梦想成为幻影，所以到目前为止她的收容所已经收留了48名女孩。

一些学生觉得自己的梦想在学校没有受到重视的时候，就容易被别人的梦想诱惑。在我的社会研究课上，我们对美国梦及其实现与学生的个人梦想进行了比较，并针对欧洲人称之为"美国梦"的那个时代进行了讨论。在纳粹统治时期，许多乘船逃离荷兰的犹太人是被高薪诱骗上船的，无论是可怕的疾病还是极其危险的困难袭来，他们仍然互相鼓励着："坚持下去，我们将要成为伟大的美国梦的一部分。"但是对许多人来说，这个建立在错误假设上的梦想最终变成了一场悲剧。当他们的船在纽约和其他一些城市停泊的时候，这些犹太人受到的是别人对他们的偏见、厌恶和憎恨。漫长艰辛的美国之行带给他们的也只是更多的苦难而已。于是，他们形成了犹太人居住区，依靠他们所能找到的不管多么低贱的工作勉强维持着生计。就算他们已进入到"美国梦"的现场，还是得忍受非人的迫害。由此可见，梦想并非是人人都能实现的。

在与学校建立起合作伙伴关系时，家长应该鼓励孩子坚持他们自己的梦想，并勇气十足地去追寻自己的梦想。在一节中学英语课中，我曾经看到过这样一张海报，上面写着："祝福那些拥有充满了希望而不是伤害的梦想的人！"然而，正像画一幅画或编辑文章一样，我们的梦想同样需要不断修改和润色，比如说，重新安排理论基础或者是修改最初的思想结构。作为教师，就好比看着一颗橡树从果实长成参天大树一样，我们应该帮助学生确立和实现他们的梦想。就像罗杰斯（Rodgers）和哈默斯坦（Hammerstein）的纪录片《南太平洋》（*South Pacific*）中的歌曲《愉快的谈话》（*Happy Talk*）中写到的那样："如果没有梦想，还谈什么梦想成真？"

当学生胸怀伟大梦想并开始为实现目标努力奋斗的时候，他们就会去学会识别自己的优点和缺点。如果教师和家长只强调和奖励他们的优点而忽略他们的缺点，将会大大限制他们取得成功的能力。实现梦想的关健就在于能够认识和接纳自己。表4-1为学生、教师和家长提供鉴别优点和缺点、实现既定目标的评价手段。

学生们一般不能独自评价自己的优缺点或者独自界定他们的梦想，一些学校通过合作设计了许多创造性的活动，由此来帮助学生实现梦想并提高表现性的分数。这里所说的分数，是指以某个尺度为基础或建立在某个分类标准上的任何一个得分。一个好的解决方法就是鼓励学生表现自己的特长。其实，通过激活学生身上与众不同的地方也可以提高他们的学习成绩。当然运用这种方法时应该保证活动的多样性和灵活性，从而能够适应学生的个别差异和符合具体的评价任务。

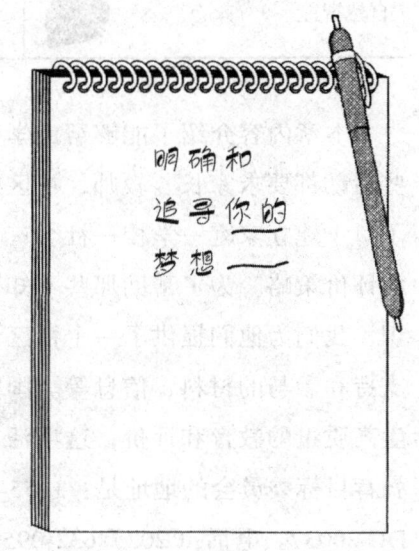

表 4–1　识别并接纳你的优点和缺点

	优点	缺点
数理逻辑智能		
语言智能		
音乐智能		
身体运动智能		
空间智能		
人际关系智能		
内省智能		
自然智能		

　　本章内容介绍了能够帮助学生树立并实现梦想的各种创造性活动。这些活动都要求家长、教师、社区成员和商业机构的积极协作。本章还介绍了对于建立家庭—学校—社会三位一体的稳固的合作关系非常有益的活动和评价策略。为了帮助那些不知道应该做些什么的社区成员建立起社区意识，我们为他们提供了一个社区活动工具包，其中包括帮助社区求得广泛支持和参与的材料、信息等。国家教育目标委员会提倡的这种做法能够催生高质量的教育和评价，这项活动的重点是强调家长与社区的参与。国家教育目标委员会的地址是：1255-22 Street, N. W., Suite 502, Washington, DC 20037。电话：(202) 632-0952。传真：(202) 632-0957。国家教育目标委员会对 26 个组织为促进和加强国家学术标准和形成性评价的发展所做的

工作进行了考察。

在实现最高梦想的以学生为中心的评价活动讨论中，人们通常关心的是怎样确保责任的问题。迈克尔·富兰（1993）认为："整个系统必须协同工作，要有综合性的思维能力而不仅仅是把一个系统中的某一个因素与另一个因素进行简单的联系。一个共识就是因素间要有动态的相互作用。"（O'eil, 1993, p. 11）。当前的评价活动越来越考虑到社区的问责（accountability），这是一件好事情。这里的问责指的是任何社区都有权提出将他们作为纳税人辛苦上缴的税收恰当地用于评价和改进学生的学习。基于问责的考试，既要关心学生学到了什么，也要关心教师教授了什么。学校预算和人事晋升有时会产生冲突，由于补偿和奖励是相互关联的，教师们有时会反对这样的考试，因为它们根本就不能测查出学生真正掌握的知识和技能。比如说，一些判断题、多项选择题或填空题，只能测查出一些学生是否已经记住了一些简单的事实。几乎没有哪个教师会反对社会的问责，但是他们有时会怀疑实现这些问责的措施恰当与否。如果我们想要提高对学习进行评价的能力，那么社会问责措施恰当与否就至关重要。

事实上，我们经常将社会问责作为评价改革中的一个重要因素，因为我们必须根据各所学校的需求来分配资源。但是，问责不仅包括考试文化的公平性，还包括教学人员、基础设施、课程活动、课堂规模、追踪实践、退学率、家长参与等各个方面。在这本书里，为了帮助你认识到导致评价困难的教育问题所在，我们研究了上面提到的许多基于问责考虑的考试的特征，并提出了相应的改进建议。在下一节中，我们将把家长看作整个评价活动的积极的参与者。

令人遗憾的是，过去我们经常忽略家长作为孩子的学习伙伴所发挥的重要作用。要知道，家长对自己孩子的梦想和才华是最了如指掌的。现在，学校逐渐地开始欢迎家长的参与。现在学校可以通过诸如家长会、志愿工作者、合作布置家庭作业等多种形式使家长越来越积极地参与到学校的工作中来。但是，仍然有一些家长不知道他们怎样才能用切实可行的方式来帮助他们的孩子。

给家长的建议和机会

越来越多的家长和孩子一起读书学习，建立家庭常规，比如，家长协助学校制订教学计划和有挑战性的方案。家长与学校在建立对学生抱较高期望和最大支持的学术标准等方面加强合作。家长根据自己的实际情况和个人兴趣，通过定期参观、家长会或者参与课程开发设计的一些关键性会议等形式与学校保持着紧密的联系。比如，有些家长喜欢通过电子公告栏和小组讨论的方式将自己与课堂联系起来。为了能够与更多的家长取得联系，有些学校出版了类似月刊的简报，上面记载着学生、家长、企业领导对学校活动的反应。这些简报会在整个社区发放。

我在1997年出版的《圆桌学习》一书中介绍了一些帮助家长、学生、教师相互合作和交流的活动。例如，下面所阐述的"对话日志"便是其中的一种，它是分享思想和情感的载体，是促进对话和激励学生对具有挑战性的问题做出深刻的有意义的回答的媒介。我们给学生列出了一系列具有启发性的问题，帮助他们思考，准确地描述他们对课程的理解和看法。

© Will Hart.

下面是一些在家长、学生和教师的日志里出现的具有启发性的问题：
- 你能描述它吗？
- 它为什么会发生？
- 什么证据表明你必须支持它？
- 凭你的经验，你感觉它最像什么？
- 它能以别的方式发生吗？怎样发生？
- 这个事件能让你联想起_____。
- 如果_____人们做出的反应可能会不一样。
- 你将会对类似的事件做出怎样的反应？
- 这个人或这件事是最重要的，因为_____。
- 从道德上讲，你会怎样对待所发生的事情？为什么？

上面列出的题目可以根据特定的主题做出适当的改变，与学生紧密联系使其成为一种集体活动。对话日志中发生的有意义的交流不能仅仅局限于散文式的叙述，还应该包括目录、图片、略图和编码，等等。学生可以使用竖线把目录分成左右两半，比如说，"利"被列在一张纸上的左边，"弊"被列在右边。他们也可以使用对话框，在对话框中可以发表自己的评语或别人的评价。在小组内部，学生可以设计一种用于交流的对话方案，从而对他们的问题和写作风格做出最佳的评价。尽管并不是每种方案都是最适用的，但是各种方案都会起到一定的作用。

这种交流用的日志可以从不同角度提高学生的理解力，学生都能够做到：
- 发现理解某一主题所需要的资源，这些资源可以是对父母、祖父母的访谈，也可以是电视节目中某个专家观点的简要报道。
- 集思广益发现新的解决问题的角度。
- 通过图像或图表列出问题的一系列答案。
- 比较来自不同人的"利"和"弊"，但这些人关注的是同一个有争议的问题。

- 在课堂讨论、阅读或项目计划中提出问题。
- 对于研究资料某些方面的疑惑进行交流。
- 对一项实验或一种假设的可行性提出质疑。
- 创设批判性思维练习的进程。
- 草拟一篇批判性文章的提纲。
- 在寻找资源或阐明期望方面寻求帮助。

当家长在社区内和学生、教师一起承担解决学生问题的全部责任时，请社区外的专家就没有多大的需要了。当家长融入社区中，和孩子共享智慧，陪伴孩子一起学习时，孩子就有可能实现高质量的学习。当然，家长的参与还有许多其他益处，在活跃的学习共同体中，家长与学校之间建立起了富有意义的关系，相互之间的合作也增强了，越来越多的学生天赋受到了表扬。

学校在学习伙伴中所发挥的作用

学校正在探索如何才能更好地与学生及其家长进行交流。鼓励家长参与有关课程设置和学校建设的讨论，已经是司空见惯的事情。在这一点上做得较好的学校会尽量让家长参与需要做出重要决定的活动，并会通过给教师提供与家长接触的机会来加强二者之间的联系。

学校会告诉家长特定课程的学习目标是什么，并且会请家长帮助学生实现这些目标。通过这种合作活动，教师让家长感到他们是受欢迎的，从而使家长能够成为提高学生学习质量的一部分。学校与家长在合作过程中逐渐克服了交流上的障碍，但是，要想建立牢固的合作关系，学校则需要一个清楚的、连贯的、可以随时改动的计划。当然，这项计划不仅仅是为了帮助教师建立合作关系而制订的。比如说，在康涅狄格州的米德尔堡15区的庞坡朗格学区，包括6所学校，共有280名教师和3500名学生，该学区的督学麦克·希伯德描述了自从1980年以来在"K—12基于表现性的学习和评价的方案"推动下教职员工的发展状况。斯帕克斯和赫什（1997）对该学区的最新计划和蓝图做了这样的描述：

> 教师和行政管理人员不受策略性的计划指导的限制，而是在评价过程中的每一步都学到了下一步应该做的事情，以此不断地对15学区的未来方案进行修改。(p.25)

从这里开始，学校小组在讨论的重要观点和提出的问题的基础上形成了自己的评价方案，麦克·希伯德描述了在这一过程中思想方案所发生的重大改变：

> 通过学区范围内关于语言艺术的K—12评价方案的讨论，我们试图去发现我们对孩子离开学校以后的期望是什么，然后再回到课程上来，经过讨论形成一些真正重要的结论。这个对话使我们认识到，学生不仅仅是知识的接受者，还是知识的生产者和建构者。如果不意识到这一点，我们将会接受认知理论的教条思想。
> （Sparks & Hirsh, 1997, p.25）

然后，学校就开始将表现任务融入课程之中，而不是像以前那样在课程结束后才进行。教师们一起合作列出学生所要掌握的学习内容、所要养成的技能和所要培养的学习习惯。麦克·希伯德描述了学校如何在这一过程中系统地阐明各个学科领域中的最佳实践活动方式。通过这种活动方式，学校会不断完善他们的蓝图和目标。

充满活力的学习共同体

当整个社区都参与到学习中去时，像康涅狄格州的米德尔堡那样，便会为学生们提供许多创造性学习的机会。然而，在加拿大和美国地区，许多这样的学校联合社区却出现了麻烦，比如说，更大的联合社区会带来更大的压力。我们目睹了经济的萧条、社会的动乱以及对这种动乱的强有力的控制。但每个地方的联合学区都克服了这些不利因素的影响。一些成功的社团积极为真实评价学生的能力提供服务，而且将他们自身的活动也看作整个社区活动的一部分。

社区和学校联合起来反对酗酒、吸毒、虐待和暴力，社区专家教给家长和教师一些与年轻人共事的技巧。社区—学校计划也包括指导活动、暑期学习计划、对怀孕年轻人的胎教和学前教育方案、对学校建设的志愿性支持以及提供给家庭的创造性学习机会。令人欣慰的是，我们也看到了焕然一新的学校和社区。

在佐治亚州首府亚特兰大的西南部，有一个马斯科吉学区，共包括9所初中、7所高中和一所750人规模的成人教育学校。该学校社区所发起的改进运动取得了如下的效果："使这个地区的学术成就超过了本区和国家所规定的学术标准，提高了所有教职员工的包容、信任、授权和工作学习的能动性。"（Sparks & Hirsh，1997，p. 87）在这个长期的广泛合作过程中，教师成了改善学校工作的推动者和团队的建设者。

像马斯科吉这样的学区与当地社区重新建立了联系，形成新的联合学区。他们都把对方看成重要的贡献者，他们拥有共同的价值观和利益诉求。健康上进的社区为学校建构了高质量的评价体系，高质量的学校又是实现高评价标准的保证。社团有提供支持和引导的责任，在学校里我们所面临的挑战是，如何才能在今天培养出明天所需要的合格学生而创造高标准的评价环境。通过学校和社区的通力协作，我们希望学生在校期间能够拥有一段难以忘怀的经历，我们还将鼓励他们勇敢地迈向未来。

我们必须在学校和社区之间建立起更加平等的合作伙伴关系，以此促使双方的优势得以充分发挥和发展。我们必须重新建立这样一种合作关系，这种关系将有助于为教育注入新的活力，并让社区获得新的生命力。可以通过发挥双方的优势、运用双方的聪明才智和特定的资源，来实现为学习共同体建立牢固持久的合作关系。这种通力合作可以解决一些实践性问题，通过资源的整合和双方的合作，我们可以从学校和社区中吸收一些优秀的参与者。马斯科吉地区的每所学校都建立了包括教师和其他各年级教员的管理队伍,并按照职员、管理者和家长进行了分类。尽管校长仍然是队伍的领导者,但是队伍里的每个成员都是平等的。每个小组都可以选出他们自己的主席和秘书。

学校管理队伍经常需要为学生取得成就做出一个综合计划,为了使更多的社区成员参与到课堂活动中,分配一些具体任务会特别有用。下面布置的这种任务可以帮助我们从学校和社区那里获得有价值的资源,从而不断地支持学校和社区的发展。

为你所在社区的历史喝彩

1. **提出一个你想了解的中心问题。**

学生们可以在与长辈的交流中提出问题,这个阶段的主要任务是选择一个社区问题并且对这个问题做出深刻的、有意义的解释。以下几个主题可供你选择:

- 在过去10年中,社区成员是如何关注社区的发展或社区的兴衰的?
- 这个社区在科学、数学、艺术等方面的贡献是什么?
- 政府机构怎样对社区成员所关心的问题做出反应?
- 这个社区有怎样的精神风貌?
- 这个社区最有价值的资源是什么?这些资源怎样服务于其他方面?
- 社区的发展是怎样获得当地成员的支持的?
- 这个社区对跨文化问题有怎样的反应?
- 这个社区的成员包括哪些人?
- 你想提出什么样的社区发展策略?
- 这个社区怎样评价高质量的学习活动?
- 在社区中,谁拥有最高的权力?为什么?他们是如何运用权力的?
- 生活在这个社区中的利与弊各是什么?

2. **至少选择一个加入社区很长时间的成员与你一起探索问题的答案。**

可以从下面任选一个人,与他交谈并让他在最后的方案展示中给你提供帮助:
- 年长的邻居
- 牙医
- 市长
- 亲戚
- 精神领袖
- 艺术指导
- 退休的教师或校长
- 娱乐活动的领导
- 年轻的指导员
- 学校理事会的成员

这个办法就是为了让学生至少选择一个社区成员来一起解决既定的问题,也可以说是回答第一个阶段提出的问题。尽管这个计划是学生们自己提出和拟订的,但要求学生与一名社区成员一起合作来共同完成。由于个人的时间、兴趣和可参与的机会有所不同,有些人可能会比其他人更大程度地参与到活动中去。

3. **决定你将怎样发展和呈现你的方案**。

根据所提问题或有待解决的问题,你需要拟订一个呈现你的方案的计划。下面这些建议可能会为你解决问题提供帮助:
- 与几位社区领导就你所选择的主题做一次模拟的广播访谈节目
- 一张演示社区地形随着时间的变化而发生变化的地图
- 一份说明过去10年里周边居民所关心的问题的电视节目资料
- 宣传科学、数学、艺术等方面贡献的海报
- 一场关于政府如何对人们关心的问题做出反应的辩论
- 一篇关于历史上社区精神风貌的概述性文章
- 搜集一系列人工制品(可以是拍的照片)来显示这个社区最有价值

的资源
- 让当地居民来讲述社区的生活故事
- 一张显示社区对跨文化问题做出反应的海报
- 一本描述社区成员构成的书
- 对社区发展规划的商业性建议
- 社区支持高质量学习的例子
- 访谈当地权威人士，让他们谈一谈自己是如何运用权力的
- 一本描述居住在本社区的有利之处的书

4. **在一个社区集会中呈现你的方案。**

可以在学校体育馆里举行"社区晚会"，目的是为社区成员和学生举办一个针对前面所选主题的讨论会。可以将晚会的请帖送到学校和社区成员那里，请一些学生志愿者做好以下工作：

- 准备反映不同文化的风味点心
- 准备展示方案用的桌子
- 设计可供选择的音乐曲目
- 指定一名晚会主持人
- 准备和分发请帖
- 介绍来宾
- 为客人创造来回走动的机会，从而能与各位提供方案者见面和交流
- 管理食物和饮料
- 对整个过程进行录像
- 在活动结束后打扫卫生
- 欢迎和照顾客人
- 回答每个问题
- 向参与者表示感谢

学生通过与参加方案展示会的家长进行交流，可以进一步思考他们提供的方案的质量与价值，这样的交流可以帮助学生从别人的角度来看待自

己的努力成果。学生首先以小组为单位提出问题（如下面列举的 10 个问题），然后每个学生和一名成人进行交流。在每个小组内分享交流的结果，并把对讨论结果的反思作为方案评价过程的一部分交给老师。

© Will Faller.

对呈现的方案进行评价涉及的问题如下：
（1）对我所呈现的方案，你最喜欢的是什么？
（2）你是否得到了所有你想要知道的问题的答案？
（3）海报、演示和相关的解释是清楚的吗？
（4）有没有你喜欢的细节信息？
（5）与我所做的其他方案相比，这次的方案做得怎么样？
（6）你对我下一步的工作有什么建议？
（7）你认为我的优点是什么？
（8）我还需要在什么领域做出改进？
（9）你有什么改进的建议给我吗？
（10）你还有其他要说的吗？

这些问题可以使教师和学生一起进行反思，从而发现其方案的优点和缺点。这种方法既可以改进将来的工作，也可以激发现在的动机。最后，学生会积极参与到评价标准的制定过程中来。

5. 与教师和其他参与者合作制定一个评价等级标准。

等级标准是多元智能评价的评分指导。用等级标准可以精确地描述与评价量表上的分值相对应的表现特征。本书第十二章具体介绍了制定评价等级标准的方法。

因为评价是与学生一起协商进行的，所以等级标准应该根据共同目标来制定。这里的评价活动是学习活动中不可缺少的一部分，也就是说，学生意识到了教师的要求并会帮助教师制定评价的标准。

评价标准包括以下这些方面：
- 展示的创造性的想法
- 原创思想
- 研究证据确凿
- 中心问题清楚
- 对事实材料的组织井然有序
- 与课程主题相关联
- 与校外生活联系密切
- 拼写和句子结构正确
- 提供的背景知识和事实准确
- 问题解决方法恰当
- 社区成员之间合作愉快的证据充分

可以以班级为单位确立一个标准，然后根据个人情况做出适当的调整。比如说，一次艺术展览方案的呈现可能不需要有"拼写和句子结构正确"这条标准，但必须要有"形式和表现力"这条标准，等等。

关键性的因素是让学生一开始就知道评价他们的标准是什么。如果可能的话，就让他们参与制定标准。1990年，据图斯肯联合学区的专业发展主任卡罗尔·施密特所说，该地区已经开始了一个全面系统的计划，旨在通过"关于21世纪毕业生形象的一致性意见"（Sparks & Hirsh, 1997, p. 56）。

2000年最高行动议案（The initiative culminated in ACTion 2000）确定了七项评价21世纪毕业生成就发展的高质量标准：课程与环境；多方面的欣赏力；家庭与社区的合作伙伴关系；人力资源；领导关系；有组织的管理；评价和计划。教职员工发展小组与社区及来自非裔和土著的商业代表一起召开的会议提出了这样的宗旨："让整个学区的每一个人都受益。"（p.59）

企业的参与

因为很多学生可能会进入商业界工作，这只有在企业伙伴与学习共同体一起致力于提高每个学生走向成功的概率时才会有意义。学习共同体、学习性社区的发展依赖商业方面的影响，比如，提供给工人灵活的工作时间、需要合作的工作、兼职工作等。改善脱离家庭和学校的儿童照看方式，也对他们的工作有辅助作用。公司通过对高文凭就业者的需求和对高质量学术方案的支持与学校和社区建立起紧密联系，企业在学校—工作方案中的参与也使他们对学校的环境有了更为清楚的了解。

布置一些与商业活动有关的作业可以增长学生的多种技能，并且可以通过评价（assessment）和评估（evaluation）进行测查。在这里，需要注意的是，评价相对于评估来说，更要求从多方面收集证据来证明一个学生的智能水平。这些证据可能包括：常规性的课堂作业、小组或个人计划的制订、对问题的口头回答、书面考试、同伴或教师的观察记录、用录音机记录的音乐作曲，等等。而评估则指的是对学生的作业和进步做定期的、持续的判断。评估也包括最适合的学习活动和学习计划的决定过程。

评价和评估包括考试，并且以分数、字母等级或平均分数的形式报告学习的结果。但是，当前的评价和评估主要建立在以下两个假设的基础上：第一，所有的课程和评价都应该以学生为中心。第二，评价和报告应该帮助所有学生做出有见解的选择。比如说，学生必须清楚最终的评价内容和评价标准。因为学生的学习方式和学习进度各不相同，评价活动更关注的是学生能做什么，而不是不能做什么。如果有可能，应该让学生参与评价标准的制定。而且，评估可以以书面形式进行，也可以以口头形式进行。关键是学生和群体之间的交流互动。

在中学的跨学科研究课程中，教师们总是请企业帮助他们制定评价学生的商业计划的标准。表4-2中的活动是教师、学生和企业领导者合作的结果。

表 4-2　最终方案：一项商业计划提议

姓名：_____　　　　　　　　　　　　　　　　日期：_____

格式：你的商业计划应该包括下面这些部分的内容，并要遵循课堂上给出的范式。计划的篇幅要控制在20~30页，双倍行距，字体为12号字，拼写和语法都要正确，计划的结构要清晰完整，所有的标题都要用粗体字标示出来，必须要给所用的专业术语下定义。

目标：三个人组成一组，给你想要进行的商业活动提供一项商业建议，这个建议应该说明它对其所属领域的过去和现在的发展所产生的影响。

你需要在半个小时之内把你的商业建议向同伴、教师和客人演示完毕。小组之间可以进行激烈的讨论。演示建议时，可以运用各种多媒体资源，还应该提供你所演示的内容的提纲、小组需要的评价表和一套用于反思个人的成长和发展的自我评价方法。

什么（what）
- 你的公司的目标是什么？
- 公司的启动和维持需要多少资金？
- 你的生意对过去、现在和将来的产品会有什么影响？
- 你获得的利益是什么？
- 公司面对的阻碍是什么？
- 对员工需要进行什么样的培训？

谁（who）
- 谁负责来完成和管理这个计划？
- 谁做什么工作？
- 谁安排审计？
- 谁是联络外界的顾问？
- 谁是主要的消费者？
- 谁负责物质和技术问题？

为什么（why）
- 这家公司为什么可以生存下去？
- 这家公司为什么是必不可少的？

> - 这家公司与其他类似公司相比为什么更受欢迎？
>
> **什么时候（when）**
> - 公司的最佳开业时间是什么时候？
> - 公司什么时候会产生利润？
> - 公司什么时候会向公众宣布？
>
> **哪里（where）**
> - 主要的生产资源来自哪里？
> - 公司位于哪里？
> - 公司在哪里扩展它的运作？
>
> **怎么样（how）**
> - 这家公司的竞争力怎么样？
> - 公司的运转状况怎么样？
> - 怎样保持记录，怎样进行资格认证？
> - 特殊软件设施的预定和支付情况怎么样？

正如表 4-2 中所显示的那样，商业计划的作业必须以学生为中心。一个独到的详细计划将会使学生做出更多的有见解的商业性选择，并会加强学生与同伴和管理者之间的互动。商业团体的指导可以帮助学生根据个人兴趣和智能，去为一个真正的商业计划制定标准。学生取得进步的关键是要确立清楚的评价指标。

协作需要建立清晰的评价指标

为了保证评价的公平性并建立起与其他人的合作关系，用一系列清楚的评价指标来评价每个水平上的学生就显得至关重要。在《基础英语：评价的策略和材料》(Basic English: Assessment Strategies and Materials)(1990)一书中，安大略省的教育部对三套最终确立的评价指标进行了区分，"这样，流畅的阅读者也可以演示处于发展中的流畅阅读者所具有的多种技能"(p. 51)。这里描述的指标考虑到了不同阅读水平的学生，可以用来考查学生的优点和不足，并帮助教师和学生决定要提供给学生什么样的资源和计划。

发展中的阅读者（developing reader）一般具有以下特征：

- 理解一个单词中各音节之间的关系或单个字母之间的关系
- 阅读简单的书籍
- 重复阅读自己所写的话
- 选择一本合适的书
- 理解图片中的意思
- 根据一系列图画讲述故事
- 喜欢听故事和诗歌
- 向其他人描述书的主要内容
- 默读一小段时间
- 边默读边理解
- 理解标点和某些缩写形式的意思
- 理解生词的意思
- 利用上下文对生词的意思做出合理的猜测
- 推测句子中所遗漏的熟悉的词语
- 出现阅读困难时会进行自我矫正
- 利用上下文的语境线索推测下一个故事里将要发生什么
- 运用情感活动和思想活动对故事做出反应
- 运用辞典和字典
- 执行一个小的研究任务

流畅的阅读者（fluent reader）一般具有以下特征：

- 读给其他人听
- 能读懂语言很规范的文章（如报纸）
- 出于兴趣进行习惯性的阅读
- 为了获取信息和满足兴趣的需要从图书馆里借书
- 较长时间的默读
- 确定个人的阅读目标

- 对不同风格的文章都有浓厚兴趣
- 运用各种形式的信息（图表、地图等）
- 运用一本百科全书
- 读得懂一个研究领域中的某些专业性文章
- 带着兴趣和欣赏去阅读小说
- 将自己与文学作品中所描写的内容进行联系
- 能把握文章的主题和特色所在
- 辨别文章的寓意和相关信息
- 具有丰富的词汇量
- 识别一段文章的主题或主要思想
- 识别支持性的细节
- 略读和浏览
- 得出结论和预测结果
- 寻找相关的参考文献
- 清楚相关的信息
- 对信息进行重组和分类
- 运用个人先前的知识经验来评估课文的信息
- 对事实、观念、现实或幻想等信息做出评价
- 对各种文本进行比较

独立的阅读者（independent reader）一般具有以下特征：
- 对小说和非小说所涉及的领域都有浓厚兴趣和清楚的理解
- 带着兴趣和欣赏去准确阅读各种文章
- 讨论人们的情感反应
- 确认作者的写作意图
- 根据目的调整阅读的速度
- 表现出发展得很好的研究能力
- 从不同的渠道获得假设性的信息

- 以具体详尽的方式来谈论和写作文章
- 对一篇不完整的文章的结果做出推论
- 对于阅读材料和观察所得的经验做出反应时表现出洞察力
- 对晦涩的语言做出解释
- 对人物、时间和地点做出比较
- 识别文本的语言风格
- 识别与文本有关的偏见、宣传资料、道德意义和相关信息
- 比较不同文本的观点
- 形成个人对于文本主题的判断并为之做出辩护
- 识别修正过的观点
- 理解文本是怎样对社会做出评价和反应的

教学负担过重的教师几乎没有时间提供对学生有益的额外帮助,因此可以运用同伴观察和同伴指导的形式作为补充。同学之间的合作伙伴关系在帮助学生学会一起工作方面有着特殊的价值。

© Will Faller.

为了学生成功的同伴指导

同伴指导可以让很多学生受益,下面这几种情况将会保证学生获得成功:第一,明确角色和任务,每个人都应该明确知道他们的角色和责任是什么,这样就不会混淆和混乱了。第二,指导者应该对指导对象的表现承担责任。因此,应该给指导者不断提供教师布置的作业清单,让指导者确切地知道学生要学什么知识、要掌握什么技能和要完成什么活动任务。第三,评价措施应该既能体现学生的成长,也能反映他们自身的弱点。

同伴指导既增强了学生的数学和科学技能,也增强了他们的自尊心,帮助他们树立起了积极的学习态度,改进了他们的学习方法。学生们将学会与他人建立积极的伙伴关系,矫正自身行为,反思学习活动。在共同承担责任的过程中,学生们将要对他们学到的知识进行评价,向父母清楚地描述他们能做什么事情以及优缺点的具体表现是什么。学生、教师和家长一起为学生进一步的学习做出计划并设计出合适的学习活动。在许多情况下,这种合作会运用无等级的评定方法。分数或等级对于有正确答案的考试来说是合适的,但对于评价个人和社会的发展、创造力、小组计划、批判性思维或做出决定的技能等方面并不太适用。通过合作,评价会成为相互促进的互动活动,并且要充分利用所有正式的和非正式的考试结果。这种做法将会减少具有威胁性的否定性评价,鼓励更多的主动学习活动。换言之,共同承担责任会使评价活动得到更多的反馈,而不是评判失败。

基础广泛的、以学生为中心的学习需要更多的结构化评价措施。但是这些措施必须给所有学生认识自身潜力、追求梦想提供机会,能够引导他们的学习兴趣,把兴趣发展成为一生的学习习惯。实际上,当学习和评价成为积极的奖励性活动时,一个强大的学习共同体往往会鼓励一个人充分展示自己的才华,会鼓励一个人充分发挥自己的优势。就像默纳一样,我们在山脚下都会经历暴风雨,但是那些懂得合作的人最终将会爬上山顶。

在共同承担责任的过程中，学生能够知道他们拥有的梦想是否正确。

　　尽管协作是这本书中不断重复的主题，但是这一章还是对协作评价活动的主要讨论做出了概括。第二部分，包括第五、六、七、八章，将要进一步集中讨论真实性评价活动。正像在第一部分中所提到的那样，适用于你的课堂的评价活动将伴随这些讨论而展开。千万要记住，我们的重点依然是在实践活动中展示当前的评价活动。在第二大部分，我们突出强调的一个问题是：怎样利用学生的优点和与真实世界有关的问题对他们的表现做出评价？

第二部分

真实性评价实践

定性评价（quality assessment）应当能使学生感觉到自己是有价值的，是受到尊重的，并且能使学生信心百倍地发展自己的能力。令人遗憾的是，传统的评价实践过分强调学生不能做的部分而不是学生知道的与能做的部分。事实上，有研究表明在北美有75%的高中毕业生自我感觉很差。

真实性评价应当满足多种教育需求，并能够将不同类型的知识和技能运用到相关的任务中去。这些任务对学生来说意义重大，它们是发生在学生的真实生活中的，因而也包含在课程标准之中。学生对现实任务做出反应的得分，要根据预先确定的具体标准，学生可以运用多种途径来展示符合好的表现标准的知识与技能。由于真实性评价包括多种指标，所以要帮助学生认识并欣赏自己能做好的事情。

比如说，真实性评价会让教师对学生的作业给出更为积极、更加肯定的评语。真实性评价可使学生"锦上添花"，即在已有知识的基础上获得积极的学习经历。又比如，通过真实性评价实践，可以激励学生树立正确的世界观和坚定的人生信念，对自己的能力、兴趣有清晰的了解，树立个人奋斗目标。这种实践尊重多种学习方法的使用，并且能够预防同伴带来的消极压力，因为有时学生的表现会成为同伴的笑柄。

在真实性评价实践中，所评价的是学生实际的表现而不是对他们潜在能力的抽象假设。真实性评价同时包括对学生和教师的评价。真实性评价策略与课堂实践的联系更加紧密，而不像传统的评价仅仅是为了完成学校或教育行政部门的任务。

在第五章到第八章主要涉及真实性评价的一些辅助方法，包括成长档案袋、小组活动和协商标准。同时，我们也探讨了在传统背景下应用真实性评价的实践问题。

第五章

运用成长档案袋评价学生的个体差异

> 与我们自身内在的东西相比,那些存在于我们周围的东西都是微不足道的。
>
> ——奥利弗·温德尔·霍姆斯(Oliver Wendell Holmes)

每个学生都不一样,他们都是独一无二的、丰富多样的、具体特别的。不过,令人遗憾的是,虽然绝大部分学生都会对任何一个话题持有一些特别有意思的见解,但他们缺乏同等的展示自己观点的机会,或者说,缺乏发展他们特有能力的机会。在整齐划一、千篇一律的课堂教学中,这种情况更是家常便饭。

最近,我在巴黎西部的阿金森旅馆逗留了一段时间,这种情况变得特别清晰,我目睹了这样的事实。在巴黎,我从不同的城市镜像的对比中瞥见了三张独特的面孔。在巴黎火车站商店附近的一个旅客的信息栏旁边,我看到一个衣衫褴褛的老年妇女。她那黑色的外衣下面露出了一双畸形的脚,她穿着的破烂衣衫在随风飘扬。她的形象与旁边一对穿着时髦、得体的巴黎夫妇形成了鲜明的对比。这个老年妇女对车站上空自由飞翔的鸽子、火车刹车的尖叫声以及从她旁边经过的匆忙赶车的两个男子都视而不见。

与巴黎宏伟的中世纪格调相比,这个老年妇女的形象非常引人注目。她是否一直都如此意志消沉?在死亡来临之前她会有机会展现自己独特的才能吗?撇开她的年龄不说,这让我想起了我所认识的一些中学生。他们只是简单机械地去行事,然后放弃,最后接受失败。

在巴黎邮局旁边的交通繁忙的马路边上,我也亲眼看见一个法国人狠狠地扔掉他那破旧不堪的鞋子,他一次扔掉一只。他愤怒地咒骂着那些抢走法国人的工作、剥夺他的就业机会和其他东西的"外国人"。把这个法国人的愤怒和那些中学生的愤怒进行对比,就会发现其实他们都在寻求自己的道路时遭受到人生的挫折。如何才能在这个男人的愤怒与他独特的能力之间架起一座桥梁,从而引导他走向个人的成功呢?究竟如何才能改变他那可怕的挫败感,哪怕是让他心生一线希望也好呢?

在巴黎的凯旋门附近,我们遇到了克里斯蒂娜和她的丈夫休奇斯。在离开法国之前,我们一直待在一起。这对令人惊叹的夫妇诉说着他们对加布里埃尔、弗洛拉和亚历克斯这三个孩子的爱与关怀:他们是这对夫妇从哥伦比亚的贫困地区收养的孩子。这里会有什么不同吗?为什么他们会这样做而其他人却没有这样做呢?中学是否已为所有的学生(包括不同类型、不同能力和不同理想的学生)提供了有效的自我展示的机会?

从在火车站显示人类脆弱性的老年妇女,到在大街上发泄愤怒和挫败感的男子,再到将陌生人带到自己家中的夫妇俩,我们看到了学生未来生活的不同发展方向。在回顾过去的时候,我们可以同时看到他们的弱点和潜能。我常常会这样想:正如我们透过巴黎这三张不同的面孔而感受到的欧洲复杂且神奇的文化的冲击一样,学校也应该为每个学生的文化和多方面能力的发展开拓多条道路。在回顾过去之际我禁不住会问这样一个问题:学校可以为学生离开课堂后的生活做什么样的准备呢?成长档案袋的形式为我们提供了一个起点,它会帮助教育者解决两个以一种复杂方式纠缠在一起的问题:①学生从具体的课堂教学中学到了些什么?②从表明学生取得进步的那些证据中我们了解到了些什么?

为了回答第一个问题,我们探索让学生获得自我满足的机会,从而使其在运用各种方法求知的过程中获得自信。如果学生在高中时就能将他们独特的才能储备起来,那么随着时间的推移他们的贡献就会大量地增加,也更有可能过上丰衣足食的生活。年轻人如果在高中阶段做得比较好,那么他们更有可能进行终身学习。

对于第二个问题,我们仔细考虑了每个学生努力做的各种尝试。你是否曾经要求你的班级创建个人成长档案袋呢?通过这个成长档案袋可以让学生观察到:只要他们对个人或团体做出规定的投入,那么他们的努力就会产生越来越多的回报。为了帮助学生更多地投入到学习中去,佛蒙特州和亚利桑那州实施了成长档案袋评价。这样的评价让学生可以拥有更多的自主权,教师则更多的是作为一名建议者或指导者,而不仅仅是知识传播者。教师认为,当我们在学生所学的知识中引入跨学科的知识时,成长档案袋就可以将学习的主题与学生的生活联系起来。成长档案袋可以给予学生更多的自由从而提出问题,可以探测学生的理解力,可以让学生与老师或者指导者进行充分的交流和沟通。

佛蒙特州和亚利桑那州发动全州的学校主动将成长档案袋评价作为一种新的评分方式予以实施,从而取代用纸笔考试来评价学生表现的方法。在其他州也有个别学校,比如说纽约的中央公园东部中学已率先使用了成长档案袋评价方式。肯尼思·威尔逊和贝内特·戴维斯(Kenneth Wilson & Bennett Daviss, 1994)对中央公园东部中学使用成长档案袋的效果做了以下的描述:

  该校成立于1985年,当时教职员工们一致同意,学生的进步将以他们在5种"智能习惯"上的成长作为标准进行测查:权衡证据的能力;对各种观点的觉察能力;辨别事物之间的联系和相互关系的能力;对可能性进行理智推测的想象力;对个人价值和社会价值的理解力。一个计划接着一个计划,一个等级接着一个等级,每个学生都做出一系列的努力,从而展示他们在14个具有挑战性的学术和个人领域中的5种智能习惯所取得的进步。学校使用一种精确的网格系统来评价学生的表现,从而将教师对学生在每个领域的技能和理解力的判断转化为评分等级。每一学年,这些评分等级以及学生的作品都要经过会议的考查和评判。这些会议会将学生、家长和教师紧密联系在一起。最后,每个负责人要进行调查,并向教工委员会提交一份必修的跨学科计划方案。

(pp. 147-148)

成长档案袋并不能解决一所学校的所有评分问题。事实上,他们有时也会给自身带来更为复杂的问题。你如何将一个成长档案袋中比较主观的评价转换成传统的字母等级(传统的字母等级是大多数地区和州所要求执行的)呢?数十年来,教师们一直在讨论如何才能将自己所做出的比较直觉的判断进行量化和系统化,而这些判断是针对学生对任何主题的质量和掌握的情况所进行的。对于那些主要依靠数字化、标准化考试结果来评价学生的地区来说,这个问题将会成为更大的问题。

尽管许多教师都希望能够更多地了解自己的学生,而不是仅从学生的学术能力倾向测试(Scholastic Aptitude Test,SAT)中来了解他们,但是,在用什么方法才能更加准确和公正地评价学生这一问题上,很难达成一致的意见。许多教师同时采用两种方法。对于简单的只有正确和错误两种答案的问题来说,那种提供简短答案或者多种选择的客观考试比较适用。不过,教师运用成长档案袋,可以确认学生在完成一项复杂完美的作品中所表现出的思考过程和学生应用知识的证据。

完成一项重要的有深度的成长档案袋的清单的关键在于,和学生一起商议,帮助他们形成一种既能涵盖主题又能发展个人能力和兴趣的计划。一些教师对于任何计划都要列出一些可能的主题,然后让学生做出自己的选择;但学生同样可以列出一些备选项目,然后从中选择一个去做进一步的研究。这种活动深受学生的欢迎,并能够激发学生对计划的极大热情。表5-1展示的就是怎样有步骤地形成和发展一个成长档案袋的过程。学生可以要求 2～3 个课时去从长远设计他们的成长档案袋条目。如果在最初阶段细心规划，这个成长档案袋在质量上和深度上将会有更多的价值。

表 5-1　成长档案袋计划的形成

当你介绍完一个新的主题并且在学生确定好一个主要的计划去进一步探索这个主题之前，你可以通过下面的步骤来帮助他们实现制订计划的想法并提出问题。

1. 为了便于采用头脑风暴方法，可将学生随机分成 3 人组或者 4 人组，然后集体商讨与课程主题有关的有意义的、值得探索的问题。将这些问题列出来。你可以在教室中来回走动，帮助学生提出明确、严谨的问题。
2. 列出所有的问题，根据学生想要进一步探讨的问题把学生进行分组。每个问题只要 3～4 名学生，这就需要学生提出不同的问题。
3. 让学生编辑整理他们所选择的问题，以便它能满足新组中的每个成员的需要。接下来，让学生就他们计划排名的前 5% 提交一个最终的、中心明确的问题，这样就会为你提供一个机会，检查所提出问题的明确程度和相关程度。这时，要对学生提出以下要求：
   - 说明研究结果的展示方式（通过放录像、论文、访谈等）
   - 列出他们期望使用的资料来源，诸如图书馆的资料、与专家联系的资料、改编的音乐，等等
   - 列出每个参与者想要做出的贡献
   - 列出这项工作的评价标准，比如说，"创造性的表达""语法结构""与主题的关联性""小组成员的一致与合作"，等等（教师在认真考虑了学生给这项计划评分的标准以后，通常也会添加一些他们自己期望的标准）
   - 简单列出你计划要达到的工作目标，从想法的提出一直到计划的完成（学生的工作计划此时应归档，以便教师和学生在监控计划的进展和确认问题时作为参照）
4. 与学生协商抽出一些课堂时间来进行他们的计划，这样你就可能与他们进行互动并对他们所关心的问题做出回应。安排午餐聚会，与各组讨论他们各自的进程并回答问题，这也是一个好的做法。不管你决定怎样去监控学生的工作，要让他们知道，你每隔一段时间都会要求他们就自己最近的工作做一下汇报，你会随时准备帮助他们解决问题，这是非常有益的。这些最新汇报可以像"随堂档案卡"（详见下一部分）一样简单明了，只用描述到目前为止每个学生所做的工作就可以了，也可以采用教师和学生共同协商过的更为详细的表格，但是应当制订一个计划来进行常规性的检查，并激发（比如说通过加分）学生定期向你汇报最新情况。
5. 最终方案应当附有一份完整的自我评估表，这份自我评估表是在所提供的自我评估单的基础上形成的。在最终的评估中，学生根据自我评估给自己打分，该分数约占其最终成绩的 10% 或 15%。极少有学生的自我评估与教师所给出的评估分数相差悬殊的，有时学生自己的评分比教师的评分还低。

学生常常通过独立思考来磨炼自身的技能。然而在绝大多数情况下，他们失去了进行批判性地自我反思的机会。因为当教师以传统的方式给计划打分定级时，学生只是简单地埋头苦干，这样就可以完成更多的任务。而在今天，许多教师正在帮助学生学会评估自己的进步，而不是硬逼他们去接触过多的内容。审视任何一项重要工作，都应该有一个极好的机会来进行反思：哪些地方已做得很好，哪些地方还应该改进？从反思中悟出的智慧，对于确保未来工作的改进来说，还存在一段距离，对于那些需要类似技能的工作来说，更是如此。

学生最终会从自己编制的自我评价问题中受益，尽管在开始时，他们也希望用一个类似表 5-2 的自我评估表进行计划评估。这种活动的目的是使学生积极参与自己的成长过程，同时激发学生对自己的工作不断进行反思从而得到改善。

是全方位使用传统成长档案袋还是更频繁地使用更为流行的过程性成长档案袋，取决于你希望达到的特定目标。传统的成长档案袋通常由大量的优秀作品构成，这些作品因为优秀而保留在最终的档案文件中。相比较而言，过程性成长档案袋所选择的作品则在数量上和质量上涉及的范围更加广泛，用于显示学生理解的深度、广度以及学生理解的成长过程。过程性成长档案袋显示了学生的新想法和新理解的发展过程：它们是逐渐展现出来的，并且存在于多种计划之中，包括成功的和不成功的计划。传统成长档案袋同样能显示发展过程，但对不成功的计划强调得不够，也不重视学生的粗糙作品。

为了帮助学生明确每一个步骤，过程性成长档案袋还需要如表 5-3 那样呈现的详尽指导方针。由于过程性成长档案袋不需要精练的终极作品，因此鼓励学生避免将任何草率的作品归档就显得非常重要。这些指导方针可以根据学生的特定需要进行一定的调整，你也可能发现学生喜欢合作制定自己的指导方针。不管采用哪种方式，他们将用强制性的指导方针指导自己的具体工作达到既定的标准。下面提供的步骤可以作为起点开始你自己的思考：为了达到既定的目标应该制定怎样的具体指导方针。

表 5-2　主要计划的自我评估

姓名：_____
计划名称：_____
其他小组成员：_____

态度
  1. 我尤其擅长_____
  2. 我正在_____方面取得很大的进步
  3. 我希望在_____方面多加努力

工作习惯
  1. 我将采用这种方式描述我的工作和合作：

  2. 我经常用下面的方式参加每次会议并做出定期的贡献：

  3. 对于下一个小组计划，我的目标是：

其他需要
  1. 还需要改进的几个方面是：

  2. 我可能会提供更多帮助的地方是：

  3. 其他小组成员对我提出的帮助建议是：

成绩：对自己所付出努力的评价_____（10）
成绩：对自己所做贡献的评价_____（10）
最终成绩：为这项计划所承担的工作的评价_____（以上两项成绩的平均）

表 5-3　过程性成长档案袋的指导方针

1. 运用过程性成长档案袋之前，应该为学生提供文件夹，要求学生提供一些背景性的信息，比如，在课程开始之前，要求学生提供他们对课程的态度及其对课程的了解情况。同时要求他们持有一份对课程内容的注解表格。
2. 教师应当确定能够反映他们教学目标的课程和单元，在学习这门课程的过程中，教师和学生都可以选择可以将哪些东西放进过程性成长档案袋中，例如草图、最后的作品、论文或多媒体作品。为了指导学生对过程性成长档案袋内容条目的选择，教师应当提出以下要求：
   - 展示的成果
   - 对自身变化与成长的反映
   - 揭示了学生所冒的风险
   - 揭示了令人满意或令人不满意的学习经验
   - 显示出了学生的学习方式
3. 学生所做的各项档案同样也可以附加在相应的过程性成长档案袋中的内容条目上。内容反映的形式应该包括书面的或录音形式的，需说明为什么要做出这样的选择。比如，在他们的学习中，最有益的也最具有挑战性的是什么；学生如何把课堂中所学到的内容应用到校外的生活中。这些档案可以提供大量的讨论素材。
4. 当教师和学生一起对过程性成长档案袋做出评判时，同时还应该讨论已取得的成绩和下一步计划是什么。在评判过程中，对学生的优点和不足、学习策略进行确认，从而让学生清楚地认识到自己的总体成就、所面临的挑战以及下一步的追求。
5. 非常必要的是：要根据班级的大小来调整过程性成长档案袋的评判方式。如果班级较小，安排师生个别见面就比较合适。如果班级规模较大，则采取小组反馈的方式更为现实。对每次讨论的问题要限制数目，以免学生被过多的反馈信息弄得头昏脑涨。
6. 如果学生愿意，教师、学生、同学、家长以及社区的专家都可以参与到过程性成长档案袋的评价中。评价必须与最初的教学目标紧密相关，过程性成长档案袋所强调的重点和评价的方式会因为教师的不同和班级方案的不同而有所不同。开发艺术推进（Arts PROPEL）课程的教职员工提出了评价中应当考虑的主题：
   - 展示技能和原理应用的技术
   - 确立目标的能力
   - 对学问长期不懈的追求
   - 敢于冒险并善于解决问题
   - 运用教学内容中所提供的工具的能力
   - 对学习的关注和对学习的浓厚兴趣
   - 评估自己工作的能力
   - 从建设性的反馈中获得成长的能力
   - 独立工作的能力
   - 与他人合作的能力
   - 获得并利用资源的能力

资料来源：L. Campbell, B. Campell, and D. Dickinson, *Teaching and Learning through Multiple Intelligences* (Boston: Allyn and Bacon, 1996), p. 293.

有的学生喜欢使用成长档案袋评价,因为成长档案袋中包括长期收集的比较完美的档案,也有的学生更多的是从过程性成长档案袋中受益,因为它同时包括学生的粗糙作品。关键在于要区分出对于特定计划来说,什么是所要求的,所以说学生要明确知道什么是要保存的,什么是要丢弃的。本章所列的多数活动和范例都可以用于成长档案袋,完美的作品也可以用到过程性成长档案袋中去反映学习的进程。当然,具体如何运用则取决于所确定的学习目标。

成长档案袋可以是文件袋、文件夹,也可以是较小的容器,总之是任何可以储存学生作品的地方。成长档案袋和过程性成长档案袋有助于激发学生独特的才能,因为它们容许差异的存在。但它们并不复杂,而且易于管理,所做的档案可以简单到观察学生的作业或者口头提问几个关键的问题并记下学生简单的答复。或许这些档案可以激发学生去探索并展示自己潜在的天资,去反思自己的能力和兴趣,从而促进自己的发展。

在学生坚持或做得好的活动背后,在学生喜欢和向往的活动背后,往往隐藏着他们有待启迪开发的能力和神奇非凡的天资,等待着我们去开发、去欣赏。不管是在开始还是在完成阶段,至关重要的能力和兴趣都将作为学生的个人财富,有助于学生解决日常的问题、产生新的想法和完成复杂的任务。

在数学课中,当我们将问题的解决局限为几个简洁明了的步骤时,学生就会失去很多乐趣。在成长档案袋中,学生解决的问题可能会是有关音乐的(如怎样谱写一支歌曲),可能会是有关个人的(如个人怎样享受时间并从中受益),可能是有关艺术的(如怎样制作拼贴画),可能是有关交际的(如怎样与朋友和平相处),可能是有关数学的(如怎样为每周的花费做出预算)。儿童的独特天赋能力的产生,往往来源于日常的生活事件、解决问题时所面对的挑战以及在自己的世界中追寻意义等。

创造力的表现可以是家庭装修的想法、歌曲、新的游戏、创作诗歌和散文的尝试、科学的计划、与朋友交流的思想、商业冒险或者为家务事做计划安排。无论学生创作的是什么，成长档案袋都要尽可能搜集到学生系统的、组织过的作品，从而作为学生一个学期以来的努力、取得的成就和进步的证据。成长档案袋中收集的材料通常会把学生所选择的内容放进去，包括与表现的标准有关的信息和确定优点的标准方面的信息。典型的成长档案袋中有代表性的作品是与学生表现有关的书面报告和评价学生进步的标准。成长档案袋中也可能包括各种各样的学习证据，比如想方设法收集到的一些物质材料：录像带、光盘、杂志、论文，等等。

成长档案袋作为一种主要的评价策略，深受多数教师的厚爱。加德纳推荐使用成长档案袋，因为成长档案袋可以提供丰富多样的学生作品。成长档案袋可能包含标准、目标、草稿和修改稿，但是所有的作品都要写上日期以便能够显示学生发展和进步的过程。所期望的进步应当是学生能够将新的想法与他们已有的知识联系起来，让学生运用先前的知识来建构新的、更为复杂的思想和观念。

> 当新知识与已有知识有非常紧密的关联性时，新知识的获得就会变成顺理成章的事情……应当为学生提供大量的建立联系的机会——学生由此可以抽取出富有意义的范式并建立起全面而广泛的联系。要做到这些，我们必须避免强调具体结果的做法。当然，我们需要使用参照体系，用其考虑所要理解的要素中的创造性。这些都有助于整体意义的建构。同时，参照体系要包含和允许一定的灵活性、变化性和刺激性。我们已经发明了一个术语——动态完形（dynamic gestalts）来描述这些方面。（Caine & Caine, 1991, p. 119）。

为了使成长档案袋的评价形式变得更加有效，对于呈交入袋的每个条目来说，还需要对学生进行仔细的指导。这种指导可以是课程所需材料的核查表之类的东西。比如说，在典型的成长档案袋评价活动的指南中，要求学生做到如下这些方面：

- 清楚地界定概念的意思

- 考虑对前期的草稿的修改
- 展示所使用的资源
- 展示创造性和个体能力的运用情况
- 反映学生对自身进步的觉察力
- 识别学生的长处和不足
- 思考成长档案袋中每项内容被选择的原因
- 对每个条目的评价标准提供建议
- 列出要提的问题或者确认要解决的问题

多元智能评价方法

理想的成长档案袋中的内容应当包括学生全部智能范围内的各种表现。这些智能经常和其他方面联系在一起来展示学生在兴趣和能力上的优势。与按照标准化考试分数来衡量一个人是否"聪明"形成鲜明对照的是,加德纳于1991年将"智能"定义为:"智能是一种能力,这种能力可以解决现实问题、产生新问题,并能在该人的社交和文化中创造一些有意义的事情或者提供有价值的服务。"(p.30)加德纳的多元智能理论提供了多种多样的评价活动形式,运用这些活动形式,我们可以对学生认识自己世界的方式进行评价。

我(1997)在评价中运用了圆桌学习的方法,这种方法主要采用的是平等对话与交流形式,使学习的气氛更加活跃和融洽。将多元智能理念应用到课堂评价实践中去,这一实践表明,可以将多种材料收集到学生的成长档案袋中去。下面列出的就是一些类似的评价活动:

数理逻辑智能评价

- 国际象棋的分数
- 组织得井井有条的活动

- 解决的问题
- 展示系列推理的活动

语言智能评价

- 讨论策略与结果
- 诗歌或者俳句创作尝试
- 故事与散文的写作
- 头脑风暴活动

空间智能评价

- 创造性的艺术作品
- 素描
- 图解的呈现
- 海报图表
- 摄影

音乐智能评价

- 音乐作曲
- 舞蹈编排
- 合唱指挥
- 倾听活动

身体运动智能评价

- 模型制作活动
- 生动有趣的解释
- 手工制作
- 绘制地形图

- 创造性的建构型发明

人际关系智能评价

- 友谊示范
- 小组交流方案
- 互动型学习的演示
- 展示对他人关心的计划

内省智能评价

- 日志条目
- 扮演历史人物，比如马丁·路德·金
- 展示伦理关怀的方案
- 个人传记

自然智能评价

- 收集的手工制品
- 野生动植物的素描
- 自然因素之间的对比
- 考古发掘和介绍

运用成长档案袋通过多种途径来了解任何课程的主题都是有可能的。通过成长档案袋所包括的内容条目的准备和收集，学生要为自己的进步和发展承担全面的责任。成长档案袋允许学生的个体差异存在，并可以同时展示个体和小组的进步。运用成长档案袋评价，学生不但能欣赏到自己的特长所在，还可以有机会改进自己的不足。

学生可以选择将什么作品放进成长档案袋，以及将什么从成长档案袋中丢弃。成长档案袋的反思单可以帮助学生描述自己所做的选择是什么，并思考自己选择这些方面的理由所在，不但可以强调自己所学到的知识，还可以确认所遇到的问题。表 5-4 显示了每个成长档案条目单必须包括评价所显示的各种项目，并呈现学生对评价的积极参与情况。

表 5-4 对成长档案袋条目的思考

学生的姓名：_____   日期：_____

内容条目表达的主题：_____

所提出的主要问题：_____

回应的提纲：列出 10 个阶段的方案，以此显示出你对所提出的问题的反应。
  1.
  2.
  3.
  4.
  5.
  6.
  7.
  8.
  9.
  10.

列出你完成内容条目所运用到的资源：

在这些工作中有谁帮助过你？他/她的贡献是什么？

审视这些条目，列出你认为会是最佳评分标准的五条评价标准。
  1.
  2.
  3.
  4.
  5.

你在尝试解决问题或者回答问题时遭遇过什么样的限制？

续表

什么样的方案会让你对该问题做出进一步的回答?

你认为在这项工作中如何才能激发或不激发下列每种智能的运用?
- 数理逻辑智能
- 语言智能
- 空间智能
- 音乐智能
- 身体运动智能
- 人际关系智能
- 内省智能
- 自然智能

对于这个方案你是否还有其他的建议?你可以写在这里:

随堂记录卡

　　成长档案袋评价中的随堂记录卡提供了一个很好地展示学生进步的手段,因为他们能够及时、具体地评价学生。随堂记录卡可以作为学生离开教室时的通行证,在学生离开教室之前,他们必须填写随堂记录卡。记录卡中有一些非常具体的问题,这些问题可以为课堂内容的多方面反馈提供线索。如表5-5所示,一个随堂记录卡可以通过具体的评论来证明学生对课堂的喜好和参与程度。

　　通过成长档案袋,可以让学生展示自己的天分,表达自己所关心的事情,澄清自己的问题,发展自己薄弱的领域,认识到自己的进步,为发展自己的问题解决能力而制订计划,并记录下自己所取得的成绩。

　　随堂记录卡可能与学生直接关心的事情和问题有关,也可以让学生反思他们在一段时间内学业上的进步。作为一种复习手段,随堂记录卡可以要求学生对复习过程中的问题做出回答。正如表 5-6 所显示的范例那样，这些都是极好的复习资源，可帮助学生为本州或者本学区的考试做好充分准备。

那些提供成长档案袋评价实例的教师认为，当学生能够看到成长档案袋中有不止一个优秀作品并可以看出所使用的多种评价方法时，他们就能完成更高质量的作业。也许你还希望成长档案袋中包括一些比较粗糙的作品，用来显示学习的进展。

表 5-5　随堂记录卡

姓名：_____　　　　日期：_____
主题：_____

随堂记录卡

日期_____
姓名_____
你在这节课上做得好的工作是什么？
_____
你喜欢什么样的变化？
_____

- 我对这节课的看法是：
- 这节课让我非常喜欢的是：
- 我参与最多的时候是：
- 我参与最少的时候是：
- 我想进行变动的方面包括：

一个能显示学生对课程概念的理解的随堂记录卡可能会问：

- 我将_____定义为：

续表

• 关于_____我所知道的一件事情是：
• 关于_____我希望知道的一件事情是：
• 关于_____我认为要求我们知道的一件事情是：
• 关于_____我仍然存在的问题是：

表 5-6 为复习目的而设计的反思记录卡

1. 你在上周花了多长时间进行复习？

2. 描述一下你的复习过程与方法。

3. 你用什么证据来证明你已经成功地掌握了应该复习的材料？

4. 关于你的主题你已经知道的事实是什么？

5. 你学到了哪些新的东西？

6. 考试前为了进一步复习，你是怎样组织材料的？

7. 在复习中你仍然没有解决的问题是什么？

8. 在你的复习活动中，你是怎样激活你的独特能力和特殊兴趣的？

9. 你将用什么样的评语来描述你这次复习的成功？

一个理想的成长档案袋要求对学习的结果做出清晰的说明，并且通常能展示如下的证据：

- 知识与技能的结合
- 对概念和问题的深度理解
- 自我反思和自我修正
- 多元智能领域范围内的表达

一个具有完整结构的成长档案袋，能够显示出学生学习和在多种背景下运用知识时的情形。当我们评价成长档案袋的工作质量时，需要考虑它是否体现出如下几个基本特点。

1. **明确的主题**：应当提出一个问题或者一个主题，并且成长档案袋中的每个条目都必须采用一定的方式对主要问题或者主题做出回应。这些重点可以在最初的条目中给予清晰的表达，然后采用一定的方式进行重申和贯彻执行。也可以罗列出一系列需要提出的问题、已解决的问题或者是已经澄清过的概念来组织成长档案袋。

2. **作品的修改**：有证据显示，为了最终获得一个优秀的作品，应该对早期的草稿进行改编和重新修订，这个过程可能包括集体讨论图表或对原始的记录材料的评论汇编，可能还包括艺术表格的概略图或者所含条目的大纲。

3. **所研究的概念**：收集的作品应当对主要观点进行清晰明确的界定和解释，并显示定性研究的证据和所采用的准确资料，这些可以用图表或者表格的形式来呈现。它们可以是在研究中用于比较的观点或主题的罗列，也可以是关于一个共同话题的格言集，或者是按照时间顺序列出的日期和事件。对于这些概念的界定与解释要准确显示出资料的出处。

4. **创造性的构思**：内容条目应该具备创造性的成分，从而显示解决问题和创造作品所使用的可靠的、独特的方法。也就是说，这个成长档案袋中列出的独特条目，就是在表达作者的兴趣、能力、天赋和倾向。可能也包括多元智能的方法，尤其是那些能够用来表明作者创造性能力的智能。

5. **对个人优势和不足的确认**：该工作应当采用一定的方式确认学生的优势和不足，并显示学生是怎样运用自己的优势来弥补自己的不足的。这可以通过反思性的活动或者图表来进行，这些活动或者图表可以显示哪种智能是学生的优势，哪种智能是学生的不足之处。

6. **反思性理解**：作品应该显示学生对成长档案袋中每个条目的反思，包括对它们的选择、修订和最后达到的结果的反思。增加的这些反思性内容可以作为成长档案袋中的一个条目，也可以是附在成长档案袋的条目上的简洁的反思总结。这些也有可能是一系列在工作开始时学生与教师要协商解决的问题。

7. **提出的评价标准**：提出的评价标准应该与每个条目相匹配，应该是按照一定的评价规则所制定的标准，应当知会教师并征得其同意。不管采用什么样的方法来汇编和评价成长档案袋，在确定常规的条目期间，还需要花费很长的时间。运用成长档案袋评价，那些倾向于拖延作业的学生将会处于劣势。由于这个原因，按照一定的时间间隔将条目装入成长档案袋，并在一个不断前进的基础上对此进行评价，通常是个比较好的做法。学生应该和教师一起商定提交作业的具体日期，最好在学期开始的时候就明确意识到所要求的作业的完成日期。应该在成长档案袋中放置一个日历和所有的完成日期，用来及时地帮助学生进行作业管理。常规的提示可以提醒学生按照规定的日期上交计划的内容条目。

教师小组评价和成长档案袋评价

对于那些采用目前的学习评价系统的学校来说，成长档案袋评价会给每个学生提供独特的展示机会，但可能会成为一个很耗费时间和精力的评价历程。比如说，如果要求教师小组对成长档案袋做出评价，那就需要更多的时间和专家的意见。有时候，为了获得必要的专家意见，可能要聘用那些被确认有评价成长档案袋资格的人，这种做法尤其适用于跨学科的方案。例如，一个男孩学习一门社会研究课程，该课程包括关于"西北铁路（1949—1981）"方案的内容，这个内容包含某种统计学成分。可通过与这个主题相关的内容条目的考察，来证明这个学生已经掌握了三个方面的统计学知识。他的作品包括一些很好的范例，其中有管式演示、图表演示和基本的统计测量。为了达到公正评价的目的，教师应当对以下内容有较好的理解：统计操作、基本的统计分析和应用、统计预测、时间序列分析方法、指数平滑分析方法和方差分析方法，等等。

在这个例子中，社会研究课的教师会将这部分作业交给数学课教师进行评价。作为一种交换，他对数学课中一个以社会研究为中心的跨学科作业进行评价。对于西北铁路方案的评价来说，所做的交换工作效果比较好。但是这种团队工作需要花费很多的时间和精力，对于很多中学教师来说，不太容易做到。一个理想的成长档案袋也许能够让三门或者四门课程的教师之间互相合作，以此来共同承担责任和减少那些要求教师对专业领域之外的作品进行评分的情况。同样，这样的合作带来的效果也是比较好的，而且可以让学生从中受益。但是，从我们很多中学教师排得满满的时间进度表来看，合作评价通常非常耗费时间，因而是不切实际的。

在这个班级中的另一个学生围绕艺术、商业和通讯主题来设计自己的成长档案袋方案。通过预先具体的安排，三位教师和学生进行协商来对他的成长档案袋进行评价。商科教师评价书面作品、核查参考资料、评论引用资料的渠道、评价所提供的商业计划，并且检查口头的解释与实际测定的实践效果之间的吻合度。通讯教师评价一个通过视频呈现的演讲，这个演讲清晰地表达了在今天的商业世界中较好的商业通讯艺术，同时这位教师还为写给地方新闻报纸编辑的几封信打了分数，并且阅读了一篇关于电话在商业中得到有效应用的短文。

成长档案袋的组织

在一个有很多学生来来往往的教室里,你是如何组织成长档案袋的呢?学生和教师必须在成长档案袋计划的几个因素上达成共识。下列问题也许会为你提供一个起点,以便和学生讨论与成长档案袋的计划、组织有关的想法和问题。

1. 成长档案袋将保存在什么地方?放在小的文件橱柜、盒子、袋子或者其他容器里?
2. 学生是把他们的成长档案袋储存在教室里还是每天带着它们回家和上学?
3. 对于每个成长档案袋来说,最好采取什么样的方式?需要一个有关内容的目录吗?是否应该用图解大纲来帮助组织这些条目呢?组织的要求是什么呢?
4. 在常规基础上,学生如何才能得到最好的成长档案袋的评价?
5. 怎样才能确保教师定期检查成长档案袋?
6. 怎样才能确保成长档案袋不被盗窃或滥用?

对这些问题的回答取决于:
- 可用的空间和资料
- 工作的意图和目的
- 学生和教师的需要
- 学生、教师和家长共同的决定

在成长档案袋工作的开始阶段,关键是讨论组织的要求并达成共识。这样有助于学生购买适当的容器,并为方便教师检查或者定期将材料带到教室做好准备。

共同的期待

成长档案袋为教师和学生提供了一个很好的机会来产生共同的期望，并一起关注达到目标的一般过程。但至关重要的是，要把这些期待的表达放置在一个共同的地方，以方便教师和学生在工作期间使用。由此，教师和学生应该共同协商期待的表现形式与具体内容，并将所做出的决定与程序张贴出来作为常规的参照标准。其中的一张海报应该列出评价所有成长档案袋的基本标准，另一张海报则应包括完成每个成长档案袋的步骤核查表。这个核查表应当加以组织，以便学生在完成和增加其他成长档案袋条目时能够检查逐步积累有什么步骤。

你的公告牌应当显示工作的进展步骤。教师和学生可能会将这些显示作为先行组织者来引导自己的工作。这样的演示通常会促使学生提出问题并帮助学生探索问题，从而对他们自己的主题有更深刻的理解。很多学生抱怨说既不知道他们工作的既定程序是什么，也没有意识到他们必须完成并最终达到优秀结果的不同阶段。列出这些进展步骤的公告牌将帮助学生在自己的主题中发现一些内容条目点，以便进行进一步的调查和解决问题。

展示优秀方案的样本通常能够激发学生产生新的想法。学生喜欢看到抽象观点的形象展示，从而表明他们的创造性构思作品。

从成长档案袋获得的最大收获

在成长档案袋评价中，许多学生学习更加努力，因为这些成长档案袋体现了学生的主人翁精神和个人的选择，而且与学生的兴趣和能力是紧密相关的。正是由于这个原因，让学生向家长和社区展示自己的成长档案袋作品是个好主意。展示活动可以通过举办一系列的由学生主导的会议来进行。在这些会议中，学生们向家长和社区成员描述他们的发现，然后回答涉及的相关问题。

　　学校应当建立一个体育馆，用来举办体现多种多样的文化品位和娱乐形式的晚会，其中包括课堂中代表的所有文化。家长提供展示其家庭文化的盘子和碟子，学生们站在展示他们的成长档案袋作品的桌子旁，以便回答参观者提出的问题。学生和家长都会参加辩论并促进讨论。结果当然会形成一个令人兴奋的交流晚会和一个动态的学习共同体，所有这些都是与学生的成长档案袋作品联系在一起的。

　　当学生觉察到他们努力的目标富有意义时，他们就会更加努力地学习。当学生的学习超越了课堂环境，并且和他们的现实世界联系在一起的时候，他们通常就会认识到自己的思想观点的更大意义和价值。通过对他们成长档案袋的主题学习的转换，学生发展了自己的公开演讲能力，提升了自信，提高了组织并表达有意义的观点的能力，社交举止得体，学会了运用目光接触来进行交流，提升了给人深刻印象并让人信服的辩论能力，也锻炼了开始和结束一场讨论、为产生一个观点而使用支持性材料、掌握演讲技巧、打破僵局以及用手势鼓励更好的讨论等方面的能力。

　　因为成长档案袋工作与技能和知识的发展是相联系的，所以运用这个媒介来说明与学生课外生活相联系的合作团队的工作是很有意义的。在成长档案袋评价开始之前，全班学生一起设计这场晚会，将其作为引导学生创造卓越的激励方式的手段，让学生懂得与他人一起分享自己的想法。

　　成长档案袋的评价可以采用各种各样的方式。每个部分都可以分别打分，成长档案袋也可以只对所要求的作业表现进行评价。有的时候要使用一个整体性记分程序，基于对工作的总体印象进行评价。评价标准应该通过学生和教师的协商来确定，并且在成长档案袋工作开始时就已经确定好了，学生也应该知道这些评价标准。

　　根据加德纳（1991）的观点，我们所创造的一些具体的结果或者作品通常体现了我们的智能维度和智能水平。换句话说，也就是在一项方案中，我们的智能水平就可以得到最好的考查。比如说，创造一个人造蚁穴来显示蚂蚁生活和工作的模式。我们通过每一个与加德纳的多元智能相联系的活动来激发各种认识方式的表现。

对于如何应用多元智能理论还没有什么秘诀可言,但是家长也许可以确定自己孩子的每种认识方式。如果父母能够与孩子一起讨论这些能力怎样一致工作,将会使孩子产生巨大的创造力和强烈的动机。表 5-7 呈现出加德纳的八种智能形式,并确定了至少八种学生认识和表达自己世界的方式。

表 5-7 加德纳多元智能理论的要点

……鼓励学生在弥补自身不足的同时充分发挥自身优势进行学习的一种策略。

智能的八种形式

数理逻辑智能: 这种智能包括运算和推理等科学或者数学的一般能力,以及通过数理运算和逻辑推理等辨识逻辑或者数字模式的特殊能力、处理较长链条推理的能力。

语言智能: 这种智能主要指的是听、说、读、写的能力,表现为个人能够顺利而高效地利用语言描述事件、表达思想并与人交流的能力,以及对声音、韵律、单词的意义和语言不同功用的敏感能力。

音乐智能: 这种智能主要指的是创作歌曲和演奏器乐的能力,表现为个人对音乐包括节奏、音调、音色和旋律的敏感,通过作曲、演奏和歌唱等表达音乐的能力,以及对音乐表现形式的欣赏。

空间智能: 这种智能主要指的是准确感受视觉—空间世界的能力,包括感受、辨别、记忆、改变物体的空间关系并借此表达思想和情感的能力,表现为对线条、形状、结构、色彩和空间关系的敏感以及通过平面图形和立体造型将它们表现出来的能力。

身体运动智能: 这种智能主要是指控制自己身体运动和技术性地处理目标的能力,表现为能够较好地控制自己的身体,对事件能够做出恰当的身体反应,以及善于利用身体语言来表达自己的思想和情感的能力。

人际关系智能: 这种智能主要是指与人相处和交往的能力,表现为觉察体验他人的情绪、情感、气质、意图和需求并做出适宜反应的能力。

内省智能: 这种智能主要是指认识、洞察和反省自身的能力,表现为能够正确地意识和评价自身的情绪、动机、欲望、个性和意志,并在正确的自我意识和自我评价的基础上形成自尊、自律和自制的能力。

自然智能: 这种智能主要指认识动物、植物和自然环境其他部分(比如云或者岩石)的能力。

你也许可以在家长和教师的聚会上通过一个简单的解释来鼓励家长参加到成长档案袋的计划中。你可以这样建议：

首先，你要和孩子一起探索他的兴趣和能力所在。如果我们不与孩子一起谈话并倾听他们的建议，那么我们怎样来帮助孩子发展他们的独特认识方式呢？如果你们都不喜欢在讨论时被打断，或者说不喜欢讨论时太匆忙，你们可以在茶余饭后或者在休闲的时候一起讨论如何对兴趣进行调查的问题，这样做会让父母和孩子双方都感到很喜悦，而且你们双方将会对调查活动的收获感到吃惊。这里提供了一些富有启发性的问题，对于任何你希望进一步讨论的问题，你都可以进行详细的描述：

1. 可以描述我的三个单词是_____
2. 当我不在学校的时候，我喜欢做的事情是_____
3. 我在学校学得最好的科目是_____
4. 我希望进一步学习的是_____
5. 有时候，我喜欢_____
6. 在_____情况下学习挺有趣
7. 如果在学校我能够做任何我想做的事情，它将是_____
8. 我喜欢为_____而得到赞许
9. 在学校，当我有一些事情做得很好的时候，我喜欢的认可方式是_____
10. 我想知道更多的是_____
11. 我喜欢_____样的人
12. 我担心的一些事情是_____
13. 真的让我感到非常困扰的事情是_____
14. 确实对我构成了挑战的一些事情是_____
15. 我知道的关于我自己的事情是_____

也许你应该与家长分享这些事实：那些对兴趣调查经过认真思考和琢

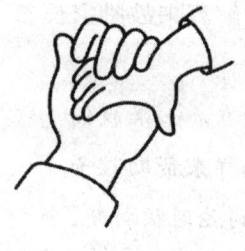磨之后做出反应的学生,会敏锐地意识到自己的独特能力和目标。接下来的步骤就是,激发学生的每一种认识方式,在开发学生的天赋能力和弥补不足方面力争取得进展。表 5-8 显示的就是激发和评价每种智能的活动,对成长档案袋工作期间家长和孩子一起探索的方式进行评价。

表 5-8 激发智能的八种形式

数理逻辑智能: 对你班上所有的同学进行一个调查,了解班上哪些同学会经常使用计算机,用表格的形式把同学们所说的计算机用途表达出来。为什么有的同学会用而有的同学不用计算机?对其原因进行分类整理。针对学校里计算机的应用情况撰写一个包含四个要点的提纲,显示为什么有的学生经常使用计算机而有的学生没有用。

语言智能: 在你的日记中写下你对美国北部的种族主义的思考,你要把写日记的时间控制在 10 分钟之内。在此基础上写作一篇俳句、一首诗歌或者给种族主义主题方面的编辑写一封信,在信中表达出你日记中的想法。把写出来的作品读给你的朋友听,并与其讨论你写这些的原因。

音乐智能: 走过五六个街区(或者公园)并倾听自然中的声音。记下你所感受到的音乐,并以此来反映你最幸福的时刻、你心情低落的时刻、你在友情中获得的愉快以及你在学校所感受到的挫折。思考罗密欧和朱丽叶时代的音乐和今天的音乐有什么不同。

空间智能: 画一幅关于学校一天生活的卡通画。在一幅图上显示你的强项和弱项。你将怎样鼓励一个没有空间概念的人从你家的附近顺利通过?

身体运动智能: 在运动中感觉你的身体。一边精神抖擞地走路,一边感受大脑向其他身体部位发布的信号。今天尝试一项新的运动或者锻炼方式,记下自由抖动、跑过一个场地或者跳舞的感觉。

人际关系智能: 回顾一下今天两个人告诉你的核心内容是什么。询问与一个朋友有关的三个问题,以此发现这个朋友的一些新情况。创造一个可以让你和其他人一起工作的项目,并列出可以体现你自己的强项和群体中其他人的优势的三种方式。

内省智能: 描述一下你对自己在过去五年左右发展的友谊关系的感觉。你有了怎样的变化?你是否还与以前一样?对其他人来说,你是什么类型的朋友?如果今天必须用一句话来描述你自己,你将怎样描述?

自然智能: 确认在你家附近有什么鸟、树木和花,并揭示这些生物在你喜欢的环境中扮演着怎样的角色。你可以开始勾画一些生存在你周围自然环境中的生物或者岩石的构成,并简单描述它们的主要特点。

为了与学生一起参与成长档案袋的工作，你可能希望在开始的时候和家长进行联系。对于很多家长来说，多元智能评价是一种新生事物。如果你在开始的时候对于每一个主要领域都给予一个准确的说明，这将会对家长很有帮助。学生通常喜欢向父母介绍认知科学上的最新进展。这一章所涉及的活动将会加强你的成长档案袋作业，并提供一个清晰的指标来显示学生的贡献和家长的参与程度。

就像在巴黎火车站显示人类脆弱性的老年妇女，在大街上显示人类潜在的愤怒和挫折的男子，以及向孩子敞开心扉的那对夫妇一样，我们的学生存在着多方面的脆弱性和潜能。正像能够透过这三张不同的面孔所窥见的奇妙复杂的欧洲文化一样，我们也可以从成长档案袋所提供的那些出色的条目上，看到学生在学校所展现和发展的文化和多种能力。

第六章

传统情形下的真实性评价

> 要求教师改变课程就像要求一个人去移动墓碑一样,这虽然能够做到,却是一个令人恐惧的既复杂又漫长的过程。
>
> ——玛丽·凯瑟琳·贝特森(Mary Catherine Bateson,1989,p.97)

对一些教师而言,太明显的变化会增加他们对未知事物的恐惧感,他们很少有机会去对新方法进行检验。对新情况产生的恐惧,有时会让我们不愿意去冒必要的风险对我们的工作做出改善。事实上,我们都在经历着这样或那样的恐惧,因而,我们能够理解恐惧对人所产生的麻痹作用。待在凯努阿老师的床上吃过早饭之后,我们沿着欧胡岛顺风而行,离开了夏威夷的帕利高速公路,我欣赏着一望无际的白色海岸和静谧的海滩,欣赏着皮肤晒得黝黑的孩子们,他们正在安静的街道拐角旁边的草地上和小朋友们一起玩耍。在飞机上有一个年轻人曾经警告过我,在夏威夷经常会有一些巨大的蟑螂碰巧飞到你的脸上,于是对这种野蛮昆虫的恐惧慢慢地侵蚀着我,搅乱了我的心绪。然而,我从来没有看到过他所描述的那种可怕的昆虫,我也从来没有认真细致地观察过这些热带的怪物。当然,旅行家们可能会暗中观察哥斯达黎加热带雨林的短吻鳄、老虎、南美洲独特的鼹蜥、蛇和有毒的癞蛤蟆，等等。

我们班上的学生也同样经历着恐惧，尤其是遭受着与他们的分数和学业进步情况相关的焦虑。这就是为什么一些教师在每个学期的第一天都要让学生知道：老师关心他们，会帮助他们获得成功的。我把学生分成四人组或五人组后拍摄小组照片，然后把这些照片悬挂在教室的墙上，让他们知道这个教室是他们的空间。学生通常也很喜欢这种做法。我还把他们的姓名分别写在他们的照片下面，以便我能够更快地知道并运用他们的名字。还有一些教师会用一架摄像机给学生们分别进行录像，然后将这些资料通过数码相机传到计算机里，这样就可以创造一个班级记录簿。另一种方式就是将这些资料作为文件储存起来，以后写报告或写证明信时可以作为参考。这样做的关键就是要帮助学生和我们自己克服恐惧，进入良好的学习状态。

在你们的学校，有多少学生是真正喜欢学习的呢？有多少学生相信自己能在一些重要技能上胜过其他人呢？令人遗憾的是，从我所访谈的学生来看，这样的学生实在是太少了。但是，如果我们能够坦诚地看待为什么孩子并不是一直喜欢学习，或者为什么很少有学生能成功地提高他们的学习成绩，那么，我们就会发现这并不都是孩子们的错。不过值得庆幸的是，当我们试图去评价学生实际上学习了什么而不是简单地评价我们已经教授了什么的时候，我们会有令人惊奇的发现。消除恐惧的一个重要方法就是尽可能地排除那些未知的因素。比如说，你可以做这样一些尝试：

- 让学生围成一个圆圈。使学生可以在相互之间对课程期望进行讨论。对大的班级来说，U形的座位安排会比较理想。
- 让学生在一个名册卡片上写下他们的名字和在课程期望讨论中他们认为最紧迫的一个问题。然后你在下一节课上花几分钟时间对学生所关注的问题做出回应。
- 在你的第一节课上就把你的课程提纲分发给学生，并鼓励学生提出问题，帮助他们清楚作业的要求，并商定作业上交的日期。这些精

© Stephen Marks.

　　心的准备会帮助学生在没有恐惧的情况下对他们的一学期做出计划，这样也有利于他们在第一学期的开始就感受到全面而丰富的刺激。

　　当我们和学生有一个良好的开始时，我们会鼓励学生对所关心的问题进行相互交流与沟通。要想让学生的学习取得成功，有益的做法就是从学生已有的知识经验出发，而不是从我们对学生的期望出发。一个叫肯的中学生曾经有两次在我任教的十年级的英语考试中不及格，但肯能够编写各种各样的关于动物和植物的生动故事，并能像一个优秀的故事家那样讲得绘声绘色、跌宕起伏和引人入胜。事实上，根据我最近对自己任教二十多年来所教过的每个中学生的反思，我已经发现了另外一些途径。

　　学生来到学校时，同样也带着殷切的希望，希望自己至少能够在一种才能上获得成功。一旦学生个人的才能获得释放，就会使他们获得进一步成功的机会。就像在交响乐中一个艺术大师精美的小提琴演奏可以激发更优美的表演一样，当一个人具备一种令人欣赏的才能时，他就会获得喜悦、激动人心和学习更多才能的信心。然而，为什么在学校学生的才能不能被发现？为什么他们的天才从未被开发？为什么他们的梦想总是无法实现？

可悲的是，今天大量的少年儿童，并没有欣赏和丰富自己的能力，而是简单地放弃。越来越多的教师和家长不断地追问：

- 为什么有那么多儿童在离开我们的学校时会自我感觉很不好？
- 为什么有那么多学生在中学毕业之前就会中途辍学？
- 为什么只有非常少的学生会把中学描述成他们觉得非常适应的、富有趣味、富有挑战性的地方？
- 为什么大多数中学课程会让学生感到厌烦？

（Weber，*Creative Learing*，1995，p. x）

我让学生来回答这些棘手的问题。尽管这些十多岁的孩子大部分时间还是非常喜欢他们的老师的，但他们的描述还是提到了令人厌烦的、枯燥乏味的课本，并且这些课本与他们的兴趣和能力毫无关系，与他们的课外生活也没有联系。他们针对如何解决这些问题也提出了自己的一些想法。一位叫卡拉的学生告诉我，当学校与真实的生活联系起来的时候，她会学到更多的东西。她描述了自己与土鳖虫有关的经历。她曾经在家里搜集土鳖虫，并持续观察它们的生活习性。卡拉尽管不能在一个有五个选择项的关于土鳖虫生活习性的多项选择题中选出正确的答案，但她可以骄傲地提供她的家庭录像作品——"土鳖虫：习性和习惯"。然而令人遗憾的是，当我要卡拉和她的朋友告诉我在中学评价中他们如何运用自己的个人能力时，他们的回答非常简单："我们不知道该怎么做。"

山姆想让校方更多地问一些他感兴趣的商业方面的问题，这样他就能够"为他的未来做好准备"。但是，他说："大多数中学教师都在为一些我们从来也不会用到的课程的大量考试而疲于奔命。"山姆提出了一个重要的问题：我们的评价是与学生的兴趣、能力或者未来相联系的，还是忽视了这些聪明伶俐的、充满生机和活力的学习者是生活和活动在一个真实的世界里呢？我们校方是否只要时不时地考那些从讲稿或者课本中搜集来的不可思议的知识就可以了？

尽管中学存在着各种不足，但家长和教师还是能够帮助学生确定并运用他们值得骄傲的能力的。哈佛大学的认知心理学专家加德纳建议,我们一定要熟悉孩子的多元智能。加德纳用简单的方法确认了大多数父母一直以来都知道的孩子的能力。根据加德纳的建议,我们的学校对智能所下的定义对大多数孩子来说过于狭窄,无法准确地描述他们的能力。我曾经访谈过的几个孩子也很同意这个观点。

尽管孩子的大量的创造性和动力没有很好地释放出来,但无论何时孩子的自然兴趣和能力都是应当得到尊重的。作为开始,我们也许应该帮助我们的中学生思考那些他们做得很好的方面。学生可能会运用他们自身的才能来帮助自己发展薄弱的方面。可以确信的是,我们的年轻人会通过多种方式让我们更多地了解他们的情况,这对我们来说是大有帮助的。

但一些家长可能会问:我们怎样才能知道孩子的想法呢?当我要十多个十年级的学生帮助我解决这个问题时,我们发现,可以行得通的方法可谓无穷无尽。在最开始时,我们可以尝试运用下列这些简单的问题和回答来了解孩子们的才能和兴趣。

比如说:
"不在学校的时候你喜欢做什么?"
"我喜欢打曲棍球和戴上潜水呼吸器游泳。"

"中学毕业后你想做什么?"
"我想自己做生意——开一家运动用品商店。"

"你喜欢的周末消遣娱乐方式是什么?"
"读书、吹长笛和滑雪。"

年轻人喜欢思考那些让他们快乐的事情。向十多岁的孩子真诚地问几个富有探索性的问题,通常就能够产生一些重要的见解。我愿意提供一些诀窍来帮助大家确认孩子有怎样的才能,并让他们运用自身的学习方式在学校里进行更加有效的学习。

与认识到自己的强项一样，这些十几岁的孩子也应该认识到他们的薄弱方面。与这些十几岁的孩子进行交谈使我发现，通过提问和反思的方式，他们能够意识到自己的各种能力。事实上，家长和教师也可以在实践中采取措施帮助孩子扬长补短。

乔安妮是个十年级的学生。她在数学学习中发现，小组学习是一种可以创造自我的机会，同时也让她找到了学习数学的意义。当乔安妮和同伴一起解决数学问题的时候，她的自信在增强，这是一种与他人产生密切联系的自信，是一种和别人一起讨论问题时她对自己理解数学功课的能力的自信。

与此类似，乔也是在和同伴一起解决数学问题时获益颇多的一个学生。作为一个数学优等生，最初，乔觉得写故事或者在小组中向同伴表达他的想法是一件很困难的事情。但通过学习，他发现合作性的工作任务有助于明确事件的先后顺序，并且可以为似是而非的问题提供一个讨论的论坛。

你可能会问：十几岁的孩子在家里怎样才能着手发展他们的独特能力呢？可以参考一下本杰明·富兰克林（Benjamin Franklin，1706—1790）的实例。富兰克林发明了可以发光的棒子、非常有效率的加热炉、双焦点的透镜，这些发明展示了他多方面的能力。富兰克林撰写的著作《乏味的理查德年鉴》(Poor Richard' Almanac)广受欢迎，他自学代数学、几何学、航海航空学、逻辑学和自然科学，同时他还精通法语、德语、意大利语、西班牙语和拉丁语。为了增强自己的人际交往能力，他设计了一个为期13周的方案来发展他的积极的人格特质。

富兰克林是一个很好的例子。对我们从传统方式中走出来的尝试来说，也是一个很好的启示。在传统方式中，有的孩子达到了预定的目标，而有的孩子还没有达到。家长需要优先考虑的问题是："我们怎样才能帮助我们的孩子开发和利用他们独特的能力呢？"

只有理解如何识别孩子的才能和如何帮助孩子发展其才能的教育家和

父母——不管他们的文化程度或者经济地位如何——才可能看到更多的孩子获得成功。我们在这里讨论的多种智力形式，将作为一套帮助孩子用他们自己的方式在学习中取得成功的方法，如果我们反思孩子带到中学的丰富多样的能力，我们就不再会问这样的问题："你到底有多聪明呢？"这个问题在很多中学都存在。相反，我们会开始问我们的孩子更加重要的问题来帮助他们成长："你是怎样变得聪明的呢？"

教师们的课程表可能会阻碍他们学习当代的学习和教育理论，也可能会阻止他们准备新的资料。他们也许会逐渐引进更为积极的学习方法和真实性评价。雷·珀金斯是一位数学老师，为了解决这个问题，他和一位有创新精神的科学老师在空气动力学方面创建了一个跨学科的单元。对于那些希望在当前课堂背景下探索真实性评价的教师来说，下述的几个基本问题将会提供一个精彩的起点。

为了实施真实性评价或者搜集信息，尤其是在传统课堂上，教师们必须要问关于评价的六个"W"的问题："谁"（who）——谁评价和评价谁；"什么"（what）——评价什么；"哪里"（where）——在哪里进行评价；"什么时候"（when）——何时评价；"为什么"（why）——为什么评价；"怎样"（how）——怎样评价。一些传统的教师坚决反对评价方面的改革创新，因为他们没有意识到在所有课堂中评价测量工具与所测量的知识和技能之间所具有的共性。

"真实性评价"这个术语在第一章已经介绍过了，是用来描述那些富有意义的、有价值的和作为学习过程一部分的任务。在这一章里将更加详细地进行阐述。真实性评价包括实际的行为，它认为学习就是创作。它可能包括示范、实践和反馈，这样做的目的是为学生提供优秀的作品并引导他们实践一种完整的概念，而不是为了最后的理解提供一些支离破碎的东西。在真实性评价中可以利用多种多样的资源。

真实性评价的目标之一就是给学生提供评判自身努力的机会。真实性评价反映和测查的是学生在真实环境中的表现。有时候，真实性评价会被人们认为是"能力评价"（assessments of enablement）（Robert Glaser）。真实性评价可以在学习过程的任何一点上进行，因此，考试可以按照一定的时间间隔进行，并作为学习进程的重要经历。当学习者在解决现实问题的过程中运用所学知识和技能时，我们可以观察他们解决问题的失败模式和成功模式，这样，我们作为评价者，就可以确定哪些知识和技能在问题解决中是促使成功的因素，哪些是导致失败的因素。

科学课堂可以为事业心强的教师提供更加频繁的机会，鼓励学生将学习变得生动有趣，并将评价和学生的真实世界联系起来。鲍勃·卡菲姆是伊利诺伊州埃尔姆赫斯特城的约克中学的一名科学教师，他调动全班学生创造了一个现实情境中的科学课环境，如表6-1所示。

表6-1 一门现实情境中的科学课程

科研技能包括观察、测量、推断、组织、分析、分类、预测、模拟和假设的能力，模型可用来解释你正在研究的东西。模型可以给学生展示视觉化的概念，像分子这样的微小物体可以做成比实际情况要大得多的模型，从而使它们变得更容易理解。

当学生看到他们的桌子或者其他固态物体时，他们要理解组成桌子的分子保持着恒常的运动状态，可能是比较困难的。而且，学生难以形成关于其他物质变化中的分子的概念。创造一个真实的环境，运用学生的肌体运动给人产生的知觉形象，这种方式就是让学生将一个抽象概念用行为动作表现出来。下面就是一个真实性课程的范例，在这个例子中，教师调动全班学生创造了一个科学模型。

教师把学生分成几排并让他们相互挽着胳膊。在各排末尾的学生要把他们的手放到他们前排那名同学的肩膀上。通过这种方式，每个学生代表形成固体的一个分子。让学生们相互紧挨着，从一边向另一边拖着脚慢慢地移动来表示固体中分子的振动。

教师向学生宣布温度正在升高。随着温度的升高，教师让学生放下他们的胳膊，相互之间保持15厘米的距离，与此同时，要继续慢慢地移动以代表分子的振动。这时，学生们代表液体。分子之间由紧紧地连在一起到互不相连但又相互紧密地吸引着，这种变化过程表示融化。

教师向学生们宣布温度在继续升高。现在分子将挥发出去并在教室里到处移动，在那里他们之间相互碰撞，并和墙壁相互碰撞。物质现在由液体变成气体，这代表着蒸发过程。这时教师应该告诉学生，就在他们快要相遇的时候要改变方向，从而避免学生之间相互碰撞。

续表

现在，教师告诉全班学生温度开始下降了。分子的运动开始变慢了，让学生慢慢移动回到他们自己的桌子旁。最后，随着温度的持续下降，他们相互连成行，就像在液体状态所做的动作一样。这代表凝聚的过程。 现在，当温度持续降低时，学生们相互挽起胳膊并在原地振动。他们现在处于固体状态。这种变化代表凝固过程。 让学生回到他们的座位上，并安排他们两两结对。学生之间就固体、液体、气体的概念以及融化、凝固、蒸发和凝聚过程的概念进行相互提问和回答。

表 6-1 中科学课程的班级评价，可能是教师对固体、液体和气体状态以及融化、凝固、蒸发和凝聚过程的命名，以及对每个学生是否移动到正确位置所进行的观察。类似的用于展示操作性理解的活动，可以在考试之前帮助学生好好复习，或者为学生和教师提供一个机会来检查学生对所学概念的含义和定义的理解。当学生们"这样做"的时候，他们就会记住这个概念。当抽象的概念和现实生活发生联系时，学生就会从中学习将知识应用到自己的生活当中。

如表 6-2 中所描述的辩论活动那样，在辩论中，学生在进教室时，就要选择到他们想支持的那一方就座。当学生对他们要做什么做出自己的选择时，他们的学习就会变得很有意义，目的性就更强。这样的辩论活动可以安排在一堂主题鲜明的课上，也可以安排在一项家庭研究作业之后。它允许学生运用他们自己的论据，使其在正方或者反方的观点上有一席之地。由于学生选择坐在正方或者反方的位置上，这就要求学生立刻开始思考支持他们观点的证据。实际上，当学生向其他进来的人表达支持他们观点的原因时，一些学生可能会改变他们的立场。一旦开始上课，教师就要提出要求，学生必须坚持自己一方的观点。但在辩论结束时，他们可以改变立场，以表达他们在这个辩论主题上最终相信的观点。当学生选择了他们最终相信的观点之后，具有大部分成员的那一辩论方将赢得辩论，成为获胜队。

表 6–2　关于基因工程主题的辩论

人不应该被克隆。人在特定的时候可以被克隆。

提供一个机会将这个讨论话题引入到一堂课或者一个单元中，根据学生的观点、经验和思想开始讨论。

- 提前一周告诉学生该话题。鼓励他们思考这个话题，并阅读一些有关结果推论的内容，从而形成一些个人化的结论。
- 在学生进教室之前，把这个主题清晰地写在黑板上。
- 要求学生们坐在最能够反映他们观点的那一方的位置上。
- 由一个学生自愿做小组主席，确保所有的学生都有机会发言，要求讨论在双方之间轮换进行。
- 要鼓励学生们简单明了、富有条理地发表见解，以保证所有的学生都可以分享他们的观点。
- 教师要和学生们在一起，要选择支持一方并参与到他们的讨论中。

当学生通过一种有意义的方式能够展示他们的知识时，他们并不是简单地记住了课本上的知识点，而是掌握得更加深刻。如表 6-2 所示，学生真正喜欢更加深刻地探究事实，并且在一个很快组合起来的辩论中讨论有争议的话题。同样，他们付出的努力越多，得到的回报就会越多。如图 6-1 所示，采用不同的教学方式，学生保持注意的比率也会有所不同。

尽管有越来越多的证据显示，单独的讲课在效率方面存在着很大的局限性，但一些教师在他们传统的教学环境中感觉工作得很好，并没有认识到任何需要改变的理由，因为这些方式看起来对他们自己和他们的学生来说是相当有效的。一些教师只是简单地感觉在更加熟悉的环境中比较舒适，并对创造一种可以替代的评价会感到焦虑。这些教师的观点是，传统的评价如果还能够勉强维持，就不要去改变它。在本章中，我们探讨的就是真实性评价在传统背景下的应用。所谓传统课堂，更多的是指那些由教师而不是由学生控制课堂环境的课堂。

传统课堂上的教师通常关心的是，学生是否理解与他们讲授的内容有

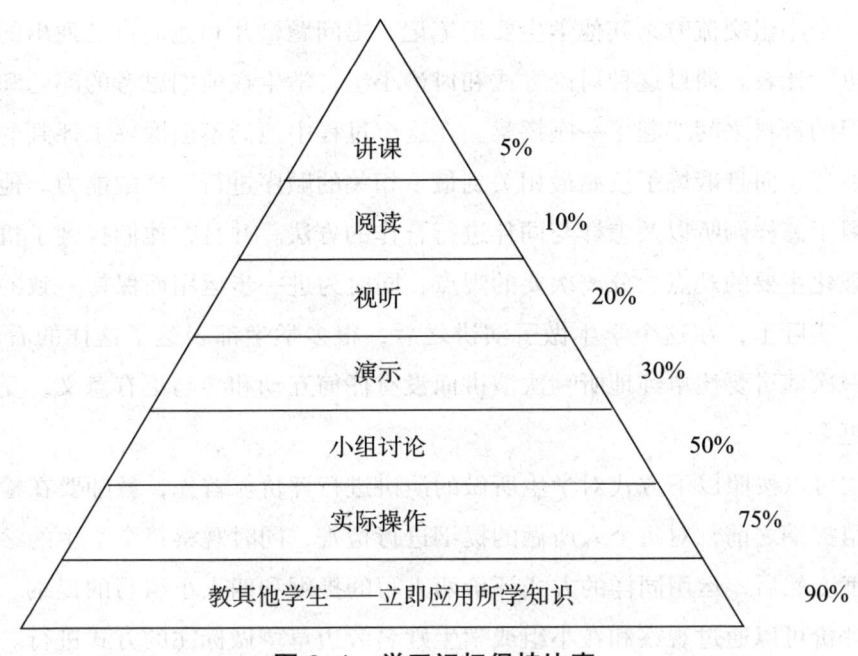

图 6-1 学习记忆保持比率

关的一大堆笔记。一个传统型教师要求学生从他们的课本或者其他写作课程中写出讲稿提纲,通过这种方法解决这个问题,从而使学生从课堂中获得更多的益处。同时,他们也希望学生能够从两种与当前相关的图书资料中产生出新观点,要求学生与同伴分享自己的提纲并进行比较。两个学生通过两个提纲的比较分析后撰写一个比较简洁的提纲,然后与另外两个学生进行交流。四个学生互相比较他们的笔记和讲稿,他们互相交流,在分享观点的同时减少分歧,共同确定新的要点,从而增强对所学东西的理解。以此类推,这四个人组成的小组又与其他类似的小组进行讨论,于是越来越多的学生可以互相帮助,从而能对与主题相关的所有重大问题进行讨论。

最后,新形成的八人小组将他们的观点综合成一个简洁明了的提纲,让他们按照是否重要的顺序选择八个最有意义的观点,并由每个学生向全班同学说出其中的一个,汇报按照最重要观点到最不重要观点的顺序进行。

当一个小组交流时,其他学生要记笔记、提问题,并和他们自己列出的顺序进行比较。通过这种讨论方式和讨论小组,学生在他们思考的问题和要学习的资料之间架起了一座桥梁。在这个过程中他们不但锻炼了评判的技能技巧,而且锻炼了按照最相关到最不相关的顺序进行选择的能力。他们学习了怎样倾听以及怎样与同伴进行合作的方法。并且,他们找到了机会来强化主要的观点、分离次要的观点,同时为进一步运用而保持一致的概念。实际上,在这个学生做了演讲之后,很多学生都表达了这样的看法:做一次演讲要比单纯地听一次演讲而没有任何互动和参与更有意义,受益也更多。

可以按照以下方式对学生所做的演讲进行评价。首先,教师要在检查小组提纲之前,对每个人所做的提纲进行检查,同时观察每个学生的参与程度。然后,运用同样的方式评价两人写的提纲和四人小组写的提纲。这些评价可以通过观察和在小组或学生姓名旁边草草做标注的方式进行。我通常让学生们给我一张纸,上面写上他们的名字和座位号,以便他们一起讨论时我可以做出反馈标记。最后,对小组的提纲要进行自我评价、同伴评价和教师评价。对于小组评价来说,本书其他部分所列的类似的方式也比较有用。

一些教师发现很难在如何"涵盖"所有教学内容和评价内容上取得一致。逐渐地,越来越多的教师开始从帮助学生记忆课本中的一些事实转变到教他们科研、元认知和自我评价的技能。在目前这个信息化时代,学校应该专注于培养技能,这些技能包括在网上查询信息、运用技术进行团队合作、利用课本教学生元认知和自我评价等能力。那些被期望能够解决问题和完成计划的学生,应当在关注成果的同时关注产生成果的过程。仅关注成果而忽视产生成果的过程,就像只用一只船桨划船:你只是在原地打转转。很多教师目前所使用的评价观念,只是要求学生达到基本的标准或者一些具体标准,而不是提供多种多样的途径来满足这些标准。为了达到中学在数学、科学或者技术课上的基本标准,教师和学生都应当回答这样

第六章　传统情形下的真实性评价

一些问题：
- 有明显的数学分析吗？做过科学探究吗？做过工程技术设计吗？
- 提出问题了吗？问题的解决有进展了吗？
- 在数学表达和推理中有明显的自信吗？
- 有科学原则和理论的理解及应用方面的证据吗？
- 历史的发展准确吗？
- 在设计、构想、使用和评价中是否运用了技术知识和技能？
- 与观点相连的有关内容和普遍的主题是否得到了相应的、正确的运用？
- 为了做出一种可靠的决策，在现实问题中是否运用了一定的知识和技能？

在阐明这些问题的同时，每个实例所要求的都不仅仅是最终的成果或答案。对于这些问题中所表明的基本标准来说，每个学生的水平都可以用 E 表示入门水平（entry level），I 表示中间水平（intermediate level），C 表示毕业水平（commencement level），那些不习惯记录过程的教师可能希望有类似的问题来显示学生在他们各自学科上的成长。

比如说，运用技术进行学习已经变成一种具有较多互动和更加真实的方法。计算机的运用要求学生发展手眼协调能力，技术已经让学生成为学习和评价中的十分积极主动的组成部分，并且允许学生按照他们自己的速度进行。让我们来关注一下令人激动的计算机的挑战吧，这种挑战将帮助学生做出更加快速的决策并以更快的方式检验他们的假设。俄罗斯方块（Tetris）就是这样的一种程序，它在一些课堂中取代了传统的数学记忆工作。阿列克谢·帕吉特诺夫（Alexy Pajitnov）是一位俄国数学家和人造技能研究学者。俄罗斯方块就是由他设计的一种益智类视频游戏。俄罗斯方块对在传统数学背景下感到厌烦的许多学生提出了新的挑战。

为了帮助少年儿童将数学与他们的实际生活联系起来，像乐高（Lego）这样的程序在计算机和外部操作之间建立了越来越复杂的连接。最新的乐高程序就是这样。这些操作包含复杂的齿轮等传动装置、轮子和发动机。允许学生发明复杂的机器，然后运用他们自己开发的计算机程序控制这些机器。中学生通常会运用操作来帮助自己理解抽象的概念。

另一个依赖实际运用并帮助学生发展分析思考技能的计算机程序，是布罗德邦德（BroDerbund）的科学工具箱（Science Toolkit）。学生可以在计算机上设计物理或者科学实验、分析结果并进行演示。其他的计算机程序也可以让学生们去探索地中海的深度，运用最新的技术进入太空，走进活火山的内部，或者设计一个复杂的舞蹈。实际上，将数字声音同视觉输入结合起来的数码技术，可以帮助学生把所学的音乐知识要素与真实的音乐表演联系起来。

对学习风格的考虑

一些学生在不能容忍多样化的传统课堂中挣扎着。亨利·戴维·梭罗曾经说过："如果一个人没有与他的舞伴保持协调的步调，可能是因为他听到了不同的鼓点。那就让他随着自己所听到的音乐而舞动吧，而不要去管他距离标准是近还是远。"古希腊的著名医生希波克拉底（Hippocrates）通过对四种人格类型的比较来对人与人之间的差异进行了描述：抑郁质、多血质、胆汁质和黏液质。心理类型、人格类型、认知风格以及学习风格都是用来描述人类学习差异的术语。事实上，尽管我们强调学生的学习存在差异这个事实，但是没有任何一种学习方式是最好的。人们只是用不同的方式学习而已。学习风格（learning style）的概念出现在 20 世纪 70 年代，那时教师主要是试图描述解决类似问题、达到共同标准以及表达结果的多种途径和手段，尽管大多数学生都混合使用多种学习方式，这里还是提供了一些共同的模式：

- **视觉型：**喜欢口头表达的概念、图片和图表。尽管其他人在理解图表方面有很大困难，但一个视觉型学习者往往喜欢在生活中运用具体的线条和曲线来表达观点。
- **身体运动型**：喜欢高水平的运动和活动。通过积极的身体运动进行的学习通常显得更加自然。
- **分析型**：喜欢着眼于大的画面，并把观点分解成容易处理的部分。喜欢在混沌中创造出秩序，并且经常能够找到一个很好的切入点。
- **整体型**：喜欢形成一个全面的整体性的概念，并且会把观点转换成别人易于理解的术语。可以把较小的东西整合成较大的画面。
- **具体序列型**：喜欢组织结构和细节，通常能够为计划方案制作较好的时间表，喜欢把抽象的观点和概念转化成具体的事实。
- **抽象序列型**：喜欢检查并证明信息，喜欢花时间和精力去研究与评价信息从而保证信息的准确性、价值性和可靠性。
- **抽象随意型**：喜欢直觉性的思考，并对其他人的需要和感受非常敏感。通常会寻找途径来维持与他人的和平相处，并尽力给其他人带来幸福。喜欢顺其自然和灵活性，即使在困难的情况下也是这样。
- **具体随意型**：喜欢进行有趣的冒险。作为小组里的一个梦想者，他会鼓舞、激发和激励他人，从而推动小组成员去进行新的冒险活动。

即使在传统的中学课堂内，学生也可以运用他们的个体差异来发展技能和获得能力。有很多方式可以用来丰富课堂，而不用完全改变我们的教学和评价方式。比如说，就像建构主义者告诉我们的那样，如果知识能够得到很好的建构，并且学习就是在新旧知识之间建立联系从而赋予个人更多的意义的过程（Weber，Roundtable Learning，1997），那么这个事实对于评价实践来说就有较大的启示。这些启示包括：

- 鼓励学生利用他们过去的知识创造新的观点。
- 有分歧的思考、多种起点以及有时不明确的解决办法，在某些特定的时候一定要取代"只有一个正确的答案"。
- 对于任何一个主题来说，学生都可以运用多种多样的展示方式来表达他们的知识和观点。

- 鼓励学生在运用分析技能的同时积极运用批判性思维技能，用它们来进行比较、归纳、预测和假设。
- 应该给学生提供大量的机会，让他们原有的知识和经验与新的知识信息建立起联系。

即使运用传统教育手段的教师也承认这样的事实：学习不仅仅是离散技能的线性发展过程。知道这个事实就可以通过下面的方式来影响评价实践：

- 评价应当将学生引导到多种多样的问题解决活动中去。
- 所有的问题解决、批判性思维和概念的讨论都不是在掌握基本技能时偶然发生的。
- 评价应该包括多种选择可能性，用来展示掌握水平的多种反应，比如多元智能的反应而不仅仅是纯粹的纸笔考试。
- 要求有较多的时间用来对评价活动做出思考和回答。
- 学生应该可以利用很多机会来修正和重新思考他们的观点和回答。
- 评价应该包括作为通向新知识的桥梁的经验（比如，操作及其与先前知识的联系）。

我们也知道，当学生对目标有预见，看到了图像化的模型，并且形象化地把他们的表现和一个标准进行比较时，他们会做得更好。正因为我们知道这样一个事实，因此我们的评价活动应该做到以下这些方面：

- 认识目标并让学生也参与目标的商讨。
- 与标准进行比较，找到优秀的范例。
- 为反思和同伴评价提供机会。
- 提供判断表现的标准。
- 应包括学生判断表现的观点和标准。

我们知道头脑是一个社会器官，而这样的知识也应该通过如下方式反映在评价实践中：

- 应该运用一些小组评价。

- 要鼓励学生形成个体差异较大的小组。
- 应该鼓励所有的学生都扮演多种角色。
- 要鼓励小组反思和解决小组冲突的活动。

对帮助学生反思他们自己的知识结构以及同伴的知识结构来说,同伴评价是非常有用的。一些学生可能喜欢创造他们自己的独特反馈方式,这要取决于他们希望从同伴那里得到的反馈方式,像表 6-3 所示的评价反馈形式在这里就特别有用。

所有课堂都引进真实性评价

在一个评价会议上,一些中学教师提出了他们在实际教学中所遭遇到的挫折:学生们习惯于传统考试和用数字表示的成绩。这些将现实中的问题引入到课堂中来的教师感觉从其他人即本校的一些保守型教师那里很少得到支持。事实上,一些教师随波逐流地利用多项选择的试题,因为它比较简单。这对于学生来说也是比较熟悉的考试形式,这样做也可以和其他教师和平相处。毋庸置疑,当暴风雨把你冲到汪洋大海中时,没有其他人会支持你和鼓励你,而要你自己一个人跋涉过去,这真的不容易。但是,对于那些尝试过真实性评价方法并从中受益的人来说,这些方法将帮助他顺利到达胜利的彼岸。

比如,下面这些涉及谁(who)、什么(what)、为什么(why)、什么时间(when)、怎样(how)和哪里(where)的问题,将有助于把真实性评价活动引入到任何课堂中去。在实施真实性评价之前,考虑以下问题是很有帮助的。

表 6-3 评价反馈

姓名：_____ _____   学期：_____
        _____ _____

我喜欢：

我想知道更多的……

对未来的建议：

请选择关于这项专题研讨的描述：

○ 非常值得做

○ 值得做

○ 不值得做

我不喜欢……

"谁"的问题

1. 谁将从这种评价中受益?
   - 评价是否给学生提供了关于他们进步情况的良好反馈?是否确认了他们的强项?
   - 评价是否能帮助教师改进他们的教学方式从而有利于更多学生的进步?
   - 评价是否为家长提供了有关学生优势和弱势的信息?
2. 谁会收到有关结果的信息?
   - 怎样记录和汇报学生的学习结果?
   - 谁将会收到定期的结果?
   - 谁可能偶然看到结果?
   - 谁对所做出的成绩报告负责?
3. 谁将对评价进行总的协调?
   - 是否采用同伴评价?
   - 校外的专家是否应当在他们的领域中对最终的计划做出评价?
   - 是由教师单独进行评价还是与学生的同伴和家长协商进行评价?
   (应当在每个学期开始时,同学生和家长共同强调这些问题。)
4. 谁将建立这些评价标准?
   - 所评价的工作实际上会怎样进行?
   - 所做出的评价决策的细节是什么?
   - 是否考虑时间因素?
   - 是否考虑干净整洁这个因素?
   - 是否包含创造性因素?
   - 拼写和句子结构将怎样影响评价?

"什么"的问题

1. 最有用的评价形式是什么？
   - 是否对工作进行小组评价、结对评价？还是作为个人的结果？
   - 评价形式是口头的、书面的、多模式的，还是表现定位的？
   - 学生是否参与确定最有效的评价以展示他们最好的学习成果？
2. 评价是正式的、非正式的、以表现为基础的，还是真实性的？
   - 评价的真实目的是什么？比如说，如果评价是为了帮助学生确定他们还需要学习什么，那就应该是非正式的。如果评价是为了帮助教师改善一个方案，那么它就要使用更为正式的评价手段。
3. 在评价工具和学习目标之间存在着什么样的关系？
   - 所用的评价如何适应学生对其所上的某节课所抱持的期望？
   - 如果这节课的内容是体型训练，那么评价是否反映了这个过程？
   - 如果这节课的内容是音乐作品的创作，那么评价是否包含音乐表演？

"为什么"的问题

1. 为什么要实施评价？
   - 评价是由教师、教育行政管理者、家长做出的，还是地方政府的行政命令？
   - 如果结果达到了评价的要求，是否继续进行评价？
2. 为什么选择这种评价方式而不选择其他评价方式？
   - 对于特定的目的来说，是否尝试了多种评价方式？
   - 对于所选择的评价方法，学生是否有一定的反馈？
   - 是否向学生呈现了其他不同的观点？
   - 是否有关于最好的评价实践的讨论？
3. 为什么选择特定的评价时间？
   - 这个评价是否有一定的时间间隔？

- 对每个单元来说是否有固定的评价时间?
- 对于评价的实施来说,学生是否有明确的意识?
- 是否提供了足够的准备时间?

"什么时间"的问题

1. 在什么时间进行诊断性评价最为有效?
- 在考试实施之前,学生是否明确地意识到了考试时间的问题?
- 家长是否理解这些方法的结果?
- 学生是否从实施考试的时间间隔选择上获得好处?
- 简单地估计一下,诊断性评价的结果是否会使学生在今后的学习中获得更大的学习进步?

2. 在什么时间进行形成性评价比较有用?
- 形成性评价是否能帮助学生改善最终的考试结果?
- 用形成性方式测查学生的进步情况是否能够激发学生的学习?
- 学生是否帮助设计形成性考试并且会将这些考试与他们独特的学习目标相联系?

3. 在什么时间进行终结性评价比较有用?
- 在学习和评价之间是否有足够的时间间隔?
- 在学习课程和提供考试之间是否有较长的时间间隔?
- 学生、家长和同伴是否对最终的成绩有不同的看法?
- 这些方法怎样鼓励学生成为一个终身学习者?

"怎样"的问题

1. 怎样确定评价的规则?
- 为了评价的准确和公正,是否要对这些评价规则进行测试和评价?
- 学生是否参与了评价规则的制定?
- 家长是否知道评价规则所包含的具体标准?

- 针对特定的学习任务来说，这些规则是否规范？针对学生个人呢？针对整个学区呢？
2. 评价与学习任务有怎样的联系？
- 考试是不是反映了学习方法中所呈现的方式？
- 考试中所激发的多种能力，是否与在学习任务中所激发的能力相似？
- 评价是学习的拓展部分还是完整学习的构成部分？
3. 怎样汇报评价？
- 是否使用字母来表示成绩？
- 是否提供数字化的等级？
- 是否包括评价逸闻趣事的汇报？
- 学生是否积极地投入？
- 是否给家长和学生提供了发表评论和提出建议的机会？

"哪里"的问题

1. 评价在哪里进行？
- 考试的实施是在教室、特定的场所还是在有控制的条件下进行？
- 学生是在家中完成作业的吗？开卷考试要在哪里完成呢？
- 所安排的环境是每个人一张课桌、工作台还是在实验室里？
2. 评价从哪里开始？
- 由谁来编制这些考试题目？
- 所采用的评价方法中具体体现了谁的观点？
- 谁对考试结果的监控负责任从而能够评论和改编这些考试题，使其最大限度地给学生带来好处？
3. 评价结果汇报到哪里？
- 是否给校长报送评价的结果？
- 结果是否只提供给学生？
- 成绩是否填写在成长档案袋中？

- 地方机构是否要看这些结果?
- 家长是否从结果中得到了一些关于学生进步的证据?
- 同伴是否会看到这些结果?
- 是否向全班学生公布所有的结果?

在传统课堂中进行评价,很多教师都会遇到的一个主要问题是:考试或评价工具与实际的学习和学生之间不够匹配。解决不匹配问题的一个办法就是运用学习契约。为了使评价适应每个学生独特的学习需要,我们将提出一种可行的方法,以便能够在常规班级里制定和运用学习契约。威金斯(Wiggins, 1989)认为,当你能够证实它、评论它、为它辩护,从而避免对它的一般误解,在不同的背景下应用它,并能够洞察到它时,你就"知道了它"。

拟订学习契约的步骤

如果你用问题—解决方式的话,那么对任何一项具体学习结果的评价要拟订一份契约,你可能都需要考虑诸多的步骤:

1. **明确所要求的学习结果**。然后联系每个预期的学习结果来确定学生处于什么位置。你可以通过调查回应表、前测、讨论或者一系列的问题等,来确定学生已有的与你的主题和预期结果相关的先前知识和经验。

2. **确定希望学生最终完成什么任务**。这样,便于通过协商完成学习契约并达到预期的学习结果。在此,学习者可能要列出很多任务,这些任务将会强调已经学习的知识和技能,并显示这些任务是怎样完成的。

3. **确定学生要完成学习任务需要什么样的知识和技能**。这里,要列出研究资源并将学习方法具体化。在这一部分学生将显示在协商评价中运用已学习的知识和技能的证据。

4. **详细说明为了达到学习结果,新知识和技能将会怎样展示**。最终的成果会是什么样的?用来展示新知识和技能的证据是什么?
5. **为契约的完成拟订一个计划**。在计划中,学生要提供一个时间表,要显示在什么时间达到预期的学习结果以及所达到的水平是什么。
6. **提出这项工作的评价标准**。当学生向教师、家长或者其他人报告他们的进步和讨论问题或者提出疑问时,评价就可以按照契约中规定的时间开始,并且可以按照常规的时间间隔来执行。

学习契约的范例

如表 6-4 所示的学习契约,可以帮助学生关注学习结果或者学习目标,并确定达到这些目标所需要的知识和技能,确认达到目标所要完成的任务。

表 6-4 学习契约

姓名:_____   日期:_____

1. 学习结果:
-
-
-

2. 预期要完成的任务:

3. 所要求的知识和技能:

4. 新的知识和技能怎样呈现:

5. 巩固学习计划和预期完成日期:

续表

6. 学习的评价标准：
-
-
-

学生签名：_____

家长签名：_____

教师签名：_____

表6-4所提供的学习契约范例，对那些难以事先进行组织和计划的学生来说特别有用。学生之所以喜欢学习契约，是因为他们通过学习契约可以知道所有的期望，并可以计划个人向着既定目标前进的进程。下面将介绍一个在你的课堂上可以应用的学习契约范例。

学生和家长都应该参与学习契约的制订，从而能够关照学生的需要并满足课程的要求，这个契约应当保存在学生的成长档案袋中，同时教师也要保存一个副本。一旦学生和教师在计划和工作形式上达成了一致意见，就必须决定教师或者家长在什么时间并按照什么样的时间间隔对这项工作的进展进行考察。这些日期也应当在契约中做出规定。

学习契约应该能够适应学生的需要和适应要求学生达到的学习结果，这样一来，学习契约就会成为一种非常有用的工具，因为它们可以在任何班级中为学生个体创造一种真实性的评价。无论学习契约是如何形成的或者是如何规定严密的，它都代表着学生的学习所要达成的共识和预期。通过学习契约，学生、教师和家长都能清楚地意识到要完成的学习任务、需要达到的预期结果和所要采用的评价标准是什么。

学习契约特有的优点就是，能够适应不同的学习方式和特殊的情境，从而能够在学生的学习和所采用的评价手段之间达到更好的协调一致。

运用学习契约这种方式，使其成为一种非常有用的工具，有助于学生从长远角度来发展和管理他们的学习。此外，因为学习契约是为学生个体设计的，是适应特定的需要和要求的，所以它会把更多的时间用来发展学生的学习。学习契约并不是为评价一定的内容而事先挑选出来的工作模式和标准化考试。

虽然教师、学生和家长是在一起工作，然而他们所制订的学习契约从最初到完成后的最后签名，都只是学生学习进程的一部分而已。作为独立的学习单元的一项要求，许多学习契约都是可以完成的。学生制定自己的标准，并且与同伴、教师和家长进行协商，让他们帮助自己制定标准并监督自己的学习。

学生需要得到一定的帮助，从而来计划和履行他们的时间承诺，获取和利用资源，定位和参与他们的支持系统，同时按照协商的时间完成所分派的任务。这里要求的协作和团队工作将是学习契约进程中的一个重要组成部分。事实上就像在表 6-5 中所显示的那样，可以要求学生定期递交反思表格，以便可以显示：

- 取得的进步
- 仍然没有得到解决的问题
- 遇到的问题
- 用到的能力和兴趣
- 洞察到的优点
- 认识到的不足
- 仍然需要的材料（资源）
- 对学习计划所做的改变
- 关于这项工作的其他问题或其他建议

像在表 6-5 中所显示的那样，对于持续一个月以上的主要计划，要有四次规定的时间来提供反思表。从学生的学习一开始，就要在契约里明确规定预定的日期，这样计划可以保持按部就班地进行并且能够顺利完成。这些表格将帮助学生保持注意力，并提醒教师和家长给予学生进一步的指

表 6–5 对学习契约工作的定期反思形式

姓名：_____   日期：_____

1. 你怎样描述自己到目前为止所取得的进步？

2. 到现在为止还没有得到解决的问题是什么？

3. 你遇到过什么样的问题？

4. 到今天为止你运用过哪些个人能力和兴趣？

5. 你认为这项工作有哪些优点？

6. 对这项工作你认识到了哪些不足之处？

7. 你还需要哪些材料（资源）？你能够获得吗？

8. 你对原来的学习计划做了什么样的改变？

9. 关于这项工作你还有其他建议或问题吗？

导和学生所需要的支持。学生通过提问并仔细回答自己所关注的问题，通常就可以扬长避短，发挥自身的优势、克服自己的不足。事实上，那些能够表达他们的问题和所关心的事情的学生，通常能够对自己的挑战做出恰当的回应。同样，那些对他们的进步和状态做出了反思的学生，就能够确定自己的过去、现在和未来。

传统评价或者真实性学习的评价

你所处的位置和你所希望达到的目标将有助于你选择使用什么样的方法。西奥是我在北极地区的教师培训班上的一位因纽特学生。他认为我们所采用的社会研究课授课方法是"不切实际的"。对于因纽特人来说，他们更愿意在户外学习，而不是待在狭小、沉闷的教室内学习。不用惊讶，因纽特学生喜欢运动和互动，并且喜欢创造性地解决问题，他们尤其喜欢解决现实生活中的问题，比如说，在打猎期间重新组装雪上汽车、剥掉冰冻海豹的毛皮，或者在风雪原野中开辟自己的道路。

因此，在西奥的请求下，我们社会研究班的学生就乘坐了三辆因纽特家庭做的雪犁前往阿瓦亚，帕卡驾驶我的雪上汽车，带着路易丝、苏珊和我，我们舒服地躺在北美产的驯鹿皮上，其他更多的学生则穿着北美产驯鹿皮做的衣服，穿着海豹皮做的靴子，坐在其他两辆木制雪犁上。

这是怎样的一次乘骑旅行啊！我们快速越过了在地图上还没有标注的大片荒野，穿过了伊格卢利克南部边界的四个庄严的界碑。我们穿越冰冻的海洋，飞过冰冻的巴芬水湾（在格陵兰岛和加拿大的巴芬岛之间）。冻土与大海混合在一起，创造出一条高速公路，横跨在 4.5 米厚的坚冰之上。我们在西奥爷爷的墓地稍做休息，这个小小的墓地是一个天主教代表团于 1929 年建造的。坐在这些石头的废墟上，我和学生们一起分享着这些有名和无名坟墓背后的胜利的、英雄式的人生故事。通过口头讲述的传统，我们尝试将因纽特人祖先的零星故事整合成一个完整的故事。

在回来的路途上,尽管我们坐在用毛皮罩住的车篷里面并用厚厚的丝巾裹着头部,但呼啸的寒风还是吹打在了我们的脸上。当帕卡的雪上汽车艰难地拉着雪犁爬上高高的山峰,然后飞快地沿着斜坡冒险行进时,我们长长的木制雪犁突然转向、倾斜,卷起的冰雪飞扬起来。每当我们接近山脊开始飞速地下滑时,帕卡的妻子路易丝都会大声说着因纽特人的谚语。在一个特别陡峭的悬崖顶部,帕卡解下绳索,和他 4 岁的女儿一起从雪犁上滑了下去,而路易丝和我一起坐着雪上汽车下行并将速度进行了控制,我们没有使用任何雪橇。

不到 1 小时,我们的三辆雪犁就到达了阿瓦亚。在很短的时间内,每组学生都卸下了火炉、水壶、小点心和薄饼。我们在雪橇旁边休息,一起享受着咖啡和快餐。在我们能够看到的地方,白色的土堆在极光下闪耀着光芒。这让我们感觉好像进入了另外一个世界,回头看看,我想也许真的就是这样。学生分享着关于图勒(古代世界可居住人的最北地区)人的故事,图勒人曾经生活在阿瓦亚。西奥讲的故事让我们开怀大笑。故事讲的是北极熊推倒了西奥在野外的小屋的门,这个门没有上门栓,尽管他们三个男人还在尽自己的最大努力顶着那扇破烂的门,可一切都是徒劳。他们的枪在小屋里,却离他们有 6.5 米远。西奥说,他们中的一个人抓紧斧头准备与熊搏斗。幸运的是,北极熊没有进来。

"图勒人的祖先是从哪里弄到木头来制作这些墓碑上的十字架的呢?"有人问。我们还想知道:"为什么有一位老人是单独埋葬的,与其他人的坟墓相隔数米远呢?他是一个英雄还是一个坏人?"西奥告诉我们,因纽特人祖先的故事只是通过口头传说的,"但是,有很少一部分曾被书面记录下来。"托尼设想,也许这些图勒人用来作为标记的木头,是从经过的船上得到的。路易丝告诉我们,这里距离有树的地方比较远,一小片木头的价格可能比四头海豹的价格还要高。岁月抹去了这些坟墓上所有的姓名,但是我的学生还是依靠他们祖父母所确认的遗址,查找到了一些坟墓并进行命名。

吃过午饭后,我们步行穿过图勒人草房的遗址,然后向北走数公里到了学生所喜爱的滑行场。几分钟之内,十个学生摇动着、叫喊着,从小山顶上冲下。我努力想跟上他们的步伐,但我只能够到达小山坡的一半高度。当我坐下来休息的时候,我的脚滑了出去,我的头撞到了山坡上。我还未来得及呼救,就已经落到了山脚下的一个雪堆上。接着,我们就为每一个学生的到来而欢呼。西奥根据难度和停止时的幽默程度,大声地为每一个人的滑行打分。托尼想增加自己的分数,于是就连跑带跳地从山顶下来,结果是在一片欢闹的翻滚中到达了山脚。

同因纽特的教师培训班一起离开了这片土地,我感受到罗伯特瑟维斯(Robert Service,1874—1958,英国裔的加拿大诗人、小说家——译者注)和法利·莫厄特(Farley Mowat,1921—2014,加拿大生态文学家——译者注)曾经在诗歌和散文中所描绘的奇迹。仅仅在数天以前,一位伊格卢利克邻居在风雪交加的原野中失踪了。实际上,整个夜晚都是风雪交加。但是在一个令人惊奇的日子里,和这些因纽特朋友一起,我体验到了对这片土地令人吃惊的爱,并从中得到了很多真知。从无边无际的白色原野,到冰雪形成的壮丽的冰峰,再到雪橇滑过冰雪时所发出的回声,我们在坚硬的、粗糙的坚冰之上蹦跳着穿越了冰冻的洋面。西奥指着海水流动的方向,告诉我在那里有很多因纽特人由于打猎和战斗而被凶猛的水流吞噬了生命。这是一个因纽特人和哺乳动物在狩猎中相遇的地方,这种相遇通常只有一方生存下去。

回到我们小小的伊格卢利克教室中,我们讨论了这次探险中所产生的一些想法,我们从建筑一个回顶小屋以便在暴风雪中生存谈到了提高因纽特人的文明程度。我们形成了一些假设,主要是关于努纳武特(Nunavut)(位于加拿大东部北极地带,1999年4月1日正式宣告成立,成为加拿大最新和面积最大的特别行政区——译者注)将带给北方社区怎样的变化。我们带着新的兴趣阅读有关北极文化和北极历史的资料。但是一旦离开这片土地后,我们实际上依然过着与过去一样的生活,并且在活动的情境中分享着学生对他们的未来、他们的家庭和他们自己的希望与梦想。虽然离开了这片土地，但是我的北方朋友还在帮助我寻找真正的答案、解决现实的问题。与此同时，我们还不断地进行沟通，促进两种文化的融合，从而解决了更多的现实问题。从因纽特人那里，我学习到了怎样与课堂之外的环境相联系，以及如何在充满活力的学习环境中与他人建立联系从而能够共同解决问题。

无论是对于传统学习还是真实性学习来说，评价都应该体现创造性和创新性，这样就能够真实客观地评价学习所达到的水平。相似的方法既可以用在传统的课堂学习中，也可以用在真实性的学习课堂中。两者都要求：

- 对原有知识和先前经验的评价
- 促进技能发展的一套程序
- 新知识的获得和应用
- 要解决的问题或者要创造的作品
- 所规定的评价标准
- 学生、家长和教师的投入
- 要达到的学习结果和实现结果的计划

有多种选择和多种标准都是同时适用于传统学习和真实性学习的。在两种情况下，我们都关注"什么"（what，要达到什么目标）和"怎样"（how，一个人怎样实现这些目标）这两个问题。通常，对于一种学习结果来说，可以使用不止一种评价工具来测量。同样，也存在着一种以上的合适的评价方法。但是，让学生选择他们所希望的评价方法时，就给学生提出了一个挑战：将评价纳入自己的学习过程中。总之，为了高质量的学习结果，要鼓励学生对所要求的知识、技能和态度进行更宽泛的理解。

传统评价活动和真实性评价活动都依赖于基准（benchmark）、对象（cohort）和叙述词（descriptor）：

- **基准**就是学生在特定领域中的表现标准或者能力水平。在达成表现标准的旅途中，有一系列评价点，需要依靠确定的标准来实现对团体成就的实际测量。以后的团体表现测量也依赖于该基准来揭示所取得的进步。能够表明表现量表上的一些点，就是学生成就的样例，可以作为范例。

- **对象**是一组群体，要用测量工具在不同的时间点上对该群体的进步进行及时测量。
- **叙述词**是一套符号，对一件作品或者一项成果进行评价时，这些符号作为一种刻度，把被评价者的位置显示出来。叙述词的一个例子是下面七种描述中的第七种："学生清晰地描述了光合作用的过程，并且列出了相互连接的每个阶段。"叙述词为评价和未评价的反应都提供了清晰的、集中的指导。个别的叙述词或者计分方法可以应用到学生评价表现的每个维度上。

任何范围或者课程领域所确定或者测量的表现的各个方面或者分类，用维度（dimension）这个词来表达。用来识别必须通过测试的最低表现水平的分数，有时也叫分数线（cut score）。

真实性评价有时候会伴随传统评价的发生

评价是与学习同时发生的，评价也是和计划、成长档案袋以及展示同时发生的，传统上把这类评价称为嵌入式学习评价（learning-embedded assessment）。课程或者嵌入式学习的评价通常与更真实的测查同时发生。考试或者评价任务是从常规的课程和内容材料中逐步发展起来的，但是在考试和评价时，学生应当能够清醒地意识到这些任务。课程的范围和序列与测验评价的具体联系程度，被称为准确的课程定位（curriculum alignment）。课程定位在真实性评价中是非常重要的，因为它能够确保教师将精心设计的测验作为课堂学习的一个目标。

在可代替的评价实践中，标准参照测验（criterion-referenced test）对于确保学生向着既定的标准不断进步来说尤其有帮助。学习者的表现应该与一个预期的掌握水平进行比较，而不是和其他同学的得分进行比较。这些测验所包括的问题通常来源于教给学生的内容，而设计这些测验的目的是用来测量学生对教育计划中既定内容的掌握情况。这个标准是已确定的通过考试的标准。分数的意义根据学生知道什么或者能够做什么，而不是根据学生和群体的常模进行比较。标准参照测验可以有常模，但是和常模的比较并不是评价的目的。

对于那些希望改善和改革课堂活动的教师来说，标准参照测验是很有帮助的。因为这些测验可以为课程评价提供信息，引导学生群体的成功，还能够确认学生进步中的薄弱之处。这些测验将通过提供对群体或者个体进步的反馈来确定，随着时间的变化学生是否被不公平地置于危险之中。但是对于教师、团队或者是学校之间的比较来说，这些测验并没有什么用处。

真实性评价通常包含着整体性测量方法，比如，对一个总的表现评价为一个单一的分数，而不像传统的方法只分析和评价单独的维度。对于一个作品和问题来说，不仅仅要考虑其部分的总和，还要评价最终作品或者表现的质量而不是其过程或者维度。整体性评分规则通常要与表现单一维度上的一些因素相结合，但是整体性评分活动可以用来评价一个人有限部分的表现。

在传统的真实性评价中，评价所涉及的更多的是定性（书面报告）和定量（数字化的）测查中对学生的表现的描述。在一个要求学生书面回答问题的简单考试中，答案在数量上应当尽可能地简短或者全面。作为对照，对于简单事实的回忆或者将具体知识应用到解决问题中去的能力考试，可以运用数字性的术语或者量化的手段进行测查和汇报。

我们不需要害怕新的评价方法，也不需要抛弃所有那些久经时间考验和证明的评价方法。一方面，我们要记住，我们并不是一块顽石；另一方面，我们也要坚持任何在过去已证明有良好效果的方法，并坚信这些行为将引导我们走向未来。俄国诗人秋切夫（Tyutchev）提醒我们："并不是所有的事物都一定要成为过去。"在夏威夷参观时，我们开车路过怀基海滩，在一辆接一辆的汽车之流中，我们经过了塞满旅行者的海滩和挂满装饰品的街道。我们没有在海边停留，而是在瓦胡岛的凯鲁阿老师的家里找了一个房间休息。沿着帕利高速公路，我们几乎没有遇到旅游者。其他的人选择住大宾馆，这些宾馆前面是一望无际的大海，还有现代化的装饰。我们选择了厄尔内·萨萨基的家。他家在237阿瓦基尔公路的附近，靠近莱洛阿的白色沙滩，而且这里有我们自己的私人入口。我们享受着古老而又干净的乡村住宿，两张一模一样的床放在一个小桌子旁边，电冰箱和火炉放在另一个角落。一周之后，萨萨基让我们搬到了一个更加宽敞的地方：两个房间，房内有三张床，一套完整的炊具和一个私人的浴室。我们从私人入口进出，并能享受与汉斯和萨萨基的随意聊天，他们经常带着自家树上产的新鲜番木瓜来访，有时只是问问我们是否需要东西。我们感觉到"新奇"并非比适合我们的旧地方更重要。在教室里也是这样，教师们选择最好的活动，并不是因为它们更新颖或者它们更传统，只是因为它们更适合。

第七章

个人表现与小组表现相结合

> 不管我们什么时候着手学习过去的知识经验，了解过去的信念和世界观以及我们个人独特的天赋才能，我们都必须要确保学习的质量。
>
> ——韦伯（Weber，1997，p.2）

我的办公室里曾经有一把塑料椅子，这把椅子证明了一个破绽可能如何影响一个人的整体表现的事实。我的问题就是这把我去年买的小椅子给折腾出来的。椅子的包装盒外面写着"组装只需要几分钟"。但是几小时以后，我就发现了一些标签上看不出来的问题。比如说，支撑椅子座位的一根金属棒找不到了。我怀疑我坐在这把椅子上是否安全。

几个小时以后，我就因为太草率地买了这便宜货而后悔不已。事实证明，在我第一次坐上去的时候，这把椅子就从中间断开了。于是我不得不采取补救措施。我用一个大螺丝钉钉在了椅子的接缝处，然后试着坐到了这把坏椅子上。可只过了一小会儿，这把椅子就全部散架了。如果在我第一次坐的时候就谨慎行事，那么就可能根本不会出现什么问题。可只要我一站起来，这椅子就会散架。我任何一次急于接电话的行为都会遭到这把塑料椅子的惩罚。我受尽了这把椅子的折磨，最终不得不屈服。我重新买了一把结实的带有舒服坐垫的椅子,代替那把让我遭受折磨的塑料椅子。

正如这把塑料椅子限制了我把工作干得漂亮一样,在我们的课堂中有时候也会出现一些严重的局限性。这些阻碍学生表现良好的因素包括:小组冲突、性别歧视和不能接纳不同的意见。如果问题一直存在,那么就只有两种选择:要么是教师和学生一次又一次地卷入这些不公平的旋涡之中,要么就是争取性别平等、小组关系和谐和进行跨文化的交流。首先,让我们来看一看避免性别歧视的几种有效方法。

有时候,面向所有学生表达看法的意见簿就有助于问题的发现,而且可以避免更多的学生遭受问题的折磨。一位教师在他的讲台边上放了一本意见簿,让班里的学生都可以在上面发表他们的意见和评价,教师通过这个本子,鼓励学生表达他们的看法,尤其是关于公平、公正的看法。这位教师在这个本子的扉页上写道:

- 不管你们的性别和种族是什么,每个学生都有机会提供班级管理的办法。(教师反复提醒学生,他希望每个学生都参与到班级管理中来。)
- 邀请学生就如何让每位学生更有效地参与到考试和活动中来这个问题发表他们自己的看法。(当学生知道教师在聆听他们的建议和他们所关心的问题时,他们就会非常高兴。他们会在某个课堂活动之后提出具体的反馈意见。比如,一个学生提醒老师说,在一次口头测验中,某个女生一个人就回答了 10 个问题中的 5 个,这使其他学生觉得自己被忽视了。)
- 肯定体现平等和公平的课堂活动和活动方法。

因为学生在这个意见簿中发表看法时可以匿名,所以他们在发表自己的看法时就不会有压力。这样一来,他们就会经常发表自己的意见。教师可以通过这个本子与学生讨论如何改进教学的实践。

当班级出现阻碍学习的因素时,如果条件允许,小组也可以就如何促进学习和评价展开有效的讨论。比如说,性别歧视是一个阻碍学习的因素。

表 7-1 中所列出的问题在性别公平评价的讨论中就会派上用场,这也同样适用于文化公平的评价。

表 7-1　性别平等活动的检查表

- 评价活动考虑了方法的差异吗?
- 对男生与女生的期望是一样的吗?
- 男生是如何在类似评价中胜过女生的?
- 女生将如何从这个评价任务中获益?
- 男生将如何从这个评价任务中获益?
- 评价任务使用的是什么语言?
- 男生与女生如何利用可以获取的资源和技术?
- 过去存在与这个评价任务相关的性别歧视吗?
- 评价任务会因性别问题而引起恐惧或焦虑吗?
- 这种活动更加适合男生而不是女生吗?
- 女生能用她们喜欢的学习方式来完成任务吗?男生呢?
- 评价活动能促进男生和女生之间的合作吗?
- 在评价任务中,女生与男生乐意相互了解吗?
- 两种性别的参与者都有机会做出有价值的贡献吗?
- 存在反思不同性别参与情况的机会吗?

思考完表 7-1 中列出的问题之后,你就会希望你的教学评价中包含更多的公正因素,从而增进男女学生之间的合作和提高他们的参与度,使每个评价对象都能从中受益。在哈格里夫斯(Hargreaves)与迈克尔·富兰的《理解教师的发展》(*Understanding Teacher Development*)(1992)一书的第三章中,希瑟—简·罗伯逊(Heather-Jane Robertson)指出,教学和教师发展的概念并不是中性的。他认为"中性"这个词实际上表明了男性中心论的长期存在。大男子主义、男性中心论使整个世界局限于几个男性的主题当中:

- 竞争
- 不同等级的权利
- 统治、支配

● 冲突

罗伯逊认为,一些学校仍然沿袭着男性中心主义的模式。

1. 从一个男性的角度来看世界,并且假定和断言这种角度是不可选择的、没有限制的。
2. 重视与男性相关的事情。比如,男人、男性的工作、男性的经验、男性的特征和价值观,而相对不太重视与女性相关的事情。
3. 无形中把男性经历作为普遍的经历。

也许最为重要的是,所有参与者一定要找到发展、学习和成功的机会。但是小组如何才能克服限制这些机会的冲突呢?在本章中,我们将探讨能够确保凝聚力与成功学习的小组评价方法。

在一些数学和科学课上,女生感到特别受排斥。假如说女生喜欢整体的、描述性的学习方法,那么她们在使用高级的、逻辑的、线性的学习方法时的表现通常就不会太好。事实上,女性在数学、科学课中所出现的问题,已经促使一些学校反思他们的教学方法,这些方法只与传统的男性学习风格有关。一些男女同班的班级已经划出了一个女生班级,从而减少了女生在班级中的压力。因为在男女同班的班级中,女生常常会抱怨,她们使用与男生相同的学习方法却不能像男生那样学得好,她们感到自己很愚蠢。在调查许多所学校之后,几位澳大利亚研究者得出结论:如果在传统的男性学科的教学中不做任何有利于女生的改变,女生的表现就会很差。调查显示:女生在数学课和科学课上经常会比男生说得少、回答问题少、受到教师的注意少。

要解决这个问题,其中一个办法就是:在这些学科的教学中实行一种有利于学生交流的、较少竞争的教学方式。应当让科学和数学与学生的客观世界的经验有密切的联系,并鼓励小组交流。在这种环境中,女生们将会如鱼得水,她们的数学和科学成绩也会有很大的提高。成功的小组学习活动,无论是只有男生或只有女生参与,还是男生女生都参与,都要求有讲求技巧的促进者的指导和支持。这些指导和支持在解决各种各样的小组冲突中是非常必要的。

学习小组内部冲突的解决

　　学习小组内部会出现冲突并不奇怪。但是，当我们班在一个主要的方案中进展顺利时，却突然在一两个小组内部出现了矛盾，那我们应该怎么办呢？我们应该怎样解决这些令人焦虑的而且会威胁到小组学习的分歧和问题呢？

　　过去，我通常会认为最好的解决办法就是调走这些制造矛盾的学生。但几年以后，我发现了一个更为有效的方法，那就是冲突解决法。

　　将小组分开并不会减少矛盾。研究表明，只有在某种程度上满足小组成员的需要时，小组才会更有凝聚力。但是，你将如何培养这种凝聚力呢？不管在什么时候，如果人际关系、不同的学习风格或权力不均会妨碍小组交流，那么冲突解决策略都可以帮助学生解决和摆脱冲突。

　　有时，学生需要教师的帮助，并且需要教师确保他们可以与别的同学进行积极的交流。如果外人简单地插手解决矛盾，即将学生调走，那么学生虽然知道了应该如何避免冲突，却不知道应该如何解决冲突。在我的教师培训课上有好几种成功的策略可以帮助学生解决他们具体的冲突。

1. **聆听每个成员的声音。**真诚地倾听可以增强人们的自信心、认同感和成功感。当人们以开放的思想倾听他人的观点时，问题就更容易解决。仔细地倾听还有助于我们相互理解、相互欣赏。
2. **明确责任。**如果让一个人做全部的工作，那么其他人就会没有认同感，而且想退出工作。从表面上看好像是一些组员在偷懒，实际上那些被认为是懒散的学生会告诉你，别人在指挥操控他们，使他们没有可以选择的机会，他们也不可能为小组做出什么贡献。解决这个问题的办法就是明确各自的工作任务和工作期限。合作关注的是"做什么"和"如何做"的问题。

3. **尊重每个人的价值**。如果一个学生只是对分数感兴趣或者不相信别的组员能取得好成绩，那么麻烦就会出现。一个专断的人只接受一两个人而非所有人的意见与帮助。但我们知道，人只有在发挥自己个人的力量，而非跟着别人走时，才会有主动性。
4. **树立榜样**。小组成员应该通过榜样来表达他们期望高质量完成工作的意愿，而不是直接教导别人如何做。如果一名学生没能达到要求，其他成员可以提供帮助、支持与鼓励。但是，小组成员应该避免尖刻的批判或否定他人的观点。
5. **提倡幽默**。幽默经常可以在冲突出现之前使其得以化解和防止。最好的幽默是能让每个人都发笑而不是把某一个人当成笑料。有幽默感的人常常会自嘲。幽默可以创设一个安全的环境，在这个环境中别人也会去尝试幽默。

即使有这些解决冲突的办法，仍然会有一些学生会比别的学生更需要帮助，不管冲突是通过小组自行解决的还是通过他人调节得到解决的，都需要有一个核查表来帮助我们发现和解决问题。

有助于学生解决小组冲突的核查表

这个核查表将会在我们的计划执行的过程中使用，它可以作为学生和教师讨论的要点，也可以放在学生的成长档案袋里。

聆听

_____ 1. 我们一有机会就倾听他人的想法。

_____ 2. 我们至少接纳每个学生的一个想法。

_____ 3. 我们要鼓励每个学生发表意见。

明确责任

____1. 每一项任务都欢迎自愿者的参加。

____2. 每个人都可以选择一部分有意义的工作。

____3. 我们轮流帮助别人工作。

尊重每个人的价值

____1. 我们能够描述小组中每个成员的长处。

____2. 我们能够确认每个人最喜欢做的事情。

____3. 我们鼓励每个人，帮助他们克服缺点，发挥各自的长处。

树立榜样

____1. 所有的成员都有展示最佳工作的机会。

____2. 我们鼓励所有成员都取得最好的工作成果。

____3. 我们树立共同的最高目标。

倡导幽默

____1. 我们一起大笑。

____2. 我们不嘲笑彼此的成绩。

____3. 我们合作得很愉快。

一旦发现了小组的不足和问题所在，小组成员就应该相互妥协、解决纠纷或者请求外援。为了预防和从根本上防止严重问题的发生，在每次讨论会开始之时，小组成员都应该遵守上述这些条款。

合作学习情境可以帮助每个人解决学习和日常生活中的问题。一旦集合每个小组成员的聪明才智，小组的每个成员都会成为自信、积极的学习者。但是，只要忽视了某个人的才能，他就会感到自己被忽视或被排斥在小组之外，从而再次引起冲突。

想象这样一个情境吧：在这个情境中，我们整合小组全体成员的智慧去解决复杂的学术问题，提出新颖的、创造性的想法，掌握一项新的复杂任务。在这个情境中，我们迈出了重要的一步，从而促进小组内的协商、成功和达成一致性，帮助小组成员施展各自的独特才能来解决分歧和矛盾。

当小组有很强的积极性与主动性，有很好的计划和合适的工作重点时，冲突就会自然而然地减少，小组也就会自然而然地取得更好的成绩。

小组的成长与发展

良好的小组工作不是偶然出现的。优秀的学习小组会有很好的计划和明确的指导方针。当指导方针模糊不清或者小组工作缺乏意义的时候，很多学生就会放弃小组学习。我曾经运用过指导性的讨论，帮助学生明确他们的目标，并且提出实现这些目标的办法，清楚地描述达到目标的各个阶段，这些对于高质量地完成小组工作是很关键的。利用下一节所讲述的步骤，那些拥有3～5个成员的小组就能很好地开展工作。

一个有意义的小组计划的诞生所必经的阶段

1. 在图表上，每个小组记录观点（或问题），并运用头脑风暴法进行集体讨论，对关键问题进行解答。你可以在一个圆圈之前画一个箭头，并在圆圈中写上你的目标和问题，请每个小组成员讨论下列问题：你的观点是什么？你认为我们应该如何把这些观点作为目标的一部分？我们小组的梦想是什么？表7-2给我们提供了一些使用网络对话来促进小组交流的方法。

表 7-2　运用网络对话进行头脑风暴

居住较远的学生在与小组其他成员进行头脑风暴时会存在困难。一些学生在放学后还得工作,因此也就错过了只有一次的在某个地点召开的重要会议。然而,网络对话却可以将学生联系在一起,而且它在时间和地点安排上都比较灵活。

下面是运用网络对话帮助小组成员进行头脑风暴的几个优点:
- 学生可以保存他们的思考和计划过程的书面记录。
- 学生可以从多个角度思考一个问题,因为他们将参与思想发展的整个过程。
- 学生可以将头脑风暴的结果打印出来或者将它们转化成计划的草案。
- 学生可以在任何地方、在任何方便的时间与每个成员进行交谈。

2. 进行头脑风暴,并且记录你所设想的解决问题或者实现目标的活动和方案。利用表 7-3(选择支持你的观点的资源)的指引,你可以列出完成方案或实现目标所需要的办法,从而澄清以下问题:你想让人们与你一起怎样工作?你想要什么样的工作环境?你想要的最终结果是什么?

表 7-3　选择支持你的观点的资源(适用于 2~3 人的小组活动)

你可能会注意到,就同一个问题,大众杂志、媒体报道与科学研究却会有不同的观点。在新闻报道中,你可以发现作者的观点得到清晰的表达,尽管这个观点也经常可以从书本、杂志或者专家访谈等其他资源得到支持。

在科学报告中,你会发现与问题相关的、详细的、可靠的事实。比如说,如果主题是拯救沼泽地里的森林,你会听到生物学家关于生态系统、经济学家关于投入—效益的分析以及地质学家关于森林采伐的影响等的讨论。科学研究倾向于列出铁证事实,有时候会用一些专业术语来阐明或讨论某个重大问题。

为了区分电视上所见、报刊上所写和科学杂志上所研究的材料,你可以在一张较大的海报上完成下列工作:
1. 选择一个你、你的同伴和社区都很关心的道德伦理问题,比如说青少年的吸毒问题。与老师一起核查这个主题,并征得老师的同意。
2. 在海报上方的 1/3 部分画一个表格,列出 3 个大众媒体最近的观点,比如,现场访谈、报纸与杂志上的观点。你可以以文字、图表或者照片的方式呈现它们的观点。

续表

3. 在海报中间的 1/3 部分画一个表格，列出 3 个相关主题的科学研究观点，你的例证至少应该是 3 本学术杂志的总结。
4. 在海报下面的 1/3 部分画一个表格，比较与对照流行杂志与学术杂志上的信息与观点。评价它们的准确性、可靠性与读者的可接受性。评论不必都以文字形式呈现，还可以利用图表或其他视觉手段。

这个活动将有助于你支持重要的观点，证明你区分科普材料与学术信息并发现二者不同用途的能力。

3. 列出进行下一阶段方案需要立即注意和执行的五项任务（参见表 7-4）。通过这个表，你可以弄清楚：最近你需要什么？最近你做了哪些工作？

表 7-4　完成计划的 5 个任务

小组计划标题：＿＿＿＿＿＿＿＿＿＿＿＿＿＿＿＿＿＿＿＿＿＿＿
小组成员名字：＿＿＿＿＿＿＿＿＿＿＿＿＿＿＿＿＿＿＿＿＿＿＿

1. 任务 1：＿＿＿＿＿＿＿＿＿＿＿＿＿＿＿＿＿＿＿＿＿＿＿

   所需资料：＿＿＿＿＿＿＿＿＿＿＿＿＿＿＿＿＿＿＿＿＿＿＿

   任务分工：＿＿＿＿＿＿＿＿＿＿＿＿＿＿＿＿＿＿＿＿＿＿＿

   学生或教师评估任务 1 的日期：＿＿＿＿＿＿＿＿＿＿＿＿＿＿
2. 任务 2：＿＿＿＿＿＿＿＿＿＿＿＿＿＿＿＿＿＿＿＿＿＿＿

   所需资料：＿＿＿＿＿＿＿＿＿＿＿＿＿＿＿＿＿＿＿＿＿＿＿

   任务分工：＿＿＿＿＿＿＿＿＿＿＿＿＿＿＿＿＿＿＿＿＿＿＿

   学生或教师评估任务 2 的日期：＿＿＿＿＿＿＿＿＿＿＿＿＿＿
3. 任务 3：＿＿＿＿＿＿＿＿＿＿＿＿＿＿＿＿＿＿＿＿＿＿＿

续表

所需资料：＿＿＿＿＿＿＿＿＿＿＿＿＿＿＿＿＿＿＿＿＿＿＿＿＿
　　　　　＿＿＿＿＿＿＿＿＿＿＿＿＿＿＿＿＿＿＿＿＿＿＿＿＿

任务分工：＿＿＿＿＿＿＿＿＿＿＿＿＿＿＿＿＿＿＿＿＿＿＿＿＿
　　　　　＿＿＿＿＿＿＿＿＿＿＿＿＿＿＿＿＿＿＿＿＿＿＿＿＿

学生或教师评估任务3的日期：＿＿＿＿＿＿＿＿＿＿＿＿＿＿＿＿

4. 任务4：＿＿＿＿＿＿＿＿＿＿＿＿＿＿＿＿＿＿＿＿＿＿＿＿＿

所需资料：＿＿＿＿＿＿＿＿＿＿＿＿＿＿＿＿＿＿＿＿＿＿＿＿＿
　　　　　＿＿＿＿＿＿＿＿＿＿＿＿＿＿＿＿＿＿＿＿＿＿＿＿＿

任务分工：＿＿＿＿＿＿＿＿＿＿＿＿＿＿＿＿＿＿＿＿＿＿＿＿＿
　　　　　＿＿＿＿＿＿＿＿＿＿＿＿＿＿＿＿＿＿＿＿＿＿＿＿＿

学生或教师评估任务4的日期：＿＿＿＿＿＿＿＿＿＿＿＿＿＿＿＿

5. 任务5：＿＿＿＿＿＿＿＿＿＿＿＿＿＿＿＿＿＿＿＿＿＿＿＿＿

所需资料：＿＿＿＿＿＿＿＿＿＿＿＿＿＿＿＿＿＿＿＿＿＿＿＿＿
　　　　　＿＿＿＿＿＿＿＿＿＿＿＿＿＿＿＿＿＿＿＿＿＿＿＿＿

任务分工：＿＿＿＿＿＿＿＿＿＿＿＿＿＿＿＿＿＿＿＿＿＿＿＿＿
　　　　　＿＿＿＿＿＿＿＿＿＿＿＿＿＿＿＿＿＿＿＿＿＿＿＿＿

学生或教师评估任务5的日期：＿＿＿＿＿＿＿＿＿＿＿＿＿＿＿＿

4．将最后的计划任务分配给每个小组成员，让每个成员都能够自愿承担同样重要的任务。每个人都能够施展其独特的能力与天赋，使每个小组成员和集体都对工作及其分配情况感到满意，在这一点上小组可以重新评估问题和目标，重新修改任务以便吸纳新的项目。比如，如果一个有音乐天赋的人在原来的任务分配中没有给予其音乐的任务，小组可以为其安排一个音乐任务，目标和任务可以是动态的，这样就会适合所有小组成员和项目的各个方面。

在这一阶段还要考虑的一个问题是：为了实现我们的目标，我们还需要请谁来参加这个工作？列出你可以寻求帮助的人，考虑如何与他们取得联系。此外，你还要列出实施该项计划必须要立即去做的事情。

5. 考虑怎样使所有成员凝聚成为一个有意义的集体。在你进行下一步工作并将你的精力集中于最终的结果之前，应该阐述已经完成的工作并增加新的思想，讨论完成工作目标所需要的具体材料。这样做将会使你明白：什么将会使你的最终结果更好，什么办法会增长你的知识、技能与合作关系。（参见表7-5）

表7-5 确定完成计划的步骤

第一步：确定完成计划之前要解决的主要问题。
第二步：对于每个现存问题的解决，列出两种或三种不同的解决方式。
第三步：选择最好的活动课程，证明你所提出的问题解决方法。
第四步：向其他小组呈现你们所确认的问题和所选择的解决问题的行动，并征求他们的意见。
第五步：无论是集体还是个人，都要列出每个成员对问题解决和最后阶段所做出的贡献。

6. 计划完成一半时做一个标记，规定任务完成的期限。比如，5月1日有个作业，期限是5月31日。你需要在5月15日做一个标记，列出在项目进行到一半时要达到的目标。在形成性评价中，利用你的列表作为核查表，以确定学生已经达到多少个中期目标。

7. 重新分组以确定在计划的最后阶段所需要的资源、确定任务分配、规定任务完成的期限。重新审视你最初的问题和目标，决定是否要做相应的改变，以适应新的情况。

按部就班的工作步骤可以使小组成员全神贯注，发挥各自的不同能力来共同完成任务。无论如何，在小组工作中，你会遇到问题，你必须根据工作进展情况随时调整你的工作方法。要使小组工作有成效，小组必须确定并完成具体的目标。

一位教师说："我的学生使我不得不重复全部的讲授内容，因为他们没有完成所要求的阅读。所以，关于正在上什么和正在讨论什么，他们一无所知。这样一来，我不得不向他们讲解所有的知识。我想，每两周进行一次测试可能会促使他们去阅读课文。"

这位教师将怎样促进、评价有关阅读内容讨论的质量呢？

高质量讨论的促成及评价

最近，我在中学观摩一节课时看到了一位教师和一名学生的辩论过程，辩论以学生的失败而告终。这种令人沮丧的师生之间的交流促使我改变了我的关注点，并且促使我从学生的角度来重新审视十年级的学生。

回顾我自己的中学生活，当老师要求我回答一个复杂的问题时，我的胃就开始痉挛。那个时候，老师不是把我的答案批得体无完肤，就是过了很长时间才会用几句表扬的话来增强我那脆弱的自信心。这似乎表明一个人的命运的好坏完全取决于老师的反应。事实上，在那令人紧张不堪的几分钟里所发生的一切，将会使人们预料到，在接下来的类似情境中，自己将会有什么样的行为表现。而安全的学习环境的特征则是：在这种学习环境中，学生可以很放松地回答一些有难度的问题，而不会有恐惧感。

- 要想让学生真正融入班级中，就有必要通过各种各样的小组活动形成一种彼此合作的、积极学习的班级氛围。在刚开始的时候，这并非一件容易的事情，需要耐心和尝试。
- 互动课堂充满了趣味性并且信息量较大。但它最主要的问题在于，教师仍然是每堂课的中心，小组学习的一个主要目标则是使学生成为课堂的中心。
- 观察其他教师是如何开展有效的小组活动和合作学习的。这样做对于我们来说是有益无害的。借助榜样的力量，而不是通过简单的读和听来学习，我们就可以学习得更好。我们可以充分地利用合作学习的教师，他们通常会热衷于与其他教师分享他们的有效方法，因为他们知道小组活动能够创造生气勃勃的互动课堂。

- 在学期开始时，甚至是在整个学期中进行小组教学。小组教学可以通过"预热"和打破僵局的活动增进学生彼此之间的了解。为了小组之间有充分的互动，你的课堂应该经过精心的组织。你可以从配对分享活动入手，在活动中两个人可以分享观点，随后一些配对小组可以向全班汇报他们的发现。
- 你可以为配对学生提供要求他们完成的作业清单，并在学生完成之后进行班级讨论。这种方法尤其适用于数学课。
- 教师通常会犯的一个错误就是，对小组成员缺乏有效的工作指导。因为中学生在其他课中没有与同伴交流的经验，所以首先需要进行相应的训练。与学生讨论他们的人生观，鼓励他们提出高质量的小组方案，这种具有可操作性的办法往往能够起到很好的效果。
- 对于学习努力的学生与学习不努力的学生该怎么办呢？伴随学习过程而进行的个别测试给每个学习参与者提供了一个长进的机会，以此防止他们放弃学习，鼓励他们投入到学习中来。
- 小组学习常常可以为那些最初学习不佳的学生提供新的机会，让他们与那些愿意帮助他们或者有良好学习习惯的学生一起学习，因为每个学生在考试时都得独自完成任务，所以每个人都应该为自己的成长负最终责任。

通过小组活动及其与学生的交流，教师就可以知道谁的工作做得好，谁的工作做得不好。一位教师这样写道：

  在两到三周的配对小组活动之后，我将学生调整为三人小组和四人小组。我再一次通过准备活动来增进学生之间的了解。小组最好有要完成的作业清单和材料，或者有要求小组合作的活动。为了让班级学习的过程有变化，我反复交替运用四人小组和两人配对组。结果令人震惊。其实，我已经是在谦虚地说这些话了。学生们真的都非常想上我的代数课，而在这样做之前，有些学生很讨厌这门课。学生们保留了很多学习材料，并与我约定增加一些课。我认为这一切的发生都是因为他们在每堂课中都积极参与的自然结果，所以他们感觉上代数课的时间过得很快。在课上，我四处走动，与他们交流，了解他们，也让他们了解我。课堂因此变得人性十足。到最后，连那些最初没有参与学习的学生也开始参与其中了。

小组学习并不是能使每个学生都学习得好的万能良药。在小组学习中，一些学生会比其他学生学得更好一些。有些学生处于他们自己和我们都无法控制的麻烦境地，这些麻烦使得他们不能很好地完成学习任务。一些学生的人际交往能力很差，还需要教给他们一些团队学习的基础知识和基本技能。如果你刚刚开始运用小组学习方式，那么出错就在所难免。但是，如果你慢慢地组织一些配对学习，并且尝试不同的形式，长期仔细地设计任务，你会发现学习对于很多学生而言都有了新的意义。他们每个人都主动参与学习。

好的课堂管理技能会成就杰出的教师。因此，确定并强化优秀的课堂管理策略是至关重要的。什么样的课堂管理技能可以帮助教师创设容易让学生集中注意力并积极学习的高质量的学习环境呢？什么可以提高学生的作业表现，什么条件可以强化有效的学习与教学呢？要回答这些问题就必须得考虑：在不同的科目和课堂教学中，什么是有利于高质量学习的理想条件。

尽管课堂管理可能是决定教学成败最基本的要素，但要对它下定义很难。现实中并没有简单的"最好"标准。但经常改进课堂管理的教师常常会创设一些具体的而且被证实为有效的策略，并且把它们有选择地用于课堂学习和教学实践之中。在最近一次课堂管理研讨会上，一位教师描绘了课堂教学反思的四个步骤：

- 识别与界定在本堂课中效果较好的具体实践。
- 列出那些对学习和教学有害无益的策略。
- 尝试问自己："我在课堂上是如何改善学生的学习，增加他们的学习乐趣的?"

● 再问:"为了进一步促进学生的学习和提高学生的学习兴趣,我可以增加或省去哪些做法?"

当你确定你的课堂教学中效果较好的一两个具体方法之后,你所要做的就是:确定一个具体的问题并选择一个解决问题的新策略。比如,如果学生不会回答你所提出的问题,你可以重新组织问题或者增强问题与学生的相关性。然后,在你通过问题的重组或者开展一次配对讨论活动解决了那个问题之后,你可以提出一个你要解决的更加困难的问题。

为了证实你的策略的有效性,你可以询问你的学生或者请求一位德高望重的同事来观摩你运用新策略的实施过程,并让他提出改进的意见。发现一套好的课堂管理技能是需要时间与努力的,良好的课堂管理的产生并非偶然。起初,你可以在每节课后做简短的反思,思考你所运用的策略并记录其效果。因为反思是改进课堂管理技能的关键性的一步,对效果好的策略与效果不好的策略都进行记录是很有帮助的。

一项关于良好的课堂管理策略的综合研究指出:课堂管理效果受多方面因素的影响,所以有必要弄清楚这些因素是什么。下面是影响课堂管理实践是否成功的问题，这些问题将有助于我们确定影响班级管理的八个因素：环境、计划、动机、内容、交流、行为、榜样和反思。

下面设计的核查表，可以帮助你用有效的班级管理策略来解决特定的学习环境中的具体问题。

环境问题

____1．我与学生讨论过班规吗？我是否了解过什么事情是学生喜欢的？我是否根据学生的喜好开始我的课堂教学？我是否将学生的希望罗列出来并加入了我个人对班级的期望？

____2．我能否保持一个整洁的、井然有序的环境？我也鼓励学生这样做吗？

____3．我通过改变环境来适应学生的个别差异了吗？

____4．我是否对环境进行了美化，如提供音乐、图画、舒适的座椅等，从而使学生感受到了受欢迎和被肯定？

____5．我是否观摩过成功教师所创设的环境并将它们借鉴到自己的班级中来？

计划问题

____6．我是否从班级的每个学生的角度考虑过自己的课堂教学？

____7．学生具备这节课所需要的前期知识吗？

____8．这节课的目标是什么？达到这一目标的方法是什么？

____9．学生是如何积极实践新的技能的？

____10．我如何知道学生是否欣赏、理解我所教的内容？

动机问题

____11．我是否使用了激发动机的方法来引起学生的兴趣？

____12．我是否组织过学生讨论会，让他们表达自己的看法并听取他们的意见?

____ 13. 我在课上是否激起了学生的兴趣并在教学过程中考虑到了学生独特的个体倾向性?

____ 14. 我是否对学生的工作给予了支持和鼓励?

____ 15. 所有的学生都参与了吗?

内容问题

____ 16. 课的主题是否是有趣的和相关的?

____ 17. 学生认为我已经做了非常清楚的讲解吗?

____ 18. 我是否鼓励学生利用他们独特的能力和天赋去解决课上所有的问题?

____ 19. 我是否利用先行组织者事先告诉了学生他们所要学习的内容和所要达到的目标?

____ 20. 我是否先从低水平的事实着手,然后逐步过渡到较高水平的思维和学习技能?

交流问题

____ 21. 我告诉学生了吗?我提问学生了吗?

____ 22. 我是否反复重复一些问题让学生感到很厌烦?

____ 23. 在课堂中学生进行了多长时间的交流?

____ 24. 我讲课的节奏是否太慢?

____ 25. 我在每个活动中都有推动力吗?

行为问题

____ 26. 我是否为学生创设了活动来让他们监控和反思自己的进步?

____ 27. 我是否参与了整个过程而且发现了表现好的学生并表扬他?

____ 28. 我真的了解所有的学生吗?

____29. 我问过学生什么会使他们在班上感到受尊重吗？我采纳了他们的意见吗？

____30. 我是否对每个学生一贯表示尊重从而为学生树立了榜样？

榜样问题

____31. 我是否对学生做出判断并给他们贴上"聪明"或"迟钝"的标签？

____32. 我乐意承认个人的弱点并为自己的错误道歉吗？

____33. 我经常鼓动学生吗？

____34. 我为学生树立了有效学习的榜样吗？

____35. 我是否仔细倾听了学生的观点并在课堂上运用其观点和建议？

反思问题

____36. 我事先思考过在课堂上可能会出现的新情境和新问题吗？

____37. 我的学生在匿名的条件下是如何描述这堂课的？

____38. 是否还有其他问题、活动和办法可以帮助学生在课堂上学到更多的知识、体验到更多的乐趣？

____39. 我的课哪一部分上得好？为什么？

____40. 我的课哪一部分还需要改进？如何改进？

从以上的列表内容可以明显看出，各种因素相互促进、共同作用，从而营造出了充满活力的学习环境。琼·戴维斯（Jean Davis，1974）指出："传统上认为，为了防止班级混乱的发生，教师必须为教学做好充分的准备，对课程进行精心的组织，呈现能够引起学生兴趣的学习主题。"（p. 21）库宁（Kounin，1970）补充指出，有效课堂管理的关键在于教师准备教学和管理课堂的能力，教师必须具有防止学生出现注意力分散、厌倦和不良行为的能力。他讲述了成功的教师是如何讲授已备好的、节奏适中的课的。成功的教师在上课中很少有混乱现象发生，很少偏离重点，很少让学生一会儿做这个活动、一会儿做那个活动导致时间的浪费，而且在上课过程中会给学生安排适合他们能力和兴趣的活动。

在这里,我综合了相关的研究,并借鉴了有效学习环境和课堂管理研究中提到的方法。根据所提供的一系列问题,教师可以有目的地反思个人的课堂管理经验。我希望这些反思能够帮助每一位教师,与学生一起创设一个更加有效的学习环境。

表7-6是一个供小组学习的学生使用的核查表,这个表是为了让学生在与别人合作时符合要求而设计的,但是这个指导还突出了那些能够确保个人与小组成功的技能与活动。

表7-6 小组参与的指导方针

姓名:_____ 日期:_____

请写出你所参与的小组方案的名称:_____
在相应的分值上画圈。最低分——1分;最高分——4分。

1 2 3 4 (1) **交谈**:我的发言始终紧扣主题,始终保持较低的声音,与小组的每一个成员都能够很好地交流。我没有打扰其他小组。

1 2 3 4 (2) **持续工作**:我一直在努力地工作。我们设定了目标,并在努力实现这些目标。我针对主题发表了意见和想法。

1 2 3 4 (3) **责任**:我对自己和他人很负责。我力争达到小组的目标而不是妨碍它的实现。

1 2 3 4 (4) **活动**:我的活动是工作所需要的。我在不打扰、不接触其他组的情况下开展资源与材料的收集活动。

1 2 3 4 (5) **合作**:我的工作方法是成熟的,既是独立的又是合作的。我不用别人提醒就可以达到我们小组的合作要求。

1 2 3 4 (6) **评价**:我会对最终结果和自己所承担的那部分工作的进展情况做出评价。

1 2 3 4 (7) **分享**:我与他人一起分享资源、材料、观点、任务与责任。我尽量平分任务,并完成我所承担的那部分任务。

1 2 3 4 (8) **倾听**:我是一个好听众,并认识到每个组员都会提供有价值的东西。我倾听并且能够概括说出每个人所做的贡献。

跨文化的合作需要确立伙伴关系,建立一种超越任何法规、统治规则和性别歧视的理解态度。从北极地区因纽特人之间的合作中,我们可以发现,只有建立伙伴关系而不是进行竞争,才能使我们享受到合作的乐趣。在北极的18个月里,我更深刻地了解到:只有在文化公平和平等的条件下,我们才能有效地进行合作。

1993年的秋天,我与四个因纽特人同乘一架飞机,降落在覆盖着冰的跑道上。实际上,我们是从位于北极圈以北314公里的一个叫伊格卢利克的较小社区向南飞行的。在那里,我以麦吉尔大学助理教授的身份对因纽特教师进行培训。当我们的小型飞机摇摇摆摆地降落在机场上时,我想象着我该如何适应北极的文化:一种与我以往所知道的相差甚远、截然不同的文化。

更为重要的是,在坎伯兰海峡的海湾滩涂上生活的1100人如何才能接受我这位来自麦吉尔大学的教授呢?在某种程度上,这个繁忙的小城与我以往工作过的其他北方城市相比,它与外界的联系更多。庞纳通(Pangnirtung),通常被译为"有许多公牛与驯鹿的地方",它比我原先在北极巴芬岛上伊格卢利克的家要暖和一些,日照时间也长一些。它位于北极圈以南64公里,这意味着一天中太阳能够短暂地从地平线上升起,而在与北极湾相类似的一些地区,一年中有四个月是没有白天的。

早在一个月前,在伊格卢利克,另一组因纽特学生欢迎我到庞纳通去。就是在伊格卢利克,我第一次欣赏到因纽特人的合作精神与团体智慧,我第一次意识到这些北方人有很多值得我们学习的地方。

当飞机在庞(Pang,地名)降落时,巴芬航空公司的旅客们带着微笑,他们用因纽特话闲聊着,但我在反思我珍贵的北极社区课程,反思在社区生活和学习期间因纽特人所教给我的东西。在我的课程笔记的页边上,我这样写道:"我到底有什么东西可以与那些在这遥远奇妙的大地上一代代生存下来的北方人民一起分享呢?"为了回答这个问题,我这样写道:"北极真的是我们的老师,在这里我仅是一名无知的学生。"因纽特的年长者一次又一次地帮助我，与我分享我有限的教育知识，促进两种文化的融合，统一某些信念。

在巴芬岛的18个月里，因纽特的学生其实更像是我的同事，我们的笑声可以融化这个黑暗日子里寒冷刺骨的风雪。正如乐曲和歌词一起汇成旋律一样，我们这些来自不同文化的人相互分享，在因纽特文化和我的文化融合的基础上建立伙伴关系。

因此，当我降落在庞时，我就设想：在今天曾经存在分歧的两种文化可以携起手来帮助孩子学习。如果是这样的话，我们应该发现新的沟通方式，即在彼此的世界里既充当学习者又充当教育者。这将是另外一种合作的机会，我们与因纽特人相比，不仅语言不同，而且概念与优先考虑的问题也不同。因此，我们必须经常合作，在最基本的行为表现上达成共识，比如，在北极，口头讲故事是一种可以接受的语言表达能力，所以有时候因纽特学生对好的书面作品的价值判断和理解与我们是不同的。下面的小组活动有助于我们建立一套判断书面作品与口语作品的共同标准。我们的办法是从配对小组开始，以全班分成两个大组而结束。这个办法包括：

1. 在配对小组中，要求学生列出3个书面语和口头语所共有的重要品质。
2. 每个配对小组与别的小组结合成4人小组。列出5个好的书面作品和口头作品共有的品质。
3. 每个4人小组与别的小组结合成8人小组。列出8个好的书面作品和口头作品共有的品质。
4. 最后，整个班级分成两个大组，列出10个好的书面作品和口头作品的共同品质。

将这10个品质在教室前面呈现，每个小组选择一个发言人向全班报告，所有的班级成员都要记录本组中没有涉及的品质，经过一个大组讨论，最后得出一个最终的品质列表，把这些品质列在公告板上，并写上标题："所有良好的书面作品和口头作品的品质。"学生可以在协商之后，以一定的顺序对这些品质进行先后排序,以一种直观的、引人注目的方式来展示这些品质。教师可以打印出品质列表,并发给每个学生,以此作为以后书面作品打分的标准。

小组合作并非就此结束了。通过我们称之为"写作与言语专题研究小组"的活动,学生相互帮助,完成书面写作与口头作业。

1. 学生相互检查记录卡。这一步骤是为了确保每个主题都有充分的研究。如果一个学生找不到相关的材料,他的同伴可以建议他选择另外一种方式。一些学生特别喜欢网上冲浪,他们可以指导其他人以类似的方法在互联网上搜寻材料。一个女孩认识一位俄国文化专家,并把这位专家介绍给与之配对的同学。我们鼓励所有学生向老师咨询、去图书馆、向有关专家请教,但目的都是为了提供相互的帮助。

2. 在配对中,学生彼此分享他们的要点。他们提出问题并讨论进一步研究的可能性。他们提出建议,并根据品质列表相互打分。满分为10分。一个小组列出10个可以接受的品质,每个品质为1分:
   - 有趣的、信息丰富的、开放的陈述
   - 清晰地表达主题
   - 符合逻辑顺序的观点罗列
   - 观点间的过渡衔接
   - 明显的润色、修饰
   - 至少有三个主要的主题陈述
   - 每个主题都有几个支持性的陈述
   - 概括的、相关的结论
   - 至少有三个明显的资料来源
   - 充满趣味,信息量大

   学生负责按照统一标准相互打分,并做粗略的记录。上课时,可以让各个小组以共同标准为基础评价他人的工作进展情况,并接纳他人对自己的评价。这个时候，教师要思考论文或演讲的进展情况，并提出进一步的评价和改进意见。

3. 学生相互评价彼此的作品。在交给老师评定之前，可以由同伴修改学生的作品。这样一来，最后交给老师的作品就包含同伴的评论和建议。必须让学生清楚每个阶段的日期和完成工作的最后期限。

小组合作学习不可避免地会显露出来自不同文化背景的学生的特征。比如说，因纽特的学生更加倾向于强调故事与环境的关联性。他们相信感觉而较少相信书本上的答案。他们对解决存在于北极现实生活中的问题更感兴趣，而不像世界其他地区的学生那样希望能在标准化考试中取得好的成绩。他们需要花费一定的时间来识别与实践许多不同的观点。但是当学生意识到他们的技能与倾向被重视时，他们将会更加努力地学习，并会取得更大的进步。

正如我的塑料椅子不能在几分钟之内便组装完毕一样，小组也不能在一夜之间便形成或者提出高质量的观点。但是到了期中阶段小组成员就会坚信，一个组织得好的小组是和睦、融洽，有利于彼此发展的。正如我后悔草率地决定买那把质量低劣的破椅子一样，在草率组织的小组中，或者在组织后无人指导的小组中，小组成员是不会有所收获的。正如我那把破椅子迫使我去重新购买一张新椅子一样，草率组织的不平等的小组需要利用新的方法来组织，才能让所有学生都得到健康的成长。

第八章

评价标准的协商与执行

如果一个学生学习知识主要是通过图像资料进行的，那么，让他去学习文字性的新资料，他就可能难以把握文字资料的主要内容。同样，如果一个学生习惯于用动作来表达学习的成效时，那么，让他去做纸笔性的考试，他就可能无法表达他所知道的东西了。

——阿姆斯特朗（Armstrong, 1994, p. 123）

优先协商

在教学中，教师和学生一起学习对师生来说都会有所裨益。但在传统的等级化教育环境背景下，学生往往会因为犯了错误而受到惩罚。我第一次遭受的挫折是在我小学四年级的时候所经历的，现在还记忆犹新。当时，老师布置了一篇题为"我母亲眼中的哈利法克斯爆炸事件"的作文。我满以为自己的作文可以得

A+，但结果得了 C-。我写的如此重要的一个故事，怎么可能会得一个我有史以来的最低分呢？当老师把我的作文发下来时，我一眼就看到了文章末尾老师用红笔写的评语："有精彩的片段，埃伦，把有红色标记的地方改正后再交上来。"而文章中老师要我改正的第一个"错误"就是解释文中"贬损"（detracted）的意思。

接下来，老师给我们 1 小时的时间修改作文，班上顿时变得鸦雀无声。我决定好好地润色一下我的作文，就按照老师的建议，拿出词典疯狂地查找"detract"一词是否有把我的错误变成杰作的那种重要的含义。我发现词典中说"detract"（贬损）的意思就是把某种称心如意的东西拿走。那我该怎么改呢？我如何做才能既把我作文句子中表达不清的地方表达清楚，又把我母亲关于那次终生难忘的哈利法克斯爆炸事件的鲜活记忆表达出来？我如何才能突出在这次事件中那么多人遇难而我母亲幸存下来的这个奇迹？

遭受 1 小时的死寂的折磨后，我被打败了。最后，我把自己的作文塞在了老师桌子上的那一堆文档的下面。一想到我的作文还有那么多地方需要改进，我就想到在哈利法克斯爆炸期间北部工业区上空笼罩着的层层乌云。哈利法克斯在这次爆炸灾难中遭受毁灭性打击，几乎被夷为平地，随后的潮波和熊熊大火使得 1600 多处房屋被摧毁，7000 多人无家可归。我接受了 C- 这个成绩也就等于承认了失败。那种低落的情绪和当时不知所措的体验，鞭策我坚持在中学执教 25 年。我在中学从教期间，始终把学生看作学习的合作者，通过让他们充分发挥自己的创造力来帮助他们改正错误走向卓越。

如果我当年主动去和老师交流如何修改我写的那篇作文，结果将会如何呢？教师对学生做的许多评价都是独自进行的，误会和不准确不可避免地会经常发生。这个时候，虽然教师在观察和思考学生的作品后给出了建议，但大部分学生认为这种建议并没有多少价值，而且会把其当作批评来简单应付了事。只有当一个教师与他人（包括学生）分享他作为一个教师所拥有的责任和权利时，教师的建议才会在学生眼中变得很有价值。多年来，我总结出了三个行之有效的方法：一是明确评价的标准，二是进行有效的沟通，三是向学生学习。表 8-1 所列的就是我从与学生一起学习中学到的技能。

表 8-1 与学生讨论作业的简单方法

1. 从一开始就给学生表达的机会。让学生表达他们对自己的学习的看法、自己的关注点、在学习中所做的努力和他们对每项作业要求的理解。在这方面，本书给你提供了一些做法，你也可以与你的学生和其他老师一起开创一些独特的方法。关键在于，给学生最终打分之前，要给学生表达自己想法和建议的空间。
2. 倾听学生的心声。真诚倾听学生的意见并告诉学生你倾听后的想法，这样可以让学生做进一步的解释。这种做法并不会给繁忙的教师增加额外的工作量，教师没有必要和学生单独交谈。有的时候，可以从学生写的文章中挑选出他们关心的内容，组织学生进行讨论，这也是一种积极的倾听方式。为了不让敏感的学生感觉尴尬，在公开场合就某些特定问题进行讨论时不要点学生的名字，在班级内进行一般性的评论就行了。久而久之，就会有越来越多的学生愿意表达自己的想法。有的时候，如果教师不便在公开场合与学生交谈，则可以私下跟他讨论。在咖啡厅共进午餐，地点和时间都很理想，这个时候交流，师生都会感到很放松，交谈的效果往往会很好。
3. 交谈后应该确认学生的回应。确认有助于你了解学生听完你对他们学习的看法后的想法。与此同时，你可以向他们询问其他同学对相关问题的看法。有的时候，学生在了解了同学的意见后，会对自己的情况更好地把握。
4. 在评分之前多考虑学生的建议，在这一点上教师要不断提醒自己。记下学生提出的所有问题，仔细考虑他们的意见。同样重要的是，要及时给学生提供反馈意见，不要拖得太久。
5. 对误会要道歉。误会往往是由于师生在确立作业标准和作业目标时缺乏良好的交流引起的。为了更好地实现学习目标，教师应该考虑并接受学生的意见从而随时调整确立的目标。这种协商并非每次都会很顺畅，成功的关键在于从一开始就要与学生开诚布公地进行交流和沟通。
6. 运用幽默让学生放松。教师用幽默的方式承认自己的脆弱面或失误会让学生感到很轻松。幽默让学生看到教师其实和他们一样。运用幽默对待自己的可笑的错误会鼓励学生更有勇气去冒险或迎接挑战。幽默也会让学生感到愉快。我访谈过许多中学生，他们一致认为，幽默的教师更加关心他们，与此相反，他们认为没有幽默感的教师不关心他们。

　　没有哪个学生希望自己是戏剧中的小丑角色，但他们确实喜欢运用令人深思的富有刺激的课堂幽默所营造的愉悦体验。（在此值得一提的是，不管在教师看来是不是只是微不足道的一个玩笑，学生是不会喜欢教师针对班上某个同学进行讽刺挖苦这类幽默的。）

当学生、教师和家长的作业标准是统一的标准时，学生的学习焦虑就会减少，学习就会有很强的针对性和目的性。当作业要求是学生、教师和家长共同制定的，而且学生清楚所有的任务和每个任务的重要程度时，学生的畏惧感就会减少，学习就会变得更加主动积极。学生经常喜欢把自己的进步用一种简单的方式描述出来，就像表8-2那样。对许多学生而言，这种进步的展现方式会提升他们的学习动机，从而保证整个学期的不断进步。

表8-2　对个人进步的描绘

保存你一个学期的分数，这样你就可以看到自己的进步。

姓名：＿＿＿＿＿＿＿＿＿＿＿＿＿＿＿＿＿＿＿＿＿＿＿＿＿
班级：＿＿＿＿＿＿＿＿＿＿＿＿＿＿＿＿＿＿＿＿＿＿＿＿＿
科目或主题：＿＿＿＿＿＿＿＿＿＿＿＿＿＿＿＿＿＿＿＿＿

作业1的标题：＿＿＿＿＿＿＿＿＿＿＿＿＿＿＿＿＿＿＿＿
你的分数：＿＿＿＿＿＿＿＿＿＿＿＿＿权重＿＿＿＿＿＿＿

作业2的标题：＿＿＿＿＿＿＿＿＿＿＿＿＿＿＿＿＿＿＿＿
你的分数：＿＿＿＿＿＿＿＿＿＿＿＿＿权重＿＿＿＿＿＿＿

作业3的标题：＿＿＿＿＿＿＿＿＿＿＿＿＿＿＿＿＿＿＿＿
你的分数：＿＿＿＿＿＿＿＿＿＿＿＿＿权重＿＿＿＿＿＿＿

作业4的标题：＿＿＿＿＿＿＿＿＿＿＿＿＿＿＿＿＿＿＿＿
你的分数：＿＿＿＿＿＿＿＿＿＿＿＿＿权重＿＿＿＿＿＿＿

作业5的标题：＿＿＿＿＿＿＿＿＿＿＿＿＿＿＿＿＿＿＿＿
你的分数：＿＿＿＿＿＿＿＿＿＿＿＿＿权重＿＿＿＿＿＿＿

作业6的标题：＿＿＿＿＿＿＿＿＿＿＿＿＿＿＿＿＿＿＿＿
你的分数：＿＿＿＿＿＿＿＿＿＿＿＿＿权重＿＿＿＿＿＿＿

预期的期末成绩＿＿＿＿＿＿＿＿＿＿＿＿＿＿＿＿＿＿＿＿
实际的期末成绩＿＿＿＿＿＿＿＿＿＿＿＿＿＿＿＿＿＿＿＿

也许在你的班上学生的进步可以保存在他们的成长档案袋中,每项新的任务也都可以这样去操作。考试焦虑不时地折磨着学生,使他们在考试中不能正常发挥。其实,可以运用一些简单的技巧来减轻他们的考试焦虑,这里列出了一些方法供你参考。

- 考试题目以玩笑或卡通的形式开始,会让学生感受到幽默感。
- 向学生郑重声明凭他们的能力完成这次考试是没有问题的。
- 告诉学生这次考试算不了什么,并不决定一切,还有别的机会提高成绩。
- 提醒学生放松心态,仔细阅读考试指南,在正式答题前把一些想法记在草稿纸上。
- 树立轻松学习的榜样,鼓励学生全力以赴。
- 用铅笔或彩色钢笔批改试卷,不要用红笔,因为对一些学生来说红色代表否定评价。
- 对做得好的部分给予肯定评价,不要对错误答案做出否定评价。

考试可以有一定难度,或者包含复杂和抽象的材料,但考试不能让绝大部分学生都感到压力重重。如果你的考试会让全班学生感到紧张,那么就需要与学生公开讨论如何解决这个问题。教师批改学生的作业不要总是用红色的笔,否则学生会感觉很失望。如果这些做法会提高学生的学习动力和学习成绩,那么你的努力就没有白费。

比如,教师可以在考试试卷边上的空白处写一些感谢学生为班级所做的贡献之类的话语。你可以感谢学生积极参加课外活动、与同学合作的精神、对班级的责任心和在课堂上认真听课的学习态度。如果我们对每个学生的贡献和能力都很关注,那么这种感谢就可以一直持续下去。许多教师都会受到来自各个方面的批评,学生也是一样。但从长远来说,真实、坦诚的感谢肯定会帮助一个人走向进步的。

要想对学生所做的独特贡献表示感谢,我们就必须真正了解这些贡献。但我们总是说得多、听得少,如果我们真的去多听听学生怎么说,站在学生的角度去鼓励他们谈谈自己的学习，我们就不会一味地对学生的学习做否定评价了。我们就会给他们提供机会，激发他们的学习动机，帮助他们实现个人的目标。

对所有学生都要肯定并没有错，但我们并不主张运用同样的方式来达到同样的目标。这就意味着，我们需要发掘每个学生的优点并把其作为学习的手段。我们提供多元化的目标。但是，教师应该如何去评价学生呢？我（1997）的多元智能教学模式阐述了这种多元化的学习方式，并把表现性评价作为积极学习过程的重要部分做了研究。

多元智能教学模式认为，如果评价标准是与相关人员共同商讨制定的，那么，评价就会有助于学习。如果没有协商只是教师单方面认定的，那么当教师宣布成绩时，教室就会像冷战区一样令人窒息。曾有一个教师说过，他每次发作业都会感觉到学生的敌意在蔓延。不容置疑，少数学生得到差的成绩时肯定会有敌对情绪。但当学生参与了评价标准的制定时，这种敌对情绪就会明显减少。协商会让学生对自己的学习结果更有责任感。教师和学生一起学习还可以减少教师对学生不公正的评价。教师应该在给学生评定成绩之前，就与学生商定好评价的标准，而不是等到分数出来后才讲评价标准是什么。学生的参与，从小的方面讲可以帮助教师设定评价标准，从大的方面讲可以让他们自己获得好的成绩。

为了确定完整的评价方案，下面提出的表现性评价标准（Zessoules & Gardner，1991）需要学生和教师（家长能参与更好）的建议。下面列出了学生占优势的几个领域，列出的内容可以帮助学生消除学习中出现的一些意外情况。每个评价方案都应该包括以下这些方面：

- 提供丰富的背景学习材料
- 与校外生活相联系
- 展现知识/技能和理解
- 发挥每个学生的优势能力
- 鼓励学生与教师之间进行合作

- 鼓励学生对学习进行反思
- 让有意义的学习目标和成果达到最大化
- 演示跨学科学习的适切性
- 提供发挥原创性的可能性
- 引导师生之间的进一步互动

一般来说，教师和学生会为评价所有的项目概略地提出几个评价维度，包括：①创造性；②表现性；③新颖性；④个性化；⑤合作努力的证据；⑥与课程主题和现实问题的相关性。这些标准是用来评价学生的表现的标准，有时候就称之为"表现性标准"（performance criteria）。

具体来说，每个作业任务都可以设计一个等级标准。表现性标准可以让评价者保持客观性，而且学生也通过它知道了评价的标准。表现性标准可以帮助学生清楚地了解教师对他们的学习期望是什么，并确立好目标和标准，然后为之做出努力。

为了协商和践行加德纳（1997）所提出的"智能公平性"的评价标准，我们针对完整的非单一的课程，探索出了几种适合中学教学和评价的实践方法。在本章中描述的整体性方法包括多元智能教育、建构主义教育、共同体教育、成果导向教育和真实性评价。

多元智能教育

加德纳在1983年提出的多元智能评价方法是基于这样一个假设：有几个显著不同的智能领域存在着。在一个大脑中至少有八种类型的智能，它们都与评价关系密切。为了对多元智能教育和常规的只注重言语能力的评价方式进行比较，我们构想了一节运用多元智能的主题课，这个主题是对电影进行回顾。

表8-3中所讲的多元智能方法认为，所有的人都有八种智能，每个人在每种智能上的能力存在着差异。加德纳认为，一个人要发展每一种智能，

则需要合适的学习环境。这个环境不但可以鼓励人去冒险和创造，而且有丰富的活动、多种途径获得的资源和许多优秀范例。

表 8-3　运用多元智能方法进行电影评价

这里建议的一些活动适用于个人或小组评价：

语言：用自己的话讲述故事内容。给当地报纸写一篇电影评论。找出该片中的关键词并讨论它们在传达电影信息上所起的作用。设计一个填字游戏，表达电影中隐含的问题以及做出的回应。

空间：创作一张拼贴画，用图片、图表、照片等形式表达故事的主要信息。做一张有效地宣传这部电影的公告牌或海报，并讨论为什么要这样设计。

音乐：考虑给电影中的音乐打分。指出其中为什么有的音乐能有效或无效地传达影片的信息。建议替换音乐，或者自己创作一支乐曲使其能传达电影的某个特定的信息，然后把它作为背景音乐弹奏出来，并告诉其他人你选择这个音乐的理由。

数理逻辑：算出影片中男演员和女演员、年轻演员和年老演员、在美国出生的演员和具有多种文化背景的演员的比例。理清影片中的主要情节出现的逻辑顺序。在互联网上研究影片中出现的某个主要观点，并引用查询到的每条互联网信息的网址。

身体运动：设计一个戏剧性的场面或滑稽短剧表演影片中最有意义的一个情节。用舞蹈表演一个场面。给影片中的某个场景制作一个可以放在电影博物馆的模型。

内省：以影片中的一个主角的身份写一封信给学校。以影片编剧的身份写一篇公开的演讲稿。给杂志写一篇观后感。

人际关系：模拟一个与制片人的见面场景，与他讨论影片要传递的信息和放映后的反响场面，也可以与一个小组创建一个多角度研究这部影片的中心。

自然：对照和比较影片中的鸟、树、植物和动物的照片。在居住地附近开一个图片展，展示几种相似类型的图片，要把每种类型清楚地标注在上面。

虽然没有一种界定智能含义的统一标准，但可以为各种学习方案和智能解决方式设定一个最佳模式。本书中介绍了由教师和学生合作为评价任务制定的评价标准。

托马斯·阿姆斯特朗（Thomas Armstrong，1994）描述了在完成真实性评价任务中智能之间的合作方式。他写道：

不同的智能总是相互作用的。一个人做一顿饭时，需要读菜谱（语言），需要分析菜谱（数理逻辑），需要做出一道适合全家人口味的饭菜（人际关系），也需要满足个人的口味（内省）。同样，当一个小孩玩踢球游戏时，他需要运用身体运动智能（跑、踢、抓）、空间智能（辨别自我方位和球踢射出去的方向）、语言和人际关系智能（在游戏讨论时发表自己的看法）。多元智能理论将智能从具体情形中抽象和区分出来，目的只是为了研究多元智能的本质特征和学习如何有效地运用它们。(p. 12)

加德纳的多元智能方法不是唯一的可以评价和准确、公正地汇报学生的知识的方式。建构主义学习允许学生把已有知识和经验与新的知识进行相关链接。

建构主义教育

主要的建构主义理论家包括维果茨基、杜威和皮亚杰，他们认为，当一个人把新知识和已有知识联系在一起时，学习就是意义的创造。个人的观念和经验是吸收新知识的前提。当一个人过去的信念、世界观和经验作为引子发挥作用时，新的观念和概念就会得到理解。这些新吸收的知识会丰富一个人的思维，拓宽他的视野，开创新的可能性。新知识会成为有关联的、有意义的知识，而不会变成没有关联的、支离破碎的知识。

建构主义观点与传统的还原主义思想观念截然不同，还原主义思想观塑造了北美学校教育的好几代人。在还原主义思想者看来，评价是用来考查学生知识的欠缺和不足之处的。评价建立在这样的假设基础上，即学生必须把概念分成更小的部分或具体化，通过分散的事实的不断积累，学生就有望学到新的知识和获得新的技能。

与还原主义思想观形成鲜明对照的是，建构主义观点则认为，学习是人们在已有的知识和经验基础上持续进行的。这里的学习建立在这样的假设基础上,即每个学习者在接触新的任务时,都有自身不同的前期知识。这些知识是由其背景经验、先前的学习和世界观等建构起来的。学习者必须激活原有的经验,用自己独特的方式确保新的知识与已有知识之间形成有意义的联结。简而言之,建构主义者重视的是学习者的个人能力、先前知识、信念和过去的经验。你可以这样说,赞成建构主义观点的教师是在教学生而不只是在教学习内容。

有时候教师想知道学生对某个话题知道些什么,就要了解学生在课外学了些什么,要了解学生日常生活的安排和平常的兴趣是什么。但对教大班额的教师来说,可以通过一种简单的问卷(如表8-4)来了解学生的先前知识。

表 8-4 确定你已知道的、想知道的和你认为应该知道的

姓名:_____ 日期:_____

你已经知道的是:_____

你想知道的是:_____

你认为应该知道的是:_____

你还存在的其他方面的问题是:_____

学生可能想要单独回答表 8-4 中所列出的问题。但完成作业时运用这种方法通常会涉及小组、合作伙伴或指导教师。维果茨基认为,一个人是在社会环境中建构自己的知识的,通常是通过在共同任务中与他人相互交流来完成的。

共同体教育

我在高纬度的北极地区培训因纽特教师时,在他们的教室里真正体验到了什么叫学习共同体。每一代因纽特教师依靠共同体的力量想方设法解决困难并渡过经济匮乏的难关。共同体工作在学习准备阶段就可以开始。许多高中生只是没有掌握很好的学习技巧,他们非常乐意创造一种方法与其他人一起完成高质量的学习任务。

在每学期的开始,佛蒙特州的一个名叫赛尔玛斯图尔特的老师,会带领学生做三个公告牌:"用最少的时间学习最多的知识""写出优秀论文的秘诀"和"怎样坚持你的学习"。下面是学生共同努力以及在其他人提供帮忙的情况下所做的公告牌范例。公告牌会保持好几周时间,学生们可以拿到公告牌上的主要内容的复印件。

赛尔玛老师给班级图书馆提供了几本与学习技能有关的书,供学生制作公告牌前阅读。全班学生进行头脑风暴,提供这三个主题的题目,然后选择一个最适合的。学生们可利用三节课的时间和课外的机会,在第一个周末之前就要完成这个任务。这个活动让学生感受到的最大好处就是,学期一开始就与其他同学进行亲密合作,让他们有机会了解班级的其他同学。

表8-5就是一个由学生选择并在诺尔玛·卡恩(Norma Kahn, 1992)

提出修改建议后进行了改进的公告牌。

表 8-5　学习技能：名为"用最少的时间学习最多的知识"的公告牌

下面列出了卡恩（1992）为帮助学生高效记忆给出的几条建议。卡恩认为，要想获得好的记忆效果，需要形成良好的记忆态度和正确的程序：

良好的态度包括：
1. 关心和真正全神贯注地去记需要记住的重要信息。
2. 全身心投入重要细节的记忆中。
3. 第一次记忆要确保准确和清楚。
4. 把要记住的东西与你已知的知识和经验联系起来。
5. 跟自己说"我可以学会并且牢记在心"（有意记忆可以提高记忆效果）。

正确的程序包括：
1. 根据相关的结构分析需要学习的细节，给学生创造一个视角记忆的形象结构。
2. 如果有五个以上的细节，用自然的合适方式把它们组织起来，可借助索引卡。
3. 用多种方式进行知识信息的记忆（通过大声背诵来回忆读过的材料，检查其准确性，与他人讨论。也可以用图表或其他视觉表现形式再现材料。还可以建立心理地图。）
4. 在 24 小时之内进行复习，睡觉之前复习效果最好。
5. 运用记忆术（记忆策略），运用那些与记忆材料有内在联系的策略。比如说，记忆优秀写作的三大要素的策略"CUE"，即澄清（clarity）、连贯（unity）和强调（emphasis）。

为了记住广泛的阅读材料，你也应该：
1. 在进一步阅读材料前，应该清楚新材料内在的组织结构。
2. 把材料内容与其他知识联系起来。
3. 把材料按其自身结构组成合适的单元，每个单元不超过 8 个项目。
4. 一个单元一个单元地进行记忆（事实上，在记忆下一个单元之前要弄清楚前一个单元）。
5. 把你对要记忆的材料的看法写下来，与其他人进行讨论。

另外，为了记住学习的材料，弗朗西斯·罗宾逊（Francis Robinson）1961 年提出了 SQ3R 的有效学习方法。SQ3R 指浏览（survey）、提问（question）、阅读（read）、复述（recite）和复习（review），这种方法可以帮助学生提高学习技能。在此呈现的 SQ3R 进行一定的修改调整。

- **浏览**：在正式阅读前，要通篇浏览材料从而对其内容有一个总体概念。快速浏览整个章节或整篇文章，然后记住每部分的几个重要事实，不要再看原文，把掌握的内容讲给同学听。浏览还包括浏览文中的图表、简介和章节摘要。

- **提问**：找出作者的真实写作意图。根据材料本身提出几个有意义的问题。对其中一个你估计在进一步深入阅读时还会遇到的问题进行探讨。

- **阅读**：一次阅读完一部分后你可能就回答了你的问题或解决了相关的问题。在空白处记下你的主要观点，或者单独拿一张白纸列出一个回答的提纲。你可能希望和一个朋友轮流大声朗读。读完一个部分，就停下来就所读内容进行简洁的讨论，或在空白处写下简短的评论。

- **复述**：向你的同伴或小组成员回答你先前提出的问题，或者和他们一起解决这些问题。比较所列出的提纲，列出主要观点或支持性的事实。

- **复习**：复习你的提纲并努力记住。你可以运用记忆策略。比如说，一个概念由你家里养的猫的名字中包含的字母开始，或者由其他什么相关事物的字母开始。确保这些字母与你要记住的东西是紧密相关的，否则就起不到提高记忆的作用。反复思考材料中的观点，然后形成你自己的评价。写一个简短的评论，说明材料中的信息可能对你、你的家庭或你周围邻居的影响。

另一种提高记忆的方式就是，让学生在学习小组中用具体形象的方式演示抽象的概念。比如说，可以在小组公告牌上贴上照片，照片上是几名用肢体动作表现分子结构的学生；或者用一幅拼贴画来表达一个故事或一篇论文的主要思想。有一个学生用杂志上的图片和简短的插图说明来展现罗伯特·C. 奥布赖恩（Robert C. O'rien）的长篇小说《撒迦利亚》（*Z for*

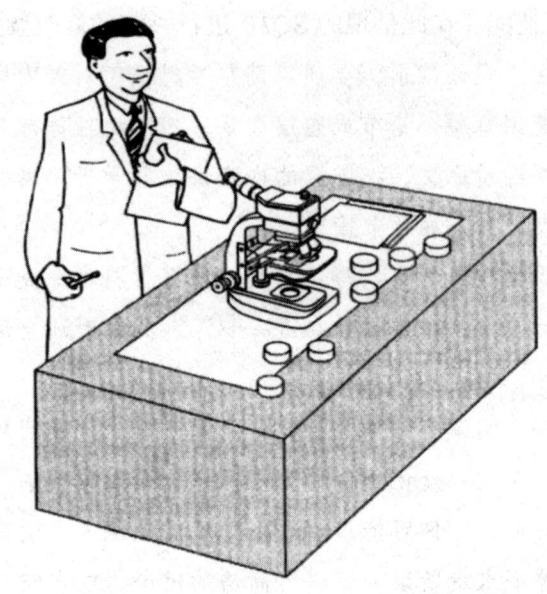

Zachariah)。这些表达方式都是很好的方法,可以用真实的情景展现科学或数学上的抽象公式和概念,有助于学生更好地记忆,并更好地将所学知识与实际生活联系起来。

评价每篇论文的标准都是由教师和学生商讨后达成一致意见的产物。学生可以根据表8-6所列的几条检查标准来修改自己的论文。

表8-6　学习技能：名为"写出优秀论文的秘诀"的公告牌

论文的构成部分：
- **引言部分**必须能吸收读者的注意力,要能激发读者读下去的兴趣。引言应该清楚地表述论文的主要观点和提出要解决的主要问题。引言的作用就像一张地图一样,引导读者对论文有整体的了解。引言应该反映出作者对论文主题的态度。在引言的最后部分作者需要强调文章的主要问题。

- 大多数高中生的文章的**主干部分**包括三个部分。每个部分对主题的一个方面进行论述,每个部分开放性地陈述主要议题的一个问题,陈述要有事实或研究证据做支撑。

　　每个问题的支持性证据就是为了让读者更好地理解你陈述的观点。这些证据应该是合理的、让读者可以接受的。这些证据包括个案研究、故事插图、统计数字、专家观点、已有定义和历史例证,等等。

续表

> 一般来说，泛泛而谈的论述对读者没有很好的说服力。说服力强的方法就是阐明观点和解释方法时，让读者产生共鸣。这个时候，一般要知道读者心中反对的观点是什么。你要让读者感觉到你也考虑了这些方面，比如说，你可以这样说："在这个问题上，有些人不会这样认为……但是……"
>
> - **结论部分**应该是对论文主要观点的回顾，起进一步强调的作用。结论是文章的重要组成部分，需要严谨的组织和结构。如果说引言是地图，那么结论就是行程的简略图。在短短的几行内，你要用另一种方法再次陈述你的观点，而不是复杂问题的布道和宣言。结论部分不一定要提出问题的解决方案，有时强调需要进一步解决的问题也能让读者更好地理解论文。

第二组学生做的公告牌是帮助学生提高写作技能方面的，如表 8-7 所呈现的那样。

表 8-7　学习技能：名为"怎样坚持你的学习"的公告牌

> 和你的同伴或小组成员一起讨论学习的内容，这样做会促进你对所学知识的记忆和运用。这种方法在一些特定场合比单独学习更有意思。在讨论主题中，你可以参照下列内容：
>
> 1. **比较**：跟其他类似问题或主题相比它是怎样的？它们可以相互替换吗？在某种情形下运用比在另一种情形下运用更有效吗？
> 2. **对照**：这件事跟其他类似的事有什么不一样的地方？
> 3. **描述**：讨论主要的问题并把讨论的结果讲给另一个从来没有接触过这方面知识的人听。
> 4. **分析**：列出这个内容的不同构成部分，找出它们之间的关系以及它们与主题间的关系。
> 5. **讨论**：与你的同伴、专家和家人讨论这些问题和观点，列出讨论的结果，说明你赞同和不赞同的方面。
> 6. **定义**：用自己的话表达主要的观点，找出几个关键证据来支持你的观点。
> 7. **评价**：考虑所有的反对观点，做出一个你个人的评价。
> 8. **阐释**：用图片、图表、漫画或其他具体的表现形式阐释观点。
> 9. **列举**：列举出可以用来进一步进行研究的相关问题，提出新的问题或修改你已得出的结论。
> 10. **总结**：简短地给主要观点列一个提纲。
> 11. **检查**：参照标准，找出现有问题、观点和方法的缺点，并突出优点。
> 12. **证明**：用支持性的事实或研究证据来证明观点的逻辑性。
> 13. **反思**：考虑对你个人产生影响的观点和过程，把它们用到自己的其他经历中去。

学生要写出优秀的论文，就需要参照公告牌上的要求。他们可以对公告牌上的内容进行修改，也可以列出一个有关修改自己论文或同学论文的有效标准的提纲。提纲包括如下内容：
- 开始部分的引言是否吸引读者？
- 主要观点的表达是否清楚？
- 观点之间是否连贯？
- 陈述的观点是否有意义？是否有说服力？
- 所有陈述是清楚的还是混乱的？
- 是否有不必要的重复？
- 事实和观点是否矛盾？
- 文字表达是否流畅？
- 引证是否合理、有效？
- 句子是简洁明了的还是散乱无序的？
- 你是否给首次出现的科技术语下了定义？
- 是否有强有力的结论？

有时候，在课堂中的交互式的集体学习氛围下，教师可以成为学生，学生也可以成为教师。我在我的《圆桌学习》（1997）一书中，详细介绍了在课堂中创立学习共同体的条件。这个思想来源于因纽特的教育工作者和其他人。从建构主义观点来看，共同学习要求一个人用过去的知识和经验来建构新的知识。在这种情况下，问题就成为学习行为的关键。学生和教师提出的问题为发挥个人的优势和技能创设了一个理想的学习氛围。

根据个人期望的结果，有价值的问题能够激发学生个人和群体高质量地解决问题的动机。在解决问题的过程中，需要对学生的这些能力进行评价：寻找有意义的事实，概括事实得出结论，从事实中得出符合逻辑的假设，把零散的事实有机整合成整体。表8-8提供了一个例子，其内容是在互联网学习共同体的条件下，对学生在社会研究课上的种族歧视问题的态度的评价。

表 8-8　关于"怎样消除种族歧视"的集体讨论

- 创设一个由学生、教师、家长和社区成员组成的讨论小组，每个人都要发表对这个问题的看法。
- 请爱好写作的人做编辑，写出关于种族歧视的小组意见。
- 分派几个学生研究国家、社区和学校种族歧视的历史，还要做一个家庭调查，对这些研究结果做一次新闻报道。
- 邀请不同文化背景的人发表他们对这类问题的看法，并讲述他们的经历。
- 为了更进一步地研究这个问题可以组织一场辩论，把这个问题从班级范围拓展到更大的群体中去。
- 做一个公告牌列出北美地区种族歧视现象的数据，提出解决这些问题的建议。
- 建议不同学科的教师在不同的教学环境中帮助学生对这个问题进行回答。艺术教师可以在美术课上采用这个主题，科学家可以在学术团体中讨论种族歧视论的影响。
- 创设以学生为主导的中心论坛，运用多元智能方法解决这个问题。学生可以在晚上以"我们小组对种族歧视的回答"为中心讨论和展示他们的方案。
- 鼓励有音乐天赋的学生创作歌曲来反映种族歧视的问题和可能的解决方法。
- 总结所搜索到的观点，以写信的方式告诉编辑、政府官员、社区领导和当地教堂，以此表达对这个问题的高度重视，并提出解决的方法。

在完成表 8-7 中的每一个任务时，学生都要知道评价他们的行为的标准是什么。比如说，在第一个任务中，要求学生提出一个相关问题，并对列出的所有问题中的至少两个发表自己的看法。每个学生必须参与两个以上的任务的设计，还要帮助教师确立有等级的评价标准。在完成每个任务前，教师都要告诉学生这个任务的评价标准是什么，这样他们就很清楚评价内容了。

成果导向教育

根据勃兰特（Brandt，1993）的观点，成果导向教育方法具有这样一些特点：关注的问题清晰、机会广泛、高期望和低设计。在下面的部分，我们将依次对每个特点在评价中产生的影响进行阐述。

成果导向教育的第一个特点是关注的问题清晰。关注的问题是否清晰会影响学生对提出问题的重点、期望达到的目标和对结果进行评价的标准的理解。学生可以帮助教师确立明确的问题，但教师还是需要给学生一定的指导。比如说，一个不明确的问题"变化怎样影响了我们的生活方式"，学生可能会对这种影响生活方式的变化产生疑问：它们是来自化学反应的、电化学的、生物的、个人的、社会的变化，还是来自人口的、基因的、出生率的变化？

现在考虑一个更加明确一些的问题，比如说："过去10年间，北美人口的变化如何影响社会对不同文化共存问题的关注？"学生知道，回答问题时要针对过去10年和北美人口，他们会对"跨文化"和"多元文化"概念进行比较分析，比较过去10年与10年以前的情况。学生需要对10年中特定区域内（北美地区）的特定问题（不同文化间的问题）做出回答。

成果导向教育的第二个特点是机会广泛。广泛的机会提供了多样化评价的模式。在这种条件下，学生会集体研讨"过去10年间，北美人口的变化如何影响社会对不同文化共存问题的关注？"

在此，可以运用的评价任务应该包括下面这些：

- **语言智能**：写一篇研究论文或设计一场辩论。
- **数理逻辑智能**：统计10年前和现在的少数族裔人口的数目。
- **空间智能**：做一个图表，反映变化的态度、人口构成和社会利益。在图表中对这三类信息进行比较。
- **身体运动智能**：创演一出剧来体现问题所在及解决的办法。
- **音乐智能**：写一首歌反映这个问题。
- **人际关系智能**：访问几个有不同经历的人，根据他们的不同反应来讨论这个问题。
- **内省智能**：以来自三个不同文化背景的年轻人的口吻写三篇文章，从每个人的角度说明问题所在及解决办法。
- **自然智能**：从三个国家的环保者的角度写三篇文章，并从每个人的角度说明问题所在及解决办法。

学生和教师可以通过表 8-9 的协商形式确定每个项目的评价标准。这种形式可以帮助学生集体解决一个明确的问题，并理清解决问题的工作计划。学生完成这些计划之后就会告诉你这个工作是多么的容易和有趣。任务的开始阶段最难，一旦初始阶段做得好，学生就把握了后面的任务的方向。

表 8-9　活动和评价的协商形式

主题或任务标题：＿＿＿＿＿＿＿＿＿＿＿＿＿＿＿＿＿＿＿＿＿＿＿＿＿＿＿＿

姓名：＿＿＿＿＿＿＿＿＿＿＿＿＿＿＿＿＿＿＿＿　　日期：＿＿＿＿＿＿＿

该项任务的指导性问题：

按顺序写出该任务的五个主要阶段：

列出你会用到的材料和信息资源：

你对协商达成的评价标准的看法是：
-
-
-
-
-

成果导向教育的第三个特点是高期望。它建立在这样一个假设基础之上：所有的学习都可以取得成功，一种成功会促进另一种成功，而学校对成功的条件起决定作用。当学生受到鼓励可以用多种形式展现所学到的知识时，那么在每项学习任务上都必须确定质量标准。一个学生可以通过艺术形式来完成任务，另一个学生则可以通过合作来完成任务。但每种完成方式都应该清楚地说明优秀水平是怎样的。在具体的领域对优秀的定义可以通过协商来完成。所有这一类的评价形式都可以称之为真实性评价。

对完成的任务有一个成果导向的评价标准，有助于学生事先做好充分准备。然而，根据威斯康星州的麦迪逊大学的教育学教授迈克尔·阿普尔（Michael Apple）的观点，成果导向教育存在着几个潜在的危险。阿普尔于1992年12月在督导与课程开发协会（ASCD）的《新潮》（Update）杂志上讲道：

> 虽然成果导向教育有其一些优点，但我为它存在的潜在危险深感忧虑……成果导向教育会在考试已经多如牛毛的课堂中引入更多的考试。考试是解决复杂问题的简单办法。但这种方法存在一系列问题：内地城市和农村普遍比较贫穷，学校资金缺乏，对当地少数族裔群体缺少尊重与合作，在评价成绩时存在严重的官僚做法。(p.7)

在这个问题上，宾夕法尼亚州的伊斯顿学区的主管威廉·莫洛尼在1992年12月的督导与课程开发协会上看到了这样一个问题——学校与学校之间的期望是千差万别的：

> 准确地界定我们希望学生知道什么和能做什么的确是个好主意，但做起来并非易事。因为不同的学区情况完全不同，在我们这个人口高速流动的国家里，每个州的情况也不一样。在这种情况下，我们能做什么呢？我们又做成了什么呢？

莫洛尼建议，我们要尝试去协商制定一个具有合理灵活性的合理标准。他认为，这种结果和评价之间的平衡会走向一个世界班级体系，"就像其他工业国家一样，恰当地保持了结果和评价之间的平衡"(p.7)。

当成果导向教育促使我们更多地依靠课程而不是评价时，它才会有价值。比如说，当我们在设计课程的时候，我们应该更多地关注教与学的方法、主动学习的实践和行动，而评价只是完整学习过程的有机组成部分。

真实性评价的任务

真实性评价的任务会把学习和评价紧密联系起来,与学生的生活相联系,会考虑到学生的兴趣和能力。真实性评价的任务要求体现现实生活中的问题。

根据梅耶(1992)的观点,真实性评价任务的环境是课堂内外的真实生活环境,没有特定的统一标准。梅耶认为,真实性评价是对学生学习过程的展现。真实的任务会反映学生取得的进步、获得事实和概念的过程以及实际运用知识的能力。成长档案袋为真实性评价任务提供了完美的评价环境,因为它收集了过去的各种各样的学习方式。表8-10的成长档案袋评价方式描述了一个学生的作业情况,对真实性评价的结果进行了解释。这个作业有三项要求:①工作进度;②自我反思;③真实的生活环境。

表8-10 成长档案袋的建立

学生姓名:_____ 日期:_____

主题:_____

主要的问题:过去10年间,北美人口的变化如何影响社会对不同文化共存问题的关注?

回答的提纲:列出回答这个问题的10个步骤。
1. 访问在联合国任职的叔叔
2. 列出四本与美国种族问题有关的图书
3. 跟图书馆馆长讨论第一步怎么做
4. 写一个论文提纲
5. 写一份初稿
6. 请朋友修改初稿
7. 再一次修改初稿
8. 列出从互联网聊天室中得到的与论文相关的三个主要观点
9. 根据互联网上获得的信息修改论文
10. 反思作业过程,然后写一篇反思性的论文

续表

列出你使用的资源：
- 图书馆的书籍和论文
- 叔叔
- 学习伙伴
- 互联网的聊天室

谁支持了你的作业？他做的贡献是什么？
叔叔为我提供了过去10年的统计资料和政府的研究报告。两个朋友阅读并编辑了我的论文，还提出了修改意见。互联网聊天室的几个人提出了非常有帮助的建议，因为我的论文涉及了不同的文化。

写出你自己认为的五种评价标准（并和老师进行讨论）。
1. 事实或图表的准确性
2. 创造性
3. 拼写和句子的结构
4. 观点的连贯性
5. 问题的关联度及进一步要研究的问题

你在试图解决或回答这个问题时遭遇到的局限性是什么？
由于我们班由一种文化主导，因此很难找到不同的反应，而且很少有同学知道可以用统计数据和事实去支持他们的观点。

你准备采用什么方法去进一步研究这些问题？
我想对北美洲和其他洲的情况进行比较研究，看看我们是在进步还是在退步。

对多元智能中的每种智能进行描述，不用管你是采用了还是没有采用。
- 语言：论文的组织需要文字和图片的连贯。
- 数理逻辑：我收集了许多事实和图表来解释我的观点。
- 空间：我运用照片和素描来阐述我的观点。
- 音乐：没有运用，只是把我写的东西做成了一盒磁带。
- 身体运动：我与不同地方的人进行了交流从而收集到了信息。
- 人际关系：跟别人交流，听取他们的意见，最后完成了我的论文。
- 内省：我设想自己在不同职业背景下作为一个普通市民在过去10年中的感受会是什么，我对自我经历的反思也提供了一些启示。

你有别的建议吗？
没有

为了像本章所描述的那样去协商和践行评价的标准，对传统意义上以教师为中心的教育环境中的人来说，需要做出一些有价值的转变。而这种转变只需要把真实性评价任务引入到现实的环境中来就行了。为了使当前运用的方法能够更好地融入传统的评价环境中来，在下一节中，我简单地介绍了几个转变原则。

转变的原则

下面提出的九条基本原则，是我 25 年来与教师、管理者和经商者一起工作时总结出来的。或许这些具有操作性的转变原则对你设计评价方案或改进现有评价策略会有一定的帮助。

1. **鼓励人们发挥创造天赋**。当我们鼓励用不同的多种方式去了解和表达思想观念时，我们就是在提供一种可以忽略性别、背景、能力和兴趣差异的交流语言。

2. **采取小步子转变的方法**。要改变传统的方法，人们需要时间和支持。要适应新的教学方式和评价方式，就必须适应现代教育的新情况，比如说，在这个日新月异的社会中，必须学会运用现代技术。

3. **在合作做事中帮助他人，一起设计方案**。教育者之所以要激发别人的兴趣和能力，旨在建立起一种与严格执行自上而下的政策和行为相抗衡的结构标杆。具备多种潜能的人构成的强大团队正在成为主动的变革力量。

4. **维护人的尊严，重视团队中每个成员的知识和经验**。研究表明，当人们能够把新的思想观念与原有知识、经验联系起来时，就能解决一些复杂的问题。当学生乐意参与决策时，他们的独特能力就会成为成功创新的工具。

5. **运用本地资源以最小的代价取得革新的成功**。当学生、教师和家长都会为积极的转变承担责任时，他们往往会从自己的朋友圈子、同事圈子和社区其他专业人士那里获取资源和经验。

6. **成功完成所有任务**。常规的表现性评价可以对学生的理解能力、运用能力和适应能力进行辨别。当评价与现实生活相联系时，教师和学生就有机会运用他们的知识去解决现实生活中的问题，并激发他们追求优秀事业的动机。

7. **和别人分享你所学到的知识**。教育者要学会交换信息，共同进步，比如说，可以共同探讨一个小组评价方案、用多元文化方法去评价的问题以及跨课堂评价，等等。

8. **创造机会让个人和团体都获得满足**。当教师和学生产生互动时，他们都会对彼此的思想观点感兴趣，班集体也会成为一个整体去解决问题和创设出新的评价策略。

9. **基础创新不仅需要知识，而且需要智慧**。许多人认为，转变更多的是指努力接受更多的知识，其实转变也涉及个性的发展。在两年期间，我作为麦吉尔大学的助理教授与巴芬岛上的因纽特人共事时，了解到了因纽特人的智慧所具有的特征：和蔼友善、谦逊、体贴、谦让、组建团队完成任务的习惯，等等。

这些转变原则并不是涵盖了所有的原则。但我相信，只要学生、教师和家长共同努力，都来运用有意义的新方法——其中包括有创新意义的改革举措——就会减少现有评价的局限性。我们的学习共同体所发生的令人深思的转变将使我们所有人受益。与来自其他文化背景的人和学习共同体形成伙伴关系，我们将获得无限的启发和资源。把建设性转变的原则拒之门外，就等于是消灭变革带来的积极影响。

我曾在学校遭受失败的经历，哈利法克斯大爆炸事件给我的心灵造成了难以忘怀的影响。这种记忆，在我25年的从教生涯中，一直激励着我去寻找与年轻的学习者建立起伙伴关系的途径。这些年来，我发现许多教师为了帮助学生把普通的错误转变成伟大的成功学会了与学生协商。要一个四年级的学生去讲述母亲眼中被看成恐怖事件的哈利法克斯大爆炸，显然超出了他的能力范围。但我从自己的挫败经历中获得了几个重要的教训。就在我奶奶所在街区的玻璃碎片飞进了每个房间的时候,奶奶所在的街区与灾难性的海军爆炸只有五个街区的距离,因此,我作为一个作者的信心完全崩塌了。但是,在许多幸存者的帮助下,我的信心得到了重塑,又勇往直前了。我们的学生也是这样,在教师、家长、社区其他人员及学生自己组成的学习共同体的帮助下,在正确的评价手段的帮助下,他们又信心百倍地向着美好的学习生活出发了。

本书的第三部分,从第九章到第十二章,提供了一些有用的评价手段。希望这些评价手段可以为您在评价实践中进行创造性的改革提供一些帮助。

第三部分

丰富的评价活动

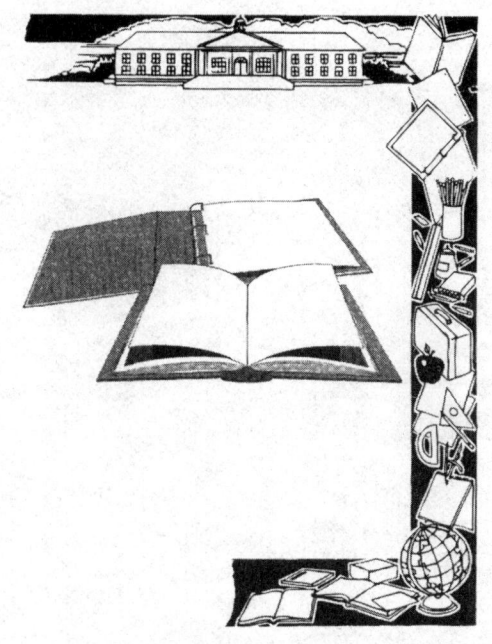

在第三部分，我们将会提供一系列适合中学生的活动和各种各样的作业形式。首先，我们建议将学习和评价联系起来，以促进学生的学习；接下来，我们将会探索传统评价和真实性评价的区别，并提供一些有效的方法来弥补传统评价的不足；然后，我们还会提供一些促进学生发展的交流活动；最后，我们会探讨有关评价资料库和"何去何从"的问题。

第九章

作为主动学习构成部分的评价

> 几乎每个五岁大的未经教化影响心灵的学生都会挣脱束缚，表达自我。
> ——霍华德·加德纳，《超越教化的心灵：儿童怎样思考和学校应该如何教授》(The Unschooled Mind: How Children Think and How Schools Should Teach)

如果评价包括真实的生活情境，那么评价就会需要分享故事、展示图片和模拟角色表演。对于我的欧洲历史课，我撰写了自己去欧洲旅行的许许多多的真实故事，并结合相应的照片来进行讲解。我的想法是激发和鼓励学生在即将到来的课堂之旅中进行记录和拍照。

1. **1992年9月7日，星期一：**
   我们从居住的巴黎人酒店乘地铁去参观卢浮宫，我

们花了3小时参观这里收藏的一些世界上最优秀的艺术品。

2. **1992年9月8日，星期二**：诸多突如其来的文化变革以及法语的专有名词涌入我的脑海，这是因为我离开了巴黎主城区的人群的缘故。我四处闲逛，并询问了许多法国本地人我该怎么走，突然一头肥头大耳的、大腹便便的猪撞入了我的镜头。这头猪被拴在一家咖啡馆的外面，显然是店主用来吸引顾客的。这家咖啡馆的冰激凌口味众多，有李子味的（加入了小小的黄色李子），有酸梅味的（加入了梅干），有栗子味的（加入了栗肉），有榛子味的，有香草味的，有黑莓味的，等等。

3. **1992年9月9日,星期三:** 我们下午参观了索邦大学。在著名的图书馆阅览室内,我惊讶地发现,学生们一个挨一个、一排挨一排地坐在那里,安静地读着名著或历史杂志。

4. **1992年9月10日,星期四**:我们跑着赶上了新的欧洲城市列车前往奥地利的萨尔茨堡。这列火车以每小时160公里的速度穿行在具有田园风光的乡村,沿途可以看到如镜子一样平静的湖面和宛若披着厚厚毯子的高山,通向拍摄过电影《音乐之声》(*The Sound of Music*)的城堡。在《音乐之声》中,朱莉·安德鲁斯(Julie Andrews)放声歌唱了《活泼的小山》(*The hills are alive*)。

5. **1992年9月11日,星期五**:萨尔茨堡的天气突然变得奇冷无比,因此我们买了暖和的衬衫和围巾来御寒。萨尔茨堡真是个壮丽雄伟的城市!从市场这边可以看见莫扎特的出生地。在这里,我们聆听了钟楼里的钟琴发出的美妙乐音,1502年钟楼刚刚建成时,声音一定同样优美动听。钟楼里的35口钟通过旋转鼓的移动,每天会鸣响3次。它们的音调每个月都会发生明显的变化。欣赏完钟琴的乐音后,我们爬上城堡,参观了16世纪的修道院。我们在可以俯瞰全市的山顶小屋吃了晚餐，随后出席了当天晚上 8:30 在宫廷音乐厅举行的以莫扎特、德沃夏克、舒伯特的作品为主的音乐会。

把故事与图片和历史作业联系起来，有助于激发学生的好奇心，而且给历史事件和地点增添了生命活力。学生们特别喜欢分享老师的课外生活，他们非常乐意把相关的东西加入自己的作业中去，并用（电子）公告板的形式展现出来。通过这些活动的参与，学生们可谓获益良多。

学习和评价就像同一艘船的两只桨一样应该齐头并进。同样，学校活动和实际生活也要以同样的方式相互作用。这样就可以使学生了解在学校所获得的知识、技能与社会生活中需要的知识、技能之间的关系了。要想把学习和评价结合起来，首先要由学生来设定目标和标准，形成有效的、以学生为主导的评价方法。下面就以体育课为例，对这种方法做一个介绍。

在高尔夫球的教学中，教师指导学生学习球杆的握法、击球的姿势、手臂的挥动姿势、球的放置位置和自己的站姿。学生在课堂上虽然可以在教师的指导下学习各种姿势和要领，但要想完全掌握，还必须通过自己的努力练习。因此，教师要求每个学生给自己写一封信，在信中写下自己所设定的个人目标。

学生在信里列出他们在提高技巧、发扬运动精神和完成整场比赛方面所设定的个人目标，然后封好信封，贴上邮票，交给老师。教师把它们放在一个特定的信箱里，保存三个月。三个月后学生可以打开自己的信，检查是否达到了设定的目标。这些信可以提醒学生坚持不懈地执行他们的高尔夫学习计划。在学生最终获得高尔夫球课的等级评分之前，他们会反思自己的目标，评价个人的进步，确认需要改进的方面，演练教师教过的技巧。

与高尔夫球课的作业不同，学生有时对抽象概念不能理解，以致在考试中考得很差。如果把抽象的概念置于具体的事物中，学生就可以直观地看到具体事物和抽象概念之间的联系，从而更好地理解概念。接下来，我们介绍一个帮助学生把抽象概念和具体事物联系起来的作业。

玛莎·斯图尔德在教九年级的学生学习环境研究这一章时，要求学生给每个重要的知识点准备一个有意义的实物，并把它带到班上来。这样，学生们可以分享他们各自拥有的不同实物的相关知识，并在课堂上说明实物与学习内容的关系以及这样选择的理由。上课时，玛莎不是给学生讲解主要的观点，而是和学生一起讨论他们选择的实物，促使他们的观念发生变化。这样，不仅使学生学到了更多的知识，而且能激发他们的学习热情。学生还通过把抽象名词、概念和呈现的实物联系起来记住了这些名词和概念。玛莎要求学生完成的另一部分作业是，把自己选择的实物贴上标签放在玻璃橱窗里展示，直到学完这一章才结束。这个"博物馆"可以使学生在为考试论文做准备的过程中，不断地对这些实物进行回顾和讨论。

让我们想象一下：一间中学的教室就像呈现历史事件的博物馆一样丰富，教室里有工具箱、艺术作品、乐器、手工活动区、书籍、制作书籍的材料，墙上还贴着可以启发学生对正在学习的问题进行思考的海报。在这里，学生可以自主选择喜欢的活动，还可以在活动区进行合作学习、来回进行积极的交流。这种教室的特点是：有舒适的座位和温馨的环境，可以促使学生思考、阅读、反省或书写，使学生有机会去提高他们的音乐、运动、绘画或摄像技能。

学生完成计划后，把主要的问题通过图表显示出来，便于和大家共同讨论。学徒制使家长和相关领域的专家有机会帮助学生加深他们对知识和技巧的理解及掌握。在这种情况下，应该怎样观察和记录学生的进步呢？怎样才能使评价成为自主学习和合作学习必不可少的部分呢？

将评价作为完整的主动学习的一部分

施莫克（Schmoker, 1996）倡导，人们要正视自己的责任。他说："我们必须坚信，责任对结果是有促进作用的，我们所搜集和分析的信息应该有助于我们了解和改善教育过程并取得更加良好的效果。"

如果学习是终身的，那么，评价就必须要适应这种自主的终身学习的模式。学生需要利用评价机会来了解自己的进步、评判自己的成绩和监控自己的发展，学生要具备认识自己的优势、倾向和不足之处的能力。

在本书好几章的内容中，我们都讨论了判断学生表现的一些指导性标准。正如施莫克所指出的那样："标准也可以指对品质的描述，我们将这些品质按重要性程度进行升序或降序的排列。"

我们认为，指导标准是可以促进学生学习的，因为它描述了预期的目标，强调了可以判断工作成绩的指标，从而给学生提供了努力的方向。下面我们介绍一种评价学生写作水平的标准。

学生写作的评价标准

获得"4"分的文章：完全按照写作要求并以与要求相适应的方式进行写作，显示出合适的读者意识。运用了恰当的语气、风格和创造性的表达方式，从而使文章显得生动活泼。文章的结构合理，包括充分的细节、大量的例子、清晰的描述和强有力的观点。文章的引言有力，中间部分的展开很充分，结尾适当。

获得"3"分的文章：根据要求以适当的方式进行写作。文章的结构比较合理，行文比较流畅，但包含有含混不清的或不连贯的语言表达。表现出一定的读者意识，但可能缺少某些细节和例子。描述不够完整，对人物和主题的洞察不足。此外，文章的引言、中间部分或结尾还可能显得不太恰当。

获得"2"分的文章：没有完全按照写作要求写作，使文章显得漫无目的，结构比较松散。基本上没有读者意识。对写作方式的理解不完整、不充分，细节、事实、例子或叙述也不完整，要么缺少引言或中间部分，要么缺少结尾部分。

获得"1"分的文章：几乎没有按照要求写作，缺少读者意识，缺乏对恰当写作方式的了解。可能表达了总体的思想，但缺少细节、例子或描述，缺少引言、中间或结尾部分（Schmoker, *Arizona State Assessment Program*, 1996, p. 71）。

仅仅在课堂上与学生进行头脑风暴式的集体讨论和协商是不够的，我们还需要就这种学习是如何评价的与学生进行交流。如果学生和教师面对面地讨论过评价问题，比如说"学生会被怎样评价，对某项计划的具体期望是什么"这类问题，那么这些学生在学校的表现就比没有讨论过评价问题的学生要好得多。

运用兴趣调查表将会引发关于学生能力和兴趣的讨论，这样的对话也会给教师和学生提供机会，针对个别计划或表现性评价的发展方向进行讨论。这些师生之间的讨论需要教师更多地发挥"从旁指导"（guide to the side）的作用，而不是发挥传统的"舞台上的智者"（sage on the stage）的作用（Taylor，1991）。

更具协商性的评价活动

我们介绍一下学生怎样完成如表 9-1 那样的表格，这个表格是用来说明怎样评估方案的。表 9-1 显示了一个模拟采访马丁·路德金·的小组方案。在正式实施方案之前，学生要设定评价采访活动的标准，这样，他们就能明确目标和突出重点。通过这种方式，评价作业和学习活动就紧密地结合在一起了。

具有发展自主权的学生离开学校之后，更善于在实践中反思他们自己的学术成就。表 9-1 的模拟电视采访介绍了另一种方法，即为了增加学生的学习自主权，与学生协商所要完成的任务。

表 9-1 活动和评价协商表

主题或方案的标题：对马丁·路德·金的电视采访

姓名：马克·史密斯和阿曼达·琼斯

指导方案的问题：今天，关于种族主义的问题，马丁·路德·金会告诉我们什么呢?

尽可能地描述你现在能采用的方案形式：我们将制作一个电视片，其中，史密斯扮演马丁·路德·金，琼斯扮演记者芭芭拉·沃尔特斯。沃尔特斯对马丁·路德·金进行了一个小时的电视采访，内容是他对种族歧视和现在的种族之间相处方式的看法。根据马丁·路德·金在他著名的"我有一个梦想"演讲中的观点，给现在的师生提供几个消除当前种族问题的建议。

列出完成这个方案所需要的材料和资源：
- 提供我们当今社会上存在的关于种族问题的档案资料
- 关于马丁·路德·金和他的种族主义观念的研究书籍
- 马丁·路德·金的"我有一个梦想"演讲稿的复印件
- 空白录像带
- 摄像机

经过协商后形成的评价标准：
- 关于马丁·路德·金的生活和信念的准确事实
- 创造性
- 明确界定的问题和综合、全面的回答
- 令人相信的角色
- 令人感兴趣的、内容丰富的访谈
- 对现实生活中的种族歧视问题的真实回答
- 提问的问题具有探究性和透彻性
- 令人信服的回答
- 提供与马丁·路德·金和种族歧视有关的新信息
- 高质量的摄像

表 9-1 中的计划表的最后部分，列出了准确评估这个方案的评价标准。

评价表还可以留出空间，让学生评价自己的工作和进步。这些评价可以在交作业之前进行，也可以在教师将报告发回给他们之后进行。事实上，很多学校要求学生和家长把他们的意见写在最后的成绩卡上，然后再把成绩卡交回给老师。还有其他一些不太正规的要求学生反馈的方式。比如，一个敢于创新的教师在每次重要考试前后，都在公告栏上挂上一张巨大的褐色纸，让学生在上面写下自己的想法和意见，这使每个学生都有机会表达自己的想法。这些匿名的评论经常是鼓舞人心的，它会让教师了解到：学生虽然感到考试很具有挑战性，但是仍然觉得自己在考试中受到了公平对待。还有小部分评论表达了学生的挫折感和焦虑，这些意见都需要教师认真对待。教师必须花时间复习学生担心在考试中答错的概念，提供建议来帮助学生充分地准备好考试。

考试之后写在公告牌上的评论表达了学生对这次考试的评价，这些评论经常会引发与考试和班规有关的热烈讨论。教师发现，学生非常喜欢这样的讨论会，喜欢在没有威胁的情况下自由讨论问题。如果学生能够与教师合作，协商设定定性的评价标准，学生从一开始就理解这些标准，那么，他们就能够更好地撰写出反映这些高标准的方案。

提供并展示评价方案

如果学生的任务在一个社区内是有价值的，那么社区自然就会参与方案的最后呈现和展示。学生通过与他人的互动，向他人解释自己的工作并邀请他人参加自己的研究活动，会学到更多的知识，并会增强自信。表 9-2 阐释了一个向其他成员展示方案的基本策略。

根据艾斯纳（Eisner, 1993）的观点，学习任务"应该从智慧社区中获得，并反映智慧社区的价值"。在社区成员到学校参加学生方案的呈现和展示的过程中，学生可以和他们进行交流，向他们解释自己的作品，并对他们所关注的问题做出回答。

表 9-2　呈现和展示方案的策略

- 在体育馆或其他更大的场馆建立展示台，展示学生的作品。
- 邀请家长和社区成员来参观。
- 鼓励学生邀请家长或社区成员参加讨论，并就他们的方案进行提问。
- 采用讨论会或时事通讯的形式，使家长和孩子可以就有关问题交流观点（信件应该是匿名的，这样可以保护学生的自尊心）。

在此，以我在北极地区工作时所接触的因纽特学生为例吧。在伊格卢利克社区，鼓励因纽特学生建立反映该社区的价值取向的方案是明智的。例如，那里的人们非常关心努纳武特（Nunavut），这是1999年出现在巴芬地区的因纽特人自治的新形式。很多人认为，只有强大的因纽特角色模式出现并代替外来领导时，努纳武特才会成功。因此，有关讨论努纳武特的研究方案就会引发当地居民的积极参与。

很多人坚信，如果因纽特领导者认识并发展了他们独特的自然能力，他们就能制定正确的路线，从而促进各个方面的发展。因此，社区成员愿意帮助和支持学生进行与努纳武特有关的研究。在北极，我和一直在因纽特地区服务的教师一起工作了一年多，我的任务是促使他们接受评价的三个原则，这些原则都需要和学生进行协商，它们是对因纽特学生进行公正评价的前提条件。这些原则包括：

1. 评价必须反映因纽特文化的高超技能和标准，即使这些技能和标准不符合教师的文化背景的要求。
2. 评价必须鼓励众所周知的冒险行为，表现独特的问题解决能力，并适应学生在校外形成的不同智能发展模式。
3. 评价必须适应因纽特社会所强调的以空间和身体运动方式认识周围世界的社会特点。

要想收集智能公平的评价材料，我们必须从学生和合作学习者那里获得大量的帮助。在合作中开发课程仅仅是一个起点，那些被认为是智能公平的评价测量方法也必须通过合作才有可能形成。

评价对所有学生都是公平的吗？虽然每个学生都有不同的过去，在朝着不同的方向发展，而且具有遗传决定的独特性，但是他们要面对同样僵化的、片面化的考试。这样的考试是不是无法表现出学生的多种智能或不能精确地测量他们的问题解决能力呢？

教师要逐渐面临在千差万别的学生群体中工作的挑战。在这种条件下，单纯使用传统的评价方法是不会有好的效果的。我们可以利用新的评价方法，这种方法能使不同的群体在共同的学习和成长中互相促进。理查德·斯蒂金斯（Richard Stiggins, 1994）提出了针对学生的不同能力和技能，进行表现性评价的五个步骤：

1. 清楚地识别将要被评价的结果（例如，创设学生能够达到的清楚而恰当的标准）。
2. 确定评价的目的和对评价结果的运用。
3. 设计一个可以引发预期结果的任务。
4. 把评价的标准具体化。
5. 选择、建构评分和记录工具。

无论是在教室里还是在实验室里观察学生的行为，学生们只要置身于真实的或模拟实际的生活环境中，就会表现出复杂的学习活动。在精心设计的任务中，学生可以把知识和技能融合在同一个行为中，并在这个过程中表现出他们的个性。但要把这些特性表现出来，学生就需要有明确的预期。相关的计划包括：

- 表现、产品或创造物
- 个人或小组的表现
- 高级学习能力和问题解决技能
- 运用与学生协商所确定的具体评价标准
- 给学生提供机会演示和解释他们的工作

● 自我反思和自我评价的部分

不管采用哪一种评价方式，共享的目标和预期都会对成功起着至关重要的作用。很少应用传统考试方法的教师，也要创造一些方法来整理和保存学生的代表性作品，如录像等。

对评价方案的执行进行录像和整理归档

会使用录像机或照相机的学生喜欢自己或者与组内成员一起制作录像带、照片或者幻灯片。收集和记录每个学生在校期间从事每项计划的录像和照片，是一种记录学生学习和进步的方法。表 9-3 列出了对学生方案进行录像和整理归档的一些基本建议。

表 9-3 对学生的方案进行录像和整理归档的建议

寻求志愿者：2～3名学生，他们愿意在计划评估过程中承担对全组活动情况进行录像的任务。
- 让学生在装录像带的盒子上写上标签和日期。
- 把录像带归档，目的是记录学生八种认知方式的发展。
- 请学生、家长和社区成员一起看录像，并请他们对主要问题提供反馈意见。
- 列出完成下一个方案的备选方法，并写在课堂笔记本上。
- 与学生合作，确定每个方案中已经表现了哪几种智能，并探索用加德纳的多元智能归纳体现材料的方式。

我在《创造性学习》(1995)一书中提出的 MITA 模式，即多元智能教学模式，支持教师、家长和学生互相合作，目的是对学生的兴趣和能力进行创造性的探索，并通过多种形式来表达有价值的技能和概念。如果说我们的教育实践反映的是我们现在所具有的成功学习观，那么我们认为，这种多元智能教学方法可能是在班级中发挥积极作用的一种有效方法。MITA 模式可以帮助我们把确保学生学习基本知识、基本技能和引入多种形式的新的学习方法结合起来。在高效能的班级中，这两者是紧密联系的。

在这个过程中，教师越来越面临着把学习活动与相关评价手段密切联系起来的挑战。然而在中学，人们仍然坚持"鸡蛋箱"式的训练方法和标准化考试，教师可以利用的资源很少。本书给有创新意识的教师、学生和家长提供了容易操作的活动。关键在于为每个想要获得的学习结果确定明确的目标，这个目标应该包括课程所涵盖的内容和学生的活动表现，教师经常把这些目标称作"表现目标"(performance objective)。我们必须判断评价方法是否适用于所要寻求实现的学习目标。因此，教师在教学之前要和学生一起制定明确的表现目标。我们已经在本书中的几个章节中阐明了适用于不同活动的表现目标。因为设置明确的有意义的表现目标是所有高质量学习的基础，所以我们接下来会概括说明设置目标的过程（见表9-4）。

表9-4 表现目标的一份检查表

尽管你可以选择不同的方式来表达你的表现目标，但好的表现目标通常具有几个关键特征。

下面列出的是表现目标的关键成分：

____1. 是否每个目标都可以测量？（你能看见学生做这件事吗？）
____2. 是否每个目标都表示学习者的一个可以观察到的活动或行为？
____3. 是否每个目标都简要说明了行为发生的条件？
____4. 是否所有目标都伴随着学习者的某种心理操作？
____5. 是否每个目标都用了"分类""选择""掌握"这样的动词来表达？
____6. 是否表现目标描述的是对每个学生的最小期望？
____7. 是否每个目标都用了尽可能少的词语来表达？
____8. 是否每个目标都以"学习者将……"这样的句子开头？
____9. 是否每个目标都像公告牌上的项目那样排列？
____10. 是否每个目标只描述一种行为？
____11. 是否一个课程计划仅包括一个、两个或三个陈述得很好的目标？
____12. 是否每个目标都有明确恰当的评价方法？

怎样确立清晰的表现目标

人们曾经认为，大规模的课程开发并非教师的应有责任，但这种情况已经发生了改变。越来越多的课程专家认识到，人们忽略了教师和学生在课程开发中的作用。但是，如果要给工作量已经很大的教师增加其他的工作，就必须提供有效的支持。表9-4提供了一个支持性检查表来帮助教师为任何课程创设表现目标。这些表现目标可以帮助我们把学习任务和评价活动紧密联系起来。

还在接受培训的年轻教师，有时候会在他们的课程计划中设计不连贯的学习活动。因为他们不能确定明确的或有意义的目标，不明白活动并非与目标完全一样！学习任务无论多么完美，也只是实现学习目标的手段。在经验丰富的教师的指导下，学生可以合作来对学习目标进行评价，并提出建议。事实上，学生参与制订和检查个人的表现目标，有助于他们把所要达到的个人目标具体化。

表现目标可以包括具体条件

可以用一些简便的方法来检查表现目标是否清楚明白。比如：目标陈述都应该用"学习者将"这几个词开头，因为这样的词语引导的肯定是学习者的行为。注意下列句子中"学习者将"后面的行为：

- 学习者将用两种原始资料来区分1945年和1997年的公民权利。
- 学习者将制作一份问卷来调查十年级的中学生对数学的描述。
- 学习者将与三个同伴一起选择一首西班牙诗，将它改编为戏剧，在城里演出。
- 学习者将为一个新的市场营销企业写一份商业计划。

制定明确的、表达清楚的表现目标可以指导学生制订学习计划，帮助他们理解教学内容,并为主动的、以学生为中心的学习创造条件。表 9-5 列出了适合用于表达表现目标的恰当的动词和不恰当的、含混不清的动词。目标不明确会导致学生出现以下的问题:不能掌握学习内容,参与学习不充分,频繁出现纪律问题,没有明确的努力方向。可见,花费时间制订良好的学习目标,通常可以省下重复授课和重新评价的时间,从而达到事半功倍的效果。

表 9-5　用于阐述表现目标的动词

在表现目标中,可以用以下的动词:
　知道
　理解
　分析
　欣赏
　实现
要避免使用下面的动词:
　陈述
　表明
　列举
　描述
　记忆
　计算

促进学习的评价

及时的反馈会促进学习!根据沃尔特·黑尼(Walt Haney,1991)的观点,当人们看到自己努力的显著效果时,评价就可以促进学习。黑尼引用爱德华·桑代克(Edward Thorndike,1913)的效果律来说明这个观点。效果律指出:人们看到了自己努力学习的效果后就会增加学习的行为(p.155)。黑尼的研究表明,及时的反馈是学习本身的固有组成部分,能够激发学生的学习兴趣。他引用了 40 个研究的元分析来说明这个问题。这些研究都是关于反馈在测验性质的活动中所起的指导作用方面的。研究表明，在任何情况下，立即给予反馈都比考试完一天之后才给予反馈要更有效果。汉尼还指出，指导学生如何确定正确答案的反馈比只是指出对错的反馈更能够促进学习。

许多新的计算机程序能够帮助教师提供及时的反馈。比如，与外语学习相配套的考试就可以在计算机上完成。这些外语考试可以为听力、理解与写作做出及时的反馈。计算机能给学生评分，还能引导那些已经达到特定阶段学习要求的学生进入到更高级的语言课程中去学习。学生报告说，当他们知道计算机会对他们的功课给予及时的反馈时，他们对完成这些配套考试的紧张感就会大大减轻。

黑尼的研究还指出了标准化考试的反馈环节所存在的问题：教师必须花一定的时间来给学生的试卷打分，因此，标准化考试的反馈通常会在几个星期之后才进行。它的效果当然就没有及时反馈好。有人可能会问："及时的反馈的确会对学生的学习有促进作用，但对刚刚入学的学生而言会有什么积极作用呢？"与其对什么测量和评价方法才适用于没有背景知识的学习进行质疑，还不如与学生一起创设合适的评价方法，协商评价实施的条件。这样会激励学生为了提高学习和评价的效果而把学习和评价联系起来。

为什么尽管有这么多的实践研究，但还是很少有好的创新方法被应用到中学中去呢？课程改革专家们在承认实践需要改革的同时，也指出了实行先进的评价方法带来的问题。乔治·海因（George Hein，1991）认为，改革现有的评价方式，建立更适应学习模式的评价机制是一件相当困难的事情。他指出，评价机制的变革至少需要四个主要条件。

1. 时间：评价改革引入和实施长期的策略和方法，是需要时间的。
2. 暂停时间：尝试新的模式，需要消除建立在旧系统基础上的成绩和责任的压力。
3. 教育：需要教育所有的人都接受和实施评价的改革。

4. 资源：为了实施变革需要资源，诸如教师教育计划、公共意识计划。(p. 127)

海因没有提到的定性评价的另一个重要条件是教师、学生和家长的合作。泽梭莱斯和加德纳（Zessoules & Gardner，1991）认为，如果没有师生与家长这样的合作，"如果教师不相信真实性评价是有用的，并且可以用来帮助自己完成教学目标，那么，这些评价方法就会被束之高阁，毫无用武之地"。

真实性是定性评价的另一个重要条件，根据泽梭莱斯和加德纳的观点，我们要使促进学习的评价得以实施，最有可能的办法就是建立真实性的评价的范例，寻求各方的支持来维持这些行之有效的范例，然后对其进行讨论和检验。

一个简单的规则就是一种有助于调节合作和真实性的手段。在本章中，我们提供了利用活动规则的范例和制定规则的建议。根据施莫克的观点，规则具有三个方面的积极作用：

第一，规则详细描述了良好行为的特点并且说明了这样的行为是可以达到的，从而鼓励学生表现出良好的行为。第二，规则通过应用更加准确、更加清晰的评价学生行为的标准，提供了比现在更好的反馈系统。第三，规则结束了我们都曾经历过的挫折体验：上交了作业但并不知道老师会如何评价，不知道是优秀还是不合格。

由此可以看出，制订明确的、重点突出的目标可以使人们学得更好，制定的规则有助于人们制订和完成这些目标。我们所提供的标准适合于任何一种工作，不过，其他手段也是有效的。

与利用规则确定目标一样，在实现目标的过程中，问题也可以是一种有效的指标。它可以激发学生的动机、引起学生的兴趣并给学生提供指导。学生在教师鼓励下提出各种类型和性质的问题，他们根据这些问题可以确定自己对某个主题的思考。有效的问题可以是教师提出的，也可以是学生提出的。

与动机、兴趣、指导和评价有关的问题

提出好的问题既是一种艺术,也是一种科学。思考缜密的问题给诊断和评价提供了基础。评价的目的包括:检查学生回忆特定事实的能力,评价学生运用事实进行归纳和推理的能力,确定学生组织事实的能力,确保学生对事实之间关系的理解。

在准备准确评价的问题的过程中,教师需要注意以下几点:

- 你希望评价什么类型的思维?
- 每个问题的清晰度和模糊度如何?它们的清晰度得到检验了吗?
- 在提出其他问题之前或在收试卷之前,学生有充分的时间思考和回答这些问题吗?
- 这些问题反映了思维的不同水平和不同方式吗?
- 开放性问题鼓励学生超越现有论据进行自由思考了吗?

问题并不需要仅仅局限在事实或内容方面,还可以用来帮助学生反思自己的工作习惯、行为态度或参与小组活动的情况。例如,表9-6所呈现的就是学生评价自己参与实验的情况,以及针对已经完成的实验提出的一个需要进一步深入研究的问题。

表 9-6　实验问题、参与的自我评价及要研究的问题

姓名：_____　　　部分：_____

每个实验任务完成后，你都要评价自己的参与情况。评价必须及时完成，每个学期上交四次。每完成一个实验，就在你认为最能代表你在该实验小组中的参与情况的数字上画圈。

1 表示表现最差，5 表示表现最好。然后，提出一个与该实验结论有关的你想进一步深入研究的问题，填入表中。准备好在课堂上讨论你的问题。

实验	参与情况	进一步研究的问题
1.	1　2　3　4　5	
2.	1　2　3　4　5	
3.	1　2　3　4　5	
4.	1　2　3　4　5	
5.	1　2　3　4　5	
6.	1　2　3　4　5	
7.	1　2　3　4　5	
8.	1　2　3　4　5	
9.	1　2　3　4　5	
10.	1　2　3　4　5	
11.	1　2　3　4　5	
12.	1　2　3　4　5	
13.	1　2　3　4　5	
14.	1　2　3　4　5	
15.	1　2　3　4　5	

表 9-6 所呈现出来的每个实验，都要求学生根据成功完成的实验提出一个重要的、需要进一步探讨的问题。要完成这样的任务，学生就需要先学习与所探讨的问题有关的知识，了解这种有助于促进深入理解的问题的特点。

良好的提问技巧有几个必备因素，它们为促进学生对问题的理解提供了基础，这些因素包括：

● 从已知到未知的工作。当学生把先前已有的知识和经验与所学观点或内容联系起来时,他们就能够从连贯的知识体系中做出推论。
- 暂时略过答不出某个问题的学生,或提出线索引出满意的答案。提问不是为了揭示一个学生不知道什么,而是为了挖掘其知道什么。
- 当学生回答得过于简短时,可以请其他学生接着回答。不要在安静的时刻急于说出答案,或讲解与所提问的主题有关的内容。
- 变换提问方式,这样你就可以运用幽默(特别是用自嘲来帮助学生获得自信)、竞赛、竞争或模拟访谈了。
- 通过图表、展板、投影或示意图使问题形象化。先提出问题,再点名叫学生回答。这样,所有的学生都会思考问题,而不只是被叫到的学生才思考。
- 问题表达要准确,不要用行业术语。确保你的问题包括了你想要评价的所有内容,同时还体现了不同的思维水平。低水平的问题可能要求叙述事实或描述特点,高水平的问题则要求学生做出判断或学以致用。

也许我们会问:我们到底想要从提出的问题中获得什么呢?设计有效的问题尤其能引发出各种各样的关键性反应,这样的问题能帮助我们做好如下事情:

- **识别新的思考方式**。这些问题要求学生拓展洞察的视野,而不仅仅是利用一种心智模式思考问题或只用一种方式解决问题。比如,可以问:"还可以找到其他的什么方式来解决这个问题?"
- **澄清概念**。课程中可能包括不明确或不易理解的概念。我们可以通过提问的方式要求个人或小组阐明它的意思,比如,可以问:"你能举一个具体的例子来说明这个概念吗?"
- **提供必要的思考时间**。提问之后,给每个学生留出合适的时间来思考问题。这样的问题可以是:"你能否在每个同学都写下他们的回答要点后才说出你的想法?"
- **阐述支持观点的证据**。在对某个论点展开讨论之后,要求学生提供论据支持他们的结论:"你能找出三个论据来证明这个事实吗?"

- **寻求进一步的思考**。学生回答完开始的问题之后,还要继续对相关的论点进行辩论、概括或验证。在这里,问题是用于引发更进一步的思考。比如:"我们已经研究了大草原的经济萧条问题,你能提出几种避免经济萧条发生的措施吗?"
- **提供比较和对比的机会**。学完一个单元之后,可以向学生提出这样的问题:"这个单元和我们前面学过的其他单元有什么不同?"
- **考虑结果**。在一个单元的某个时期,要求学生预测某些行为或化学反应的结果:"你认为这件事的直接结果和长远的结果会是什么?"
- **反思伦理意义**。在基因工程的学习课程中,可以要求学生表达自己对技术创造及其人道主义的观点和看法,并要说明自己的观念对基因工程的实施有什么影响:"你的世界观对克隆多莉(英国克隆羊)事件或克隆人体器官的提议有什么影响?"
- **概括内容**。学生在学习冗长的主题或复杂的概念之后,通常会难以注意到隐藏在事实之中的中心思想。通过提问的方式可以让他们简明扼要地概括中心思想:"你可以用一个句子准确地表达中心思想吗?"

最终,问题会诱发怎样的反应?根据不同形式的问题各自不同的目的,它们引出的回答也就不同。在此所指的不同形式的问题包括:开放性问题、焦点性问题、解释性问题和总结性问题。

开放性问题。特别适用于那些由大量的不同种类的事实组成的材料。比如说,那些在电影、野外实地考察中出现的或某个演讲家提出的问题,就可以通过开放性问题进行深入探索。在年龄有异、能力有别和背景不同的学生班集体中,开放性问题有助于学生们主动参与,而那些要求千篇一律回答的问题就难以达到这样的效果。

焦点性问题。与开放性问题不同的是,焦点性问题需要从大量的事实中选择特定的明确性的答案。焦点性问题的目的在于,让学生关注特定的材料，并对它们进行深入的研究和讨论。焦点性问题通常是在获得大量的矛盾的事实或观点后提出来的。比如说："我们来关注鸟类的命运吧，为什么你会认为白猫头鹰有朝一日会走向灭绝呢？"

焦点性问题涉及对材料的解释，它会通过对特定因素或条件的深入分析来解释材料，比如说："战争对北美的工业有什么样的影响？"焦点性问题会让学生关注特定的类别或群体，比如说："食肉动物有什么样的特点？"

解释性问题。解释性问题用来进行比较、对比并揭示事物之间的逻辑联系，它要求学生比较和对比两种或两种以上的特定材料，目的是通过对比感觉、观点或概念来说明它们之间的直接或间接联系。

解释性问题有助于学生拓宽思路，阐述自己的观点与已有观点之间的关系，比如说："对新斯科舍省渔场的发展而言，捕鱼的后果会是什么？"焦点性问题也涉及对材料的解释，与解释性问题相比，焦点性问题引起的是对特定材料的概括性说明，比如说："你如何理解海洋渔业的倒闭？"而解释性问题则要求学生分析和确定事物内部各成分之间的关系，比如说："这一组中的什么特性可以归为同一类？"

总结性问题。总结性问题是设计用来进行"盖棺定论"的，要求学生推出结论。总结性问题可能会要求学生对不同领域的内容或不同的观点进行概括，这类问题通常用来总结一节课或一个单元。比如说："从这件事情中我们可以得出什么经验教训？"总结性问题还可能会要求学生以概括、推论或说明小结的形式分析材料，比如说："工业的实际状况如何？"还有一种情况可能会是，要求学生总结对事物进行归类的主要原则，比如说："导致达尔文进化论产生的意义重大的原则是什么？"

我们已经确定了一些类型的问题来帮助学生阐释和表达学习内容。如果这些问题设计得合理并且针对性强，那么它们就能激发学生的思维，就有助于学生深入了解和表达学习的内容。因为提问为学习的测量和评价提供了重要的手段，所以高质量的提问应该成为所有班级关注的焦点。但是，那些在考试中频繁出现的问题和只限于罗列事实的问题，实际上可能会限制学生对主题的深入思考。正如表9-7所示的那样，学生提出的问题可能更有利于他们进行思考。

表9-7　由学生引发问题的活动

在阅读第十章之前，先阅读下面的学习指导问题。在运用这些问题辅助了你的阅读之后，准备讨论每组问题的实用性。

用于确认过去经验的问题
1. 关于……你已经知道了什么？
2. 你是怎样知道……的？
3. 当……时，你会想什么？

关于目录的问题
1. 关于……，你会从目录中获得什么观点？
2. 在第……章中，你希望发现什么重要的事实？
3. 这一章与……不同（或类似），因为……

关于标题的问题
1. 中心思想是通过……表现的。
2. 从这些标题中引出的问题是……
3. 这些标题的组织结构说明……

关于词汇的问题
1. 你不知道的三个词汇是……
2. 词汇表告诉了我们关于……的重要信息。
3. 别人不知道但你知道意思的词汇有……

鼓励深入理解的问题
1. 你能描述为什么……吗？
2. 你找到了证据去支持……吗？
3. 这里的主要问题是什么，是怎样解决的？

关于中心思想的问题
1. 这一章的中心思想是什么？
2. 每个主要段落的恰当小标题是什么？
3. 作者要表达的主要观点是什么？

细节的筛选
1. 什么事实证明了……？

续表

2. 你是什么时候知道作者的意图的?
3. 什么证据是支持主要观点的?

关于顺序的问题
1. ……接下来的十个重要步骤是什么?
2. 有助于……的四个预备步骤是什么?
3. 这里的顺序是如何体现重要性的?

关于推论的问题
1. 这对你有什么重要意义?
2. ……是什么类型的人?
3. 你认为结果会是……?

与个人相关的问题
1. 作者说的什么内容你个人会去运用?
2. 你对……会做出怎样的回应?
3. 你对本章的哪部分比较欣赏?

如表 9-7 所示，由学生引发问题的活动，会提供有帮助的学习指导。

表 9-7 列出的这些问题有助于学生理解和运用信息，对结果进行符合逻辑的预测，并敢于去思考如何解决问题。学生在完成每一类别中的至少三个问题之后，与其他小组交换表格，便于讨论和修改答案。对这一系列问题全部回答后，学生要讨论这些问题的解决对他们的学习有什么帮助。我们的目的旨在引出好的推理，而不是把学生导向"正确的"方向。

这一章不是把评价作为一个课后增加的独立部分进行探讨的，而是作为我们每个人必不可少的完整部分进行探讨的。我们把评价看作思考过程的一部分，人们只有通过评价才会检查旧习惯并形成新的习惯。评价是学习和评估的中心，就像我们去别的国家旅行时，我们对过去冒险经历的记忆，我们对自己和他人所抱持的信念是中心一样。无论是展示在公告板上的欧洲旅行，还是给观众创作或呈现的一首诗，评价都包括真实的生活情景。它包括故事的分享、图片的展示和角色模拟。关键是激发和鼓励学生达到最高的目标。

在下一章中，我们将会考虑众所周知的关于传统评价的神话，特别是标准化考试的神话。毕加索曾说过："新事物的创造总是意味着旧事物的灭亡。"虽然传统的考试还没有到这个地步，但我们觉得这句名言提醒了我们需要反思，即对那些理所当然就被接受的有关传统的考试的作用与功能的观念进行反思。

第十章

传统测试的神话

> 除非把评价放在真实的领域和社会环境中进行，否则我们就会质疑评价是否能够准确地体现人类的智能表现。
>
> ——霍华德·加德纳

传统评价方法中存在的问题

假设我们设计一种包括"跳""飞""啄""挖"四门核心课程的课程体系，要求每种低等动物都必须学习这四门核心课程，对考试成绩的评分标准与绝大部分公立高中一样，即最终测试的每部分犯的错误越少，所获得的成绩就越高。

在这四门课结束前的一周，动物们产生的焦虑情绪就可想而知了。最后一周，令人恐怖的考试即将开始，考试的结果是可以想到的：鹿在跳越栅栏一科取得的成绩是"A+"，在"飞"和"啄"这两科的考试中不及格；老鹰用低飞的方式通过了"跳"的考试，在"飞"的考试中获得了高分，却在"啄"的考试中啄断了自己的喙，在"挖"的考试中损伤了自己的爪子。可以想到，松鼠本来在"挖"和"跳"方面是非常厉害的，但在"啄"

的方面不可能做到像啄木鸟一样轻松自如,结果只能勉强通过考试,在"挖"和"跳"的考试中取得的成绩是"C-",而没有通过"啄"和"飞"的考试。于是,表现最优秀的则要数农家院子里的小鸡了,它在"跳"的考试中得了"A"的好成绩,在"飞""啄"和"挖"的考试中也取得了很高的分数。如此一来,这只普普通通的小鸡理所当然地成了考试的第一名,而鹿、松鼠和老鹰都失败了,它们有可能由于自己羞于启齿的成绩而深受打击,从此一蹶不振。正如鲍·勃迪伦(Bob Dylan)歌曲中所唱的那样"时代在变化",这个歌词也预示着我们的评价的变化趋势:随着时代的变迁,传统的评价构架已摇摇欲坠,我们必须为新时代创造出新的评价手段。时代的变迁要求我们必须改变传统的评价方法,从而使学生变成真正的终身学习者。

那些深受传统评价影响还未来得及思考时代趋势的人可能会振振有词地说:"如果标准化考试适合我,那么它也会适合我现在所教的学生。"对这个问题进行思考是很有必要的。比如说,1990年,美国考试和公共政策委员会在一篇题为"从守门员到引路人:美国考试的转型"的文章中强调,人们对标准化考试的关注在与日俱增。1996年,坎贝尔(Campbell)等人的研究(p. 269)则认为,大部分的标准化考试都倾向于对学生机械的知识记忆能力进行测查,却忽视了学生运用知识的能力。因此,美国考试和公共政策委员会极力推荐美国采取下列措施来改进标准化考试:

- 通过重新设计教育测试来纠正人们开发和运用人的天赋能力的方式
- 限制使用多项选择的考试形式,因为这种考试缺乏自由发挥的空间,导致机会分配不平等,对重要的社会方针政策有损害。
- 不把考试分数作为评判个人及其能力的唯一标准。
- 拓展考试的形式,使新的评价方式为促进全体美国人的发展打开方便之门而不是把他们拒之门外。

最近的多项研究表明,多数州都在实践新的考试形式。当我们认识到当今学校氛围和社会所发生的变化之际,当我们对学生怎样学习才会学得更好的观念发生改变之时，我们也必须改变原来的评价方式。要想通过评价促使高质量学习的发生并达到更高的水平，评价就必须和学习的改革同步进行。然而，传统的评价已为建立更加多维度的评价措施奠定了良好的基础。也许最为重要的就是评价的表述能力、耳熟能详的评价专业术语以及根深蒂固的评价基本原则，它们已渗透进了传统的学习评价措施之中。在本书的许多章节中，我们强调了熟悉了解这些可供选择的传统的评价方式的重要性。如果对这些术语及其运用理解得不充分，那么，对最为重要的评价问题的认识也可能会变得模糊不清。

因此，在本章的结束部分，我对传统评价中经常用到的一些术语进行了界定，如：成就测试、能力倾向测试、能力测试、高利害考试、智商测试、项目分析、平均数、测量、常模、正态曲线分布值、客观测试、需求评价、百分位数、四分位数、五分位数、量表分数、评分标准、标准化考试，等等。

我希望在此所做的简短概括有助于你对传统评价形成一个总的认识，能激发你去自由探讨传统评价中的主要问题，然后自主决定什么需要改变、什么需要保留。我们永远不可能完全保持不变，将会根据日常的教学内容和希望学生掌握的知识来对传统的评价方法做出改进。我们中的一些人可能不得不制定一些政策来决定一个学校或一个学区应该改变些什么、应该保留些什么，这当然也是可行的。虽然在寻求准确的国家标准的过程中，有些学校董事会继续在运用标准化考试，考试的结果依然常常被作为教育改革的一部分来评价教师、学校和学区的业绩，但是，标准化考试不能测查运用知识的能力这个局限性已受到越来越多的批评。

1991年，雷克斯福德·布朗（Rexford Brown）在《思想流派》（Schools of Thought）一书中论述道：最活跃、最深刻的学习和最积极的学生，只会在那些没有标准化考试的学校里出现。下面是我在《创造性学习》(1995)一书中提到的标准化考试的十大神话。它们在一定程度上解释了标准化考试为什么不能准确地测查学生的知识、能力、兴趣的广度和深度。

标准化考试的十大广为人知的神话

1. **标准化考试会激励学生提高学习成绩**。事实上,结果恰恰相反。许多考试的结果显示其带有某种种族和文化偏见,因为这些考试没有充分考虑到文化背景的多元性。通常,一些学生在学习上付出了最大的努力,却只获得了很低的分数,这种考试的不公平性大大挫伤了学生的学习积极性。

2. **在标准化的数学和阅读考试中获得高分能够保证进入待遇优厚的职业**。而在其他领域,比如说音乐领域、视觉艺术领域、人际交往或身体运动等领域,往往在于教学生学会思考和掌握问题解决的技巧,这些领域又会怎么样呢?答案并不容乐观,因为传统的标准化考试通常建立在对智能概念和真实学习活动持狭隘而陈旧的理解的基础上。

3. **考试成绩优秀的学校就是好学校**。不列颠哥伦比亚省的一所中学以自己学校取得的优秀成绩而颇感自豪。但如果去认真地调查一下就会发现,该校中一些经验丰富的教师正是某些考试试卷的编制者,他们所教的就是如何让学生全力以赴地去应对这些考试。这是真正意义上的成绩吗?难道学校仅仅为了"看起来很好"的标签就不惜代价了吗?

4. **考试分数提供了准确测评和比较教师工作业绩的方法**。由于教师感受到了来自政府和学生方面的压力,所以他们极有可能只是教会学生如何在考试中获得好成绩。那么,建立在这个基础上的教师之间的比较还有什么实质意义呢?

5. **标准化的考试成绩会给家长提供明确的数据来了解孩子的表现**。加德纳博士和罗伯特斯滕伯格博士是研究大脑如何工作以及学习如何发生这方面的专家。他们认为,对孩子进行多种能力的评价才更为有效。如果一个教师强调学生的实际应用能力、问题解决能力、分析综合能力，那么测试本身就应该包括写文章、成长档案袋、方案设计以及对学生理解能力和运用知识的评价。

6. **标准化考试得分点的知识非常明确**。正因为如此，教师通常会为考试分数而教学，学生只是被动地接受教师灌输的应考知识，这样一来，建立在师生互动基础上的多种学习形式就不可能被采用。

7. **标准化考试可以保证所有学生都能学习常识性的课程**。在今天这样一个信息技术十分发达的社会里，就算不通过考试也能轻而易举地做到这一点。现代技术给学生提供了丰富的信息资源和与人交流的机会来拓宽自己的知识面。

8. **考试成绩将决定哪些学生会在市场竞争中取胜**。其实，是协作精神而不是竞争精神，更能让学生在毕业后的各种工作机构站住脚并工作出色。

9. **标准化考试将为学生走出校门、走向社会的竞争做好准备**。这种说法有些片面。孩子要向同伴、家长和社区中的其他人学习，要从书本中、电视里或录像里学习，这些学习就跟学校里的学习活动一样。标准化考试却没有认识到多数孩子学习方式和学习场所的多样性。

10. **标准化考试是促进学生智能发展和学习进步的有效措施**。脑科学研究的最新成果提出了基于下面三个原则的新的学习方法：①学习需要学习者的积极参与才会发生；②人们是用不同的学习方式和不同的速度学习的；③学习既是个体行为，也是集体行为。

虽然教育行政部门可以运用标准化考试的成绩来比较、评判教师的教学业绩，但并不能保证对学习者的学习能力做出了准确的评价。精确的评价需要额外的、真实的评价手段。时代已发生了很大的变化，年轻人需要应对变化莫测的全球化社会，一系列的标准化考试的数字并不能帮助他们为应对这样的社会变化做好准备。就拿数学老师来说，他们承认在让学生学会应用数学教育中获得的数学理论方面，已做了好长一段时间的尝试，而现在的教育更重视培养学生的反省思维能力、观察能力和批判性思维能力，这对于某些学科特别是数学学科而言，并非轻而易举的事情。

一位十年级的数学教师讲述了他帮助学生发现自己是如何进行数学思维的策略。在开始阶段，这位教师鼓励学生超越那些传统机械的数学学习方法，因此学生得以在较高水平的思维或元认知（对自己思维的思维）活动方面取得了成功。最后，他让自己班上的学生和邻近小学中的学习差的学生进行合作学习。学生非常喜欢这种作业方式，乐意观察小学生从而发现他们是如何进行数学思维的。

在这项作业中，这位老师要求学生做好观察记录，并且记录自己对小学生的思维了解到什么程度的反思。不用质疑，这种形式的合作学习取得了成功。小学生非常高兴地请十年级的同学帮助自己解决数学难题，十年级的学生也认真记录着这些小学生运用不同的数学基本技能的过程。由于两个班级的积极响应，这项合作持续的时间比预期的要长，最后以学生搭档合作，以当场表演解决复杂的数学问题的形式来宣告这次活动的结束。对于两个小组的成员来说，合作学习带来的积极的学习体验远远超过了个人单独学习时所获得的。它为学习数学的学生提供了一次理论联系实际的机会，其中的几个中学生还利用他们所学到的知识来帮助小学教师创建数学学习中心。

十几岁的孩子也乐意在语言和写作作业方面与更小的学生合作。比如说，某作业是写一篇描写一个小学生的故事作文，这就需要找一个小学生访谈，对其兴趣爱好、优点和缺点进行了解。虽然儿童传记一类的写作有一定的难度，但是当这个小学生知道是要把自己写进书里时，就会很受鼓舞，乐意与大的学生合作。表10-1是我（1997）采用的写作作业形式（pp. 43-44）。

表 10-1　小朋友的传记

目标： 为一个小朋友写一本个人传记。

过程：
- 两人配对，设计一组适合访谈一年级小学生的问题。
  问题包括：
  1. 你最喜欢什么样的故事？
  2. 给我讲一讲你最好的朋友的情况。
  3. 给我讲一讲你最喜欢的宠物的情况。
  4. 你喜欢玩什么样的游戏？
  5. 你会害怕什么？
  6. 什么会让你大笑？
  7. 什么会让你大哭？
  8. 给我讲一讲你家庭的情况。
  9. 你在学校里最喜欢什么？最不喜欢什么？
- 对小学生进行访谈，并记录下对所有问题的回答。可以用学生感兴趣或最关心的事情作为故事的主线。
- 利用访谈所获得的信息写这个孩子的故事，根据孩子的爱好和兴趣把情节个性化。
- 访谈结束后，检查你的访谈记录，并和小学生讨论你的故事写作计划。
- 故事写完后，念给小学生听并做出相应的解释。教师批改打分后，可以把它送给一年级的小学生。

© Brian Smith.

学生通常对完成与真实生活相关联的作业任务的热情很高。正如表10-1中所描述的那样，与年龄小的学生合作的好处在于，他们乐意接纳十多岁的同学，对他们有种欣赏、崇拜的心态，这对于承受着同伴压力的中学生来说，无疑是件好事。而对于年幼的小学生而言，他们也能从十多岁的同学的教导和个别关注中受益无穷。无疑，这种形式的作业创造了双赢局面。

传统评价是学习的绊脚石？

许多人都同意这样一种观点：评价应该促进所有学生的成长和成功，各种评价措施的运用应能促使学生取得进步、得到发展。然而，当你问及学生在学校所受到的是怎样的评价时，你经常会得到相反的答案：学生会告诉你，他们得到的几乎全是消极的评价。正是这种没有任何鼓励的评价极大地阻碍了学生创造力的发挥，严重地伤害了学生的自信心。

1987年，加德纳指出了这种评价的危害性，并做出了如下的陈述：

> 我认为，我们应该远离考试，并且要断绝与考试的一切关系。我们应该着眼于那种更自然化的信息资源，也就是那种关于世界上的人们怎样发展与他们的生活方式密切相关的技能的信息，等等。

加德纳的多元智能教学方法向我们提出了挑战，使我们不得不重新思考评价学生成绩的方法。我们应该去寻求激发学生特殊能力的方法，并鼓励学生互相帮助以掌握学习内容。通过运用能反映学生实际情况的测查方法，如标准参照测验、水平测验或个人进步评估测验（即和学生以前的成绩相比较），学生就能表现出他们的知识水平和能力。

真实性评价允许学生在特定的情境下获得能力，学生在这种条件下发展起来的能力也可以运用到其他的生活情境中去。因此，要想评价学生的某些知识、技能，在运用这些知识、技能的真实社会环境中实施评价才比较有效。一些教师建议从评价的任务中思考如何设计课程，换言之，就是把真实性评价的任务作为课堂教学的目标,在教学生之前要确定学生知道些什么以及能够做些什么。这些真实性评价方法与标准化测量方法是截然相反的,标准化考试是在孤立的、人为的环境中对学生进行评价的,远离了学生真实的生活世界。

但考虑到学生怎样在真实的情境中应用知识时,教师就会问:"假设我知道学生希望掌握的具体知识是什么,那么,怎样才能证明他们确实已经理解了这些知识呢?"要解决好这个问题不仅不能选择传统的测量方法,而且要做到评价方法灵活多变。毫无疑问,确立清楚的、有意义的评价标准已成为一项迫在眉睫的任务。

我们支持评价改革不是基于情感因素,而是基于一定的理论支持。寻找最好的改革方法不但需要花费时间,而且需要花费精力。正如不能以点概面一样,我们必须避免用简单的标准来评价复杂的任务,并且必须对终结性评价和形成性评价进行清晰的区分:终结性评价是向课堂外的评价者报告学生进步的总体水平;与此相反,形成性评价是教师和学生之间关于学生取得了怎样的进步以及还存在哪些具体问题的交流。

几乎人人都会同意,我们不可能在一夜之间快捷而迅猛地改变评价的传统。然而,为了给学生提供更多的机会让其能够运用多种多样的学习方式来表达自己的知识,我们可以拓宽教学方式和评价方法。在下面的描述中,我们将介绍许多可供选择的评价方法和一系列更加广泛的评价方式。

让我们来看一下从传统评价到真实性评价的转化:与传统的考试不同的是,真实性评价用实践的方式评价学生的知识和技能,并采用了多样化的学习方法,为学生提供了多种方式来表现他们对"光合作用"的理解。

1. **语言表达**:"请你用自己的话来描述一下光合作用,可以口头描述,也可以书面表达。"
2. **数理逻辑表达**:"用科学原理、原则或法则来概括光合作用的过程。"
3. **空间表达**:"请快速勾勒出光合作用发生过程的草图。"

4. **身体运动表达**:"创编一个哑剧或以表演的形式来演示光合作用。"
5. **音乐表达**:"如果光合作用是一首乐曲,那么,你觉得它会像什么或像哪首歌曲?"
6. **人际关系表达**:"光合作用让你想起了自己生活中的什么东西?叶绿素的转换作用与你的同伴交往有着怎样的相似之处?"
7. **内省表达**:"用几句话描述一下你自身经历转变时的个人感受。"
8. **自然表达**:"比较三种不同植物的光合作用过程。"你可以直接运用图片、艺术形式、写作或其他适当的方式来表现它们的相同之处和不同之处。

通过把光合作用的过程与图片、身体动作、音乐作曲、科学公式、社会关系以及个人感受等方面联系起来,给学生提供了更多的学习机会,使其能够表达对学习内容的更深层次的理解……这与传统评价方法中最有代表性的纸笔简答测验形成了鲜明的对比。

情境中的评价

为了拓展评价实施的舞台,使其包括真实的社会情景,我们不但必须考虑评价材料应该如何呈现的问题,而且必须考虑什么样的反应才能表明学生真正掌握了某种特定的知识。下面提供了一些可能会运用到的评价方法,用来测查学生是否真正理解"分子迁移的模式"。

1. **语言评价**:请口头解释一下这个概念,可以用故事的形式,也可以直接写下来。
2. **数理逻辑评价**:用化学公式来演示分子内的一个或多个原子的移位。
3. **空间评价**:用简图来表示不同的分子迁移模式。
4. **身体运动评价**:用彩色橡皮泥制作一些分子结构,用来显示分子内原子的迁移情况。

5. **音乐评价**：为一个舞蹈谱曲以此来表现不同的分子移动模式。
6. **人际关系评价**：每三个人组成一个小组进行合作，共同来呈现分子迁移的模式，也可以在全班同学面前进行演示。
7. **内省评价**：创编一份期刊，先从原子的角度，再从分子的角度来演示迁移的过程。
8. **自然评价**：请具体描述分子迁移的模式怎样影响了你周围的环境。

下面是关于"北美自由贸易协议"（NAFTA）这一主题的背景公平的评价。

1. **语言评价**：请用口头或书面报告的形式汇报"北美自由贸易协议"的起源和要求。
2. **数理逻辑评价**：请统计受到"北美自由贸易协议"影响的人口数量，需要交付的费用，违反"北美自由贸易协议"规定后的罚款，商业经营者的代价，等等。
3. **空间评价**：画出简图来显示谁参与了"北美自由贸易协议"，并说明"北美自由贸易协议"是怎样影响所有这些参与者的。
4. **身体运动评价**：向"北美自由贸易协议"的所有成员国展示加入它的益处是什么、问题会是什么。
5. **音乐评价**：用歌曲向"北美自由贸易协议"的所有成员国展示商业发展的大好机遇。
6. **人际关系评价**：为那些赞成和不赞成"北美自由贸易协议"的人组织一场电视辩论赛。
7. **内省评价**：用独特的方式演示"北美自由贸易协议"会发挥怎样的作用以及存在哪些不足。
8. **自然评价**：对"北美自由贸易协议"提出的一系列环境问题进行确认，并提出具体的解决措施。

当教师建立起智能公平的评价资源库并且评价策略能够反映学生丰富多彩、复杂多样的生活时，评价就成为学习过程中不可缺少的部分，而不再成为超出学生控制的外部强加的奖励和惩罚机制。在小范围内实施这种评价的教师常常会报告更加正面的结果。

一位自然科学教师讲述了她是怎样用微观的方式把科学实验和真实生活联系起来的：首先，要求学生用论文格式写出他们的实验报告，就像要在科学杂志上发表一样（参考表10-2）去写。其次学生把写好的稿子拿来与几个合适的杂志中的作者投稿指南进行对照，学生根据投稿指南互相修改实验报告，这个工作要在教师修改之前完成。大部分学生提交作业之前都要修改三四次。为了能在十一年级的科学杂志上刊登，学生不仅要好好学习科学内容，而且要练习写作规范的科学实验报告以便能够真正发表。

表10-2　写作符合发表要求的科学实验报告的程序

- 像平常一样用既定的方式来完成你的九个实验。
- 每个学期写出三篇规范的实验报告，等待机会发表。
- 每篇报告至少参考三种不同的学术刊物。
- 在你的实验室同伴的帮助下，对你的三个实验报告进行编辑。
- 把班级文件夹里所有的草稿（包括修订稿）进行整理归类。
- 提交三个规范的实验报告。

所有的实验任务都必须在_____之前完成。
第一个科学报告应在_____之前交上来。
第二个科学报告应在_____之前交上来。
第三个科学报告应在_____之前交上来。

学生非常乐意看到他们的科学实验报告发表出来，他们也能从真实的科学写作经历中获益匪浅。家长也最好能参与到教师和学生的这项工作中来，特别是帮助校稿从而来支持孩子的报告写作。比如说，如果家长是个科学家，那么他可以帮助挑选最好的报告在班级刊物上发表或者在合适的科学杂志上发表。家长还可以帮助汇编科学读物。与此形成对照的是，传统的实验报告只是写给老师看的，而真实的实验报告可以找到途径在专业的科学杂志上发表。

传统评价和真实性评价的差异

传统评价工具包括：
- 教师开发的答案简短的小测验
- 教师准备的正、误式应答
- 无懈可击的标准答案
- 借助记忆术
- 正式的标准化工具

真实性评价工具包括：
- 实施多种模式的评价
- 多元化的冲突性解答受到奖励
- 包容似是而非的两难答案
- 鼓励学生不拘一格学知识
- 注重解决现实生活问题

传统评价引发的结果：
- 随着时间的推移学生容易忘记所学到的那些孤立的知识
- 评价结果不能反映学生的天赋与能力
- 学生对每个问题的回应是孤立的
- 竞争使学生处于敌对关系之中
- 学生的回应与课本之外的生活没有关系
- 学生是被动的
- 学生的回应通常仅限于低层次的事实

真实性评价引发的结果：
- 所学的知识可用于解决真实世界中的问题
- 评价的结果通常反映了学生的天赋与能力
- 所学的知识通过与真实生活联系起来而得到了巩固

- 协作性的评价方法成为促进学习的动力
- 所评价的内容与学生的课外生活紧密相关
- 学生会进一步探求更有意义的问题
- 学生的批判性思维得到激发

准确地界定学习目标和评价目标也许是改善评价效果的最关键的因素。这些目标要围绕学生的长远成功来进行界定，还应该考虑到对每个学生的个体差异和爱好的识别和培养。这个过程既需要运用一定的方法，也需要付出极大的热情。正如汤姆·彼得斯（Tom Peter，1987）所说的那样，两者缺一不可，我们必须避免没有热情的制度，也要避免没有制度的热情。施莫克（1996）这样说道：

> 要想建立一个有效的组织，处处都存在着阻碍和障碍。但是，在我们前进的道路上，无论遇到什么样的困难，只要认真规划好目标，毫不妥协地坚持执行，我们的能力就会得到提高，用梭罗的话说就是"在平凡时刻与成功不期而遇。"（p. 146）

就拿学习来说，提升学习质量的评价并不像有代表性的标准化考试那样铁板一块无懈可击，因为有代表性的标准化考试通常用计算机来评分，并将考试结果用数字化的形式贮存在文件夹里。用惠特利（Wheatley，1995）的话说就是：

> 如果你去看任何一本关于创造性学习的著作，或者去看一个伟大科学家的传记，或者去思考一下你自己的创造过程，你就会发现，激发一个人产生新奇想法的过程并不是一个井然有序的连续性过程。由此，你开始感到垂头丧气，觉得自己永远也不可能产生更妙的想法了，你徘徊着、思考着，你不想再去想这个问题，突然"有了！"——一个想法冒出来了。现在回过头来想一想，如果当初你没有经历那个混沌、躁动的阶段，你的观念就不可能有一个脱胎换骨的转变。（p. 3）

今天人们对于评价意味着什么的认识，常常会与传统课堂教学中涉及的评价活动产生直接的冲突。那些基于脑科学观念的人和那些习惯于变化和革新的人，已经为评价观念的改变和革新做好了准备。但另外一些人，仍然在坚持着传统的评价活动，还在采用许多机械呆板的评价措施。有人把知识和知识的获得过程看作截然相反的对立面。那些认为学习就是教师把事实或课本上的知识传递给学生的教师，一般都只限于使用小型的纸笔考试和多项选择题来测查学生对所学知识的机械记忆情况。相反，那些把学习与学生的思想观念或解决问题的能力有机结合起来的教师，认为对学生的评价应该是测查他们解决问题的能力和创造能力、把知识运用于真实情境的能力。

评价改革的关键并非要让传统评价和真实性评价中的一方打败另一方，也不是为了让这两类评价以同样受欢迎的程度存在。质量评价改革的关键在于它所产生的侧面影响，即家长、学生、教师和研究者形成了学习共同体，都积极参与到评价改革的对话中来，大家相互支持、相互尊重，为了让评价改革更上一层楼而共同努力。

传统评价方法对学生学习诗歌所进行的考查一般会这样进行：提供一些问题帮助学生分析特定的诗篇，探讨这首诗的意思或探究作者的写作意图。与此形成对照的是，真实性评价则可能会采取戏剧效果方法（如表10—3），运用读和写的形式来对学生进行考查。

真实性的作业特别是对商业和商业法规的学习显得尤其重要。就像为了正式发表而写的科学实验报告一样，商业学习的作业能够为学生提供将思想观点用于商务活动的机会。这样的作业不仅给学生提供了了解商业文件和商务方案的机会，还培养了学生分析实际问题的能力，使其能将制度和法律原则用于真实生活，解决一些预防性的法律问题。学生也许会把他们的思想作为商务活动的基础，或用来展示他们如何在法律事务中进行自我保护。但对学生而言，从对问题滴水不漏的回答到将知识运用于真实生活情境这一过程中，无疑要涉及不同层次的危险。

表 10-3　读者用戏剧效果方法学习诗歌

- 为正在学习的单元选择一首诗歌。
- 把这首诗歌与同一作者的其他诗歌进行比较。
- 为朗诵这首诗歌创设背景和场景，比如说，用古典音乐或爵士音乐来表现这首诗歌的情感基调。
- 朗读时可选用合适的小道具。
- 找一个同学一起练习，然后讨论修改意见，提高朗读的表现力。
- 准备一系列会激发听众兴趣和参与积极性的讨论问题：可以探讨这首诗歌的情感基调、含义、写作意图和形式，等等。
- 给那些将为你的表演录像的人提供一些书面建议。
- 邀请你的家人和朋友参加你的诗歌朗诵会。

学生也可以安排一个类似的朗诵会，朗读自己创作的诗歌。在这种情况下，学生自己设计布景、自己朗读诗歌，并和听众就不同类型的类似诗歌进行讨论，讨论自己为什么选择这种类型而不是那种类型来表达自己的特定含义，从而达到某种效果。

是铤而走险，还是就为了犯错误？

当我们根据学生犯错误的多少来测量其学术能力如何时，我们往往就不会把犯错误看成通往深层理解的重要过程。事实上，正如大多数的考试实施中所发现的一样，把关注点放在错误是多少上面，不但不能拓展学生的学习能力，而且不能为真正的理解开辟道路，只会给已经很死板僵化的课程和标准化考试制度设置更加无法消除的障碍。中级英语中"understand"（理解）的意思就是"stand under"（站到下边去）。帕梅拉·特拉弗斯（Pamela Travers, 1985）进一步对"standing under"做了阐释："如果为了去接触那些自己毫无所知的东西，就可能会说：'我站在它下面了，让它教教我吧，让它把真理之光照耀在我身上吧！'"

那么，学生所犯的错误如何才能通过深层理解转变成走向卓越的起点呢？首先，在把错误用于创造新的洞察真理的方式之前，在把错误看作创造空间让学生敢于冒必要的风险去体验多种可能性之前，必须把错误当作学习过程的组成部分。玛克辛·格林（Maxine Greene, 1991）认为，要想让学生摆脱被动、机械获取知识的学习方式，我们就需要打破这样的障碍，即把学生界定为"满足外在要求的人，一旦学生超越了自我，去尝试种种可能性，教师就会沮丧不已"（p. 28）。把错误纳入学习过程中，比用来检测学生学习是成功了还是失败了更为重要。错误是问题解决的重要部分。把错误当作目的比用来打分和定级更为重要，错误还能揭示学生的个体倾向性，这也为深层理解提供了切入点。

　　错误是在某种条件下产生的，事实上，错误可以诱发唤醒学生的特殊能力。如果错误能为学生提供机会运用非同一般的方法去完成普通的任务，就算错误非常严重，对于学生而言，这个错误还是为其走向深层次的理解上了有教益的生动一课。学校教育中对错误的排斥情绪，导致学生缺乏经由错误走向深层次理解的机会。深层次的理解意味着真正吸收了知识，并能运用这些知识去拓展自己的认识水平。虽然深层次的理解是个不太容易理解的复杂过程，但是，当学生能够把过去所学的知识与自己的学习兴趣结合起来创造出新知识的时候，就表明他们是在展示自己的深层理解力。在这个过程中，没有错误的尝试根本就不可能，而且必定会有一定数量的程序错误。其实，这些错误会成为学生深刻理解和高水平表现的切入点。在本章开始时提到的低等动物的故事中，因为没有给低等动物提供把错误转变成新的起点的教学任务，让它们用同样的方式学习，所以它们的学习热情大大减退。同样，由于许多学生受到各种标准化考试的压制，不能将自己的错误看作通往成功之路的起点，所以他们的学习积极性和学习热情逐渐丧失了。

　　伟大的领袖就是通过自己的生活经历，要求那些对解放教育学感兴趣的人对他们的错误进行反思，由此他们会提供一个特别的机会，以新的方式重新开始。记得我曾经读过一篇讲美国总统亚伯拉罕·林肯生活经历的文章：1836年，林肯经商失败的同时没有进入国会提名；1854年，林肯错过了美国总统的提名；1858年，林肯又失去了竞争参议员的资格。对于林肯来说，他却把这一系列失败转化为继续奋斗的勇气和热情，林肯把注意力从关注错误转移到了关注教育机会上。接受错误对一个选择从政的人来说显得至关重要，因为政治官僚机构内部总会引起权力之争，所以我们要认识到权力游戏之外的生活经验的价值。

在实际生活经验中，不断犯错误就是常态，现象学关心的是犯错误引起的结果或后果、犯错误的方式、犯错误的观念和视角，而不仅仅是错误行为本身。当学生在解决必须按部就班的作业任务时因为自身能力不足而产生错误时，我们可能会考虑到学生犯错误的原因。但现象学要求进一步认识到错误的内在本质，认识到错误对一个学生来说在重建知识方面会起何种作用。为什么这种认识非常重要呢？因为它会使我们看到写在学生作业旁边的消极评语无非表明学生是个失败者而已，永远不可能让学生深刻地意识到他们应该从自己所犯的错误中吸取什么教训。

我们可以从以下三个方面去理解犯错误是生活中常见的现象，而且我们能从中获益。

1. 错误有助于架起头脑和心灵之间的新桥梁并形成互助合作关系网。哲学教授琼·瓦尼埃（Jean Vanier）在1964年时构想了这样一个社会：这个社会里的穷人、伤残者和那些有精神障碍的人形成了相互依存、相互合作的关系网络。瓦尼埃讲述了自己在巴黎的一段生活经历：他曾经邀请两个有精神障碍的人到他的家里住。这两位客人表现出的友好、感激和单纯让瓦尼埃印象非常深刻，这使瓦尼埃觉得自己在大学教育中错过了这么重要的一课。瓦尼埃认为，这两个人身上所表现出的贡献给社会的特殊才能和潜能（即友好、感激和单纯），其实在每个人身上都存在。于是，当瓦尼埃的同事依然沉浸在象牙塔的小环境中时，他已开始尝试在他的头脑和心灵的鸿沟之间搭建桥梁，在那些因一点小错误就被社会抛弃的人和那些似乎没有犯过错误的人之间搭建桥梁。瓦尼埃回顾说："如果我在大学里就学习了这些知识，我不敢保证我已经这样做了……可我现在知道我不知道的太多了，面对将要学习的浩如烟海的知识，我深感自卑。"

如果我们再去考虑一下瓦尼埃邀请到家的那两位精神障碍患者，我们极有可能把注意力放在他们的优点上，而不太会去关注他们由于精神障碍所带来的在一般理解方面受到的局限。为了调整这种关注片面性，瓦尼埃决定为那些有相同遭遇的人建立一个友好的支持中心，这个帮助精神障碍患者的团体名称叫"L'Arche"。目前，这个团体已在18个国家的80个社区建立了自己的支持中心。瓦尼埃认为，我们不应该否认自己的错误，不应该不负责任地随便评判那些有缺陷的人。如果这样做，就等于是在掩盖和否认我们自己也有的障碍（人人都有自己的局限）。

2. 把错误转化成机会就意味着庆祝我们自己和他人的好。如果一个人能够意识到要超越自己一直害怕的失败，那么他就是自由的了，因为这表明他至少有超越个人错误向前迈进的能力。我还清楚地记得自己学开车时的情形。那是一辆带有标准变速装置的汽车，可我们却像脱缰的野马一样飞离第一车道冲向了隔离带，刹那间我惊呆了，拼命地踩刹车踏板，当时大脑里一片空白，根本不知道该做出怎样的反应。正在这时，我的教练朋友给我提出了建议，在他的帮助下，我顺利地把车开回了正道。"不要害怕犯错误，"他说，"只要你确定了离合器的摩擦点，你就可以得心应手地换挡位了。"

直到我摇摇晃晃地把车开回来，我才对汽车的内部结构有了一些了解，原来关键在于把握离合器的摇摆点。不踩实了离合器时，我就知道踩到了摩擦点，这样我就可以自如地操作离合器了：踩住离合器，换到第一挡上，抓住刹车摩擦点，放开刹车闸让车轮转起来；然后松开离合器，加速，再换到第二挡上；重复这样的过程换到第三挡，车就开始跑了。到现在为止，我已有了数年的驾驶自动变速车的经验。学车的过程其实就是将错误转变成机会的过程，在不断地尝试错误的过程中，我给自己提供了真正掌握开车技术的机会。

3. 认识到错误使人产生更集中的目标和更美好的梦想。错误会使人遭受挫折后重新聚焦问题，重新定位目标。某种程度的紧张就像磁铁吸引铁制物一样，会使人坚定不移地朝着目标奋进。当我们循循善诱地指出学生所犯的错误时，他们心存的感激就会成为勇往直前的动力。与之相反，如果使用惩罚性的方式指出学生的错误，那么他们可能会望而却步，并会丧失前进的信心。那些敢于正视并承认错误的教师，总是会支持学生不断做出努力，会帮助学生把错误转变成通往新的成功的起点。

承认我们自己的错误会让我们欣赏他人的潜能，也有助于我们清楚地知道别人的错误是什么。勇于承认错误会使我们敢于冒险，绝不轻言放弃。我们自由地成长着，在获得成功的时候我们要不断地超越自己；在遭受挫折的时候我们要学会安慰自己、笑对自己。接受错误就意味着完全地接受自我，让我们帮助学生去逐渐习惯没有面具和伪装的真实生活，就像玛格丽·威廉姆斯（Margery Williams）的儿童文学经典作品《绒布小兔子》（The Velveteen Rabbit）中的皮马一样。我们要用满怀的信心、无穷的力量和热情来掌握新知识，并和学生展开竞赛。

如果我们真想帮助学生从错误中找到通往成功的新起点，就必须重新思考许多学校对待学生错误的否定态度。如果我们把错误与"锤子"进行类比，那么它的作用体现在哪里呢？许多时候，我们会用学生的错误去伤害、贬低和孤立他们，怎样才能避免这种情况发生呢？我们怎样才能防止学生为了取悦老师而掩饰自己的错误这种情况发生呢？从积极的影响来讲，错误能让学生突破自身的局限，引发进一步的思考并开辟通往成功的可能的路径。

错误会点亮我们的思想火花，让我们振作精神，努力奋进。林肯在19岁时曾这样写道："我要不断学习，随时做好准备，也许我的机会很快就会到来了。"那些能够带来机遇的错误，往往会变成一个人通往美好梦想的金光大道。总而言之，一个人过去所犯的错误，会激发他敢于与未来的失败做斗争的意志力，并勇于为争取成功而奋斗。由此说来，学生所犯的唯一真正的错误就是，没有能够从所犯错误中学到任何有价值的东西，未能将错误转化为机遇，转变为走向成功的起点。

与传统评价紧密相关的术语

成就测试：一种标准化的考试，目的是有效地测查学生从课堂教学中所获得的知识和技能。这种考试会根据标准或常模制作一个统计图表，对学生的学习进行测查和评价。

分析性评分：一种常规的计分方法，把整体分解成许多部分，分别对每个部分进行评分。比如说，评价学生的写作能力，可以从语法正确度、结构的组织和思想观点的清晰度等部分来评分。分析性评分常常用作诊断工具，在评价有多个维度的工作时特别管用。

能力倾向测试：用于检测一个人接受教育之前学习的先天能力。

能力测试：测查学生是否已达到要求掌握的知识、技能的最低标准的一种考试。考试的结果通常用于确定是否能毕业、提升，是否能获得证书或奖励，以及是否达到了其他的成就水平。

高利害考试：这种考试对学生、教师、学校或学区都有重要的意义。考试的优秀者准予毕业、提升，发给证书、提供报酬或其他机会等。但这种考试也存在不足：因为过于追求高分数而会导致教师"为了考试而教"，或者运用相对简单的考试方法予以应付。

智商测试："标准化常模参照测试"的术语首次出现在19世纪期间，智商测试由此发展起来。智商测试是让学生完成特定的智能任务，由此来评定学生的一般智能状况。实际研究表明，智商测试对于分析性技能是可以检测的，却忽视了现在流行的多元智能。而且，智商测试只是静态地考察学生的智能，没有认识到智能也是终身发展变化的。

项目分析：对测试中的每个项目进行分析，以此来确定选择每个答案的学生比例，分析结果可用于考察测验的信度和效度。比如说，如果一种考试和一种文化是互相冲突的，那么估计这种文化背景下的大部分学生都不会获得好成绩。

平均数：一个表示群体水平的代表分数。平均数是通过把群体中每个人的分数相加的总和除以群体总人数所得的分数，过高或过低的个人分数会影响平均分数。

测量：传统意义上的测量表示对学生学习结果的定量描述和对学生学习态度的定性描述。而今天则常用这个术语来描述一个更具有整体性的方法，即措施。

常模：来自一个常模群体的分数分布，这个常模分数是该群体中学生分数的中点，即50%的分数在常模之上，50%的分数在常模之下。

正态曲线分布值：在1—99之间变化的分数，是数据处理的一种形式，可以用来比较同一个学生或同一组学生在不同考试上的得分，也可以用来比较不同学生在同一考试中的得分。一个正态曲线值就是一个常模测验分数，它的平均数是50，标准差是21.06。人们通常会使用正态曲线值来代替百分数，它也是许多基金会必须用到的。

客观测试：每个题目只有一个正确答案的考试，对不同的评价者和受测者的要求都一样。

需求评价：对学生课外生活的评价，用于考查学生在课堂之外学到了什么。

百分位数：是一个在1—99之间变化的等级量表分数，50是中间分数。百分制意味着常模群体所得分数的百分比等于或小于受测者的分数。百分位数并不代表正确回答的百分比，但是分数显示出和常模群体相比受测者的位置。

四分位数：把百分制分成四段：0~25%，26~50%，等等。

五分位数：把百分制分成五段：0~20%，21~40%，等等。

取样：从群体中随机选取较小的样本，通过测试这个小样本，获取有关整体信息的方法。如果取样准确，结果就适用于整个群体。取样有时还指选择有效的、较小的任务，以此在更大范围内推断学生的表现。矩阵取样要求对不同的群体做不同部分的测试，结果会在任务完成情况上反映较大群体的能力。

量表分数：它在001到999之间变化，用于比较不同的班级、学校、地区和其他群体在同一领域中的表现，还经常被用来反映学生的变化。

评分标准：评价的规划，计算学生对任务做出反应的熟练程度。标准包括等级量表、核查表、答案要点和其他计分手段。在比较真实的评价中，计分标准通常是作为评价的一个常规存在的。

标准化考试：考试的实施和计分都有固定模式，是一种客观性测试。标准化考试都是严格执行的，并经过多次施测选择出难度适当的考试题目。标准化考试的指导手册对于如何实施考试和如何计分有详细的说明，防止任何可能影响考试结果的无关推论发生。考试分数通常以常模作为参照。

压力是成功的障碍

压力是阻碍一些学生取得成功的障碍。根据斯金纳（1983）的研究，下面这些精神疲劳信号有助于教师和学生在压力产生危害之前就觉察到它们：

1．不寻常地辱骂人。
2．因为错误而指责别人。
3．一直拿不定主意做出决定。
4．比平常的工作时间更长。
5．不愿意运动或放松自己。
6．在饮食方面出现两极现象（胃口很好或很差）。
7．书写、弹钢琴或其他精细动作的技能明显退步。
8．说话时常常会废话连篇、出现陈词滥调，用字、词、句子不连贯。

那么，怎样应对这种过度紧张导致的压力呢？杰尔姆·布罗迪（Jerome Brody, 1982）提出了十种缓解压力，走向个人成功的方法。

1．**优先排序法（如：必需的、重要的、无足轻重的）**。工作没有平常做得好，总比什么都不做要强。

2. **安排你的时间**。安排一些宽松的时间以备应付意外的紧急事件的需要，还要留出一些家庭娱乐时间。

3. **估计一下你的压力状况**。不要或尽量避免把事情安排得太密集。

4. **保持吃饭、睡觉和运动的连贯性**。早饭多吃些，晚饭少吃点。

5. **留出一定的自我消遣的时间**。你的身体会告诉你什么时候你已工作过度了。

6. **工作时分清主次**。不要在每件琐事上都耗费你的精力。

7. **学会放松的方法**。用深呼吸、想象、生理反馈疗法、冥想等方法让自己放松。

8. **运动**。运动能产生明显的放松效果。

9. **和别人交谈**。请教朋友、亲戚或顾问。

10. **心中有他人**。每天尽力为他人至少做一件事情。

某种程度的压力可能会成为有利于学生成长的动力。但对失败的焦虑和恐惧会掠夺一个人的创造力。你还记得本章开始时我们为低等动物设计的课程吗？要求每种动物都必须选择飞、跳、啄、挖这四门课程，它们的评分标准和许多中学一样，即犯错误最少的学生获得最高分，动物在考试前都会产生极度的焦虑情绪。现在，让我们对这个考试做出如下假设：鹿在跳越栅栏这个科目中取得的成绩是"A+"，可以让它帮助其他动物从跳跃开始，发展飞行的能力，那么，每个动物都会在飞行一项中获得一个成绩，虽然这个分数不会高；或者我们假定，让老鹰不考跳跃和挖掘这两项，但让它向鹿学习跳跃、向松鼠学习挖，那么老鹰可能会运用一些创造性方法来帮助那些不会飞的动物学习飞行，以此来表现自身的飞行特长。这样，小鸡就再也不可能成为班级的第一名了，因为鹿、老鹰和松鼠都提高了各自的特长能力，并且通过共同努力，增长了其他技能。

总而言之，经过本章的讨论，我们得出了如下的结论：传统评价应该被真实性评价取而代之。

第十一章

将学生的进步与具体目标相联系

"假如你的目标清晰、可行且可以达到,那么目标本身将会推动你去行动,它们确实推动你了!假如教师和校长能够设定清晰的、可行的教学目标,那么他们最终将会达到这些目标,那时,他们就会明白这些目标是很有价值的。"

——法默(Farmer),引自:布拉德和泰勒
(Bullard & Taylor, 1993, p.123)

在特定的以学业为重的学校,许多毕业生在即将毕业之时会变得压力重重,因此,我为所教的十一年级学生设立了一个联系信箱,方便学生们表达各自的看法。学生出版社向我约稿,要我写一篇文章来帮助父母支持他们的孩子。由此我在家长与学生讨论的基础上,写下了这篇短文(见表11-1)。

表 11-1　怎样帮助你的孩子度过颁奖日？（数百万的青少年非常害怕颁奖日）

　　你是否曾经想过如何帮助你的孩子面对颁奖典礼？在那里，只有少数几个学生获得奖励。一个从没有得过奖励的毕业生承认，他感到自己是被赶进体育馆去"看那些聪明的学生得奖"的。你是否想过这对于那些学习十分努力而能力一般或能力较低的学生意味着什么呢？大多数专家都会同意，在这个事件中所产生的低自我意识，通常会影响学生一生的成就。

　　哈佛大学的专家霍华德加德纳是一个认知心理学家，他提出：我们只测量一种或两种智能而忽略智能成就的其他重要方面，这样做会对学生造成伤害。加德纳在多元智能理论的研究中，确定和定义了每个正常人至少具有的八种智能。多元智能理论促使我们再对"聪明"下定义时持谨慎的态度。对加德纳来说，智能是通过一个人怎样制订计划、怎样做出作品或者是怎样解决问题来表现的。他所强调的是发展而不是测量或分类排序。

　　不过，令人遗憾的是，这样的事情经常会发生。在北美的学校里，每年都有一些孩子在几个月里饱受个人失败感的折磨。而且其中的一些挫败感还会在家中变本加厉。教育者几乎别无选择，他们必须把对学生的评价与固定的课程联系起来。除此之外，他们对怎样确定和培养学生的个人能力的理解不同，对学生评价的影响也会不同。这种评价会引发很多学生的挫败感。但是，家长可以给孩子提供一份更有价值的礼物，那就是无条件地接受孩子。有研究表明，并不是每个人都可以获得学校的奖励。一个得 C 的学生是怎样在成年时成为得 A 的学生的，或者恰好相反？这在很大程度上取决于父母对待孩子的成就的方式。

　　最近，我参加了维多利亚州某所高中举行的一年一度的颁奖典礼。多年在中学任教让我逐渐养成了一种习惯：观察每个学生在年终典礼上的面部表情。我的个人研究以及我与成千上万学生接触的经历，让我有机会提供以下几点有针对性的建议。这些建议是针对父母或祖辈而提出来的，他们将发现自己其实是与那些没有获奖的胜利者一起庆祝颁奖典礼，这些建议将有助于家长与孩子一起庆祝某些重要的事件，即使这种庆祝不为公众所知，也没有关系。

　　1. **不要将孩子与其同伴或兄弟姐妹进行比较，这样做常常会让他感到愤怒**。当人们想通过将一个人与他的兄弟姐妹或朋友进行比较的方式去发展他的能力时，嫉妒会使他的注意力集中于自己的失败，他会由此产生重负而难以集中精力去发展自己的能力。所以，不要将孩子与他人进行比较，而应当看到孩子的长处，并为他的长处的发展提供支持和鼓励。韦德的例子就说明了这一点。

　　韦德在十年级的社会研究测验中几乎没有获得过 40 分以上的成绩。但是，他为学校演出而设计和协助搭建舞台布景，获得了奖励。此外，他还有良好的交际能力和组织能力。韦德的父母并没有因为他的学习不如别人而指责他，而是提供机会让他发展自己。学校顾问和韦德的父亲鼓励他在离开学校后开一个销售艺术品的小公司，以便他有机会发展自己对戏剧和艺术的兴趣。

　　2. **鼓励**。当一个人犯错误时得到鼓励而不是批评通常是最令人感激的。然而，即使学生犯了一个小小的错误，他们通常所接受的也会是批评。那些缺乏教育者所定义的那种认知能力的学生，很少会因为他们的某种独特能力而受到鼓励。相反，那些在这些认知能力上表现得更为聪明的学生却常常会得到老师的鼓励。聪明的学生通常会获得高分、赞扬和更多的鼓励。

续表

最近，我作为咨询者，参加了维多利亚州最大的一所中学的某个通讯班的咨询会。这个班有17个男生和1个女生，这个班的学生最突出的特征就是缺乏自信、自我价值感很低。在咨询会上，老师简短地读了一下学生的简历，然后询问他们毕业后可能会找的工作类型。一个学生反驳道："我们所能找到的恐怕只是不发薪水的工作吧！""所有人都知道我们班是愚蠢的班级。"另一个学生补充道。一场大笑掩盖了他们显而易见的尴尬，他们能够意识到学校接纳他们的程度非常有限。

这个修订过的英语课程计划似乎缺乏对学生有益的鼓励，使学生感到他们不如其他人有价值，要鼓励那些主修文艺复兴时期英国文学的学生，可以在他们高年级时组织海外旅行。但是对于那些主修通讯的学生，能够给他们提供什么样的鼓励呢？也许只有家庭可以给这些学生真正的鼓励，以此来帮助他们发现自我价值感，而不用管他们在班里是否一再地失败。

3. **为问题做好准备**。不同等级的学生要学习不同的技能，这将会随时间而改变。由于所要求的技能的不同，一个在低年级得A的学生，可能会在毕业时成为一个得C的学生，或者相反。幸运的是，一些家长不仅在问题出现时能够意识到，而且在帮助孩子克服问题时也具有超前意识。例如，罗比的父母告诉我："我们每个晚上一定要陪伴罗比至少两个小时，当我们其中一个哄较小的孩子睡觉时，另一个就陪伴罗比一起学习数学和阅读。"罗比是一个学习速度比较慢的八年级学生。通过罗比全家人坚持不懈的努力，他在数学和英语上由特殊班级的水平提高到常规班级的平均水平。当他毕业时，他计划进大学深造。

4. **提供经常性的支持**。对于一个在学校里经历了困难的孩子，必须尽快给予他帮助。罗比的妹妹苏与罗比同校，她在六年级的时候获得了科学展览会的最高奖以及其他荣誉。罗比的父母告诉我说："颁奖那天的情景让人感到痛苦，苏三次起来到台上领奖，学习对于她来说是如此容易；而罗比天天努力学习却什么也得不到。但是，他在八年级时获得了公民奖。通过罗比坚持不懈的努力以及父母每晚的支持，他的老师评价说：罗比获得了今年的公民奖，因为他教会我们每一个人在竞争中应该怎样与他人相处，应该怎样坚持不懈。这个奖对于罗比在家里的表现来说，一点也不逊色于他妹妹所获得的学业奖。除了学习上的进步以外，父母给予他的经常性支持，还使他在小组学习中学会了许多有价值的东西。

5. **关注孩子的优势**。孩子在颁奖典礼上没有获奖，并不代表他不具有某种能力。作为父母，你们可以以自己的方式来奖励孩子。比如说，在大家感到疲惫不堪和很有压力时，杰米经常会让班级气氛活跃起来。一天，他宣布："我的狗把我买来训练它怎样玩新把戏的书吃掉了！"幽默感对很多人来说都是很有用的，但是很少有人想到要培养像杰米那样的能力，也不会有人奖励这种能力，这不能说是一种遗憾。只要注意观察，你就会发现你的孩子的优势。你的孩子可能滑冰很棒，写作很优秀，画画很好或者能够发明东西……无论孩子坚持做什么，都应该帮助他们去实现目标，帮助他们将其做好。对孩子优势的这种关注将会把孩子很好地引向成功之路。

6. **表达无条件的爱和接纳**。并不是每个人都有能力获奖。最近，我参加了一个中学的颁奖典礼，这个典礼是在体育馆举行的，有2500多名学生参加。但获奖的学生只有75名左右，都是十一年级和十二年级的学生。一个名叫梅兰妮的女孩，去年

续表

曾获得了几个奖,今年却只能孤单地坐在长椅上,看着她的朋友们一个个跳起来冲到前台去领奖。她将两肘支在膝盖上,双手托着下巴,不耐烦地盯着前面,直到最后只剩下她一个人在那儿发呆。朋友们从她身边经过,拍拍她的肩膀然后冲了出去,但她的名字一次也没有被提到过。她皱起的眉头是否表明她为自己没有获奖而感到非常遗憾呢?今天的典礼是否就会激励她在大学里或在工作上为了获奖而加倍努力呢?今天她明显感觉很失望,以后她是否会逃学呢?当坐在梅兰妮旁边的大多数孩子站起来并在人们的欢呼声中走到前面去时,她却呆呆地地坐在椅子上。我在想,这种经历到底是会激励她还是会令她放弃?

每当我想起那天的颁奖典礼,我都会想起她在步出体育馆时对她旁边的男生所说的话:"几个聪明的孩子获得了所有的奖项。"我想知道梅兰妮是怎样聪明的一个孩子,谁将会帮助她去发现她自身的能力呢?

7. **与老师讨论你的发现**。希德发现,儿子布拉德雷在海边度假以后对海洋生物产生了浓厚的兴趣。他与孩子的老师就此进行了讨论。结果,老师让布拉德雷去组建一个海洋生物兴趣小组并做小组长。在这个科学小组中,组长必须要起草活动计划和制作表格来展示学生收集的标本,还要撰写论文等。这个小组参加了科学成果展览会,在一个竞争非常激烈的奖项中获得了二等奖。同时,在颁奖典礼上还设立了一个特别奖,以褒奖这个男孩在领导科学小组时所表现出来的热心和他所做出的贡献。

当你发现你的孩子具有某种特殊的天赋能力时,不仅学校会从中受益,而且孩子也会在发展天赋能力的过程中成长起来。对许多父母来说,他们所要做的仅仅是去发现孩子的天赋能力,然后与孩子及其老师进行交流,表明你支持孩子的个人发展的愿望。孩子比较容易在班级的混乱中迷失自己,而父母具有得天独厚的优势,他们对每个孩子都有独特的看法,对孩子的天赋能力也有自己的看法。但是,你必须与教师分享交流这些看法,否则孩子的天赋将会在班级中被忽视。

8. **积极倾听孩子的声音**。有研究表明,家长和教师并没有倾听孩子对他们自身教育的看法,然而学生拥有为自身的教育做出惊人贡献的能力。比如说,我为多元教育理论所收集的学生对中学教育所持的观点就证明了这一点:

● 学生热衷于为自身的教育做出重要的贡献。

● 学生的想法和观点能够为他们学校系统的积极改变发挥作用,因而是有价值的。

但要想了解到孩子的看法,父母就必须经常倾听孩子的声音,多与孩子进行交流。其实,孩子比较乐意告诉你他们的看法和观点。在我早期的教学生涯中,我经常是只告诉学生我对他们的能力和表现的看法,却很少倾听他们的声音。

约瑟夫·朱伯特(Joseph Joubert)在其《沉思录》(1842)一书中对此做出了最好的阐释:"儿童更需要的是榜样而不是批评。"比如说,学生可能会想解释,这种把获奖学生与其他学生区分开来的评价体系是不公平的。但是,他们一方面憎恨那些获得所有奖项的更聪明的学生,另一方面可能会告诉你他们差点就获得了最高奖,只是由于微弱的差距而与该奖项失之交臂。因为,只有成功的学生才能够站在前排去领奖,所以他们可能会感到自己的努力付诸东流了。多与孩子交谈吧,你将会了解到他们的看法。认真对待这些看法,它们可能会给你提供线索,从而能够帮助学生提高他们的自我意识和激励他们在竞争中坚持到底。

续表

9. **奖赏孩子的强项**。某些学生仅仅是在竞争中表现得不太好罢了,而有些学生只是因为他们自身独特的能力而在某些奖项上表现得更好而已。为什么要让传统的颁奖日成为学生一年一度的重要事件呢?其实,你也可以设立其他的奖项,以表彰孩子特有的能力。比如,对那些在家庭园艺中表现出色的孩子,你可以为他所种的蔬菜或花卉报名参加地区博览会。对那些喜欢宠物的孩子,你可以收养他所喜欢的宠物,要么给他提供一个在动物避难所担任志愿者的暑期工作,或者把这两件事都作为给予孩子的奖励。

10. **庆祝孩子的每一次进步**。当我们宣布:"在今天的学校百米赛跑中,玛戈特获得了第三名,让我们对他表示衷心的祝贺!"这对玛戈特来说是一种特殊的奖励。无论奖励是什么,你都必须清楚地说明它所代表的具体成绩是什么,同时,要表达你对孩子在某些技能或成就上所获得的进步的赞赏。每一次庆祝都是对某些特殊天赋得到发展的肯定。然而,对于那些没有这些天赋的孩子来说,这是不公平的竞争。但是,这种对某种天赋得以发展的肯定,也会使学生在他们遭遇挫败的领域重新振作起来。事实上,我们所有人都会面临失败。这里,我们的观点并不是要保护学生避免失败,而是要给他们提供在失败中创造成功的方法。我们的观点是帮助学生正确面对他们在薄弱领域的失败,使之不伤害他们的自信。当学生用他们的优势去战胜他们的劣势时,这一点是完全可以做到的。

根据专家的意见,年幼的孩子在很小的时候就会表现出他们的能力和兴趣。加德纳建议,家长可以通过观察学生在某个特殊技能上的坚持性来确定孩子的智能。也许我们教育者应该让"智能"这个概念涵盖更多的东西。加德纳支持这种看法,他拓展了我们如何对智能进行培养的理解,还说明了应该怎样至少培养孩子八种不同的智能。在家里,这种拓展将从父母开始,他们愿意去确定孩子的能力并且共同合作去帮助孩子发展他们的能力。当我们不可能期待教育在短时间内发生彻底的改变时,父母对自己孩子的肯定可以防止孩子智能的衰竭、无知和退学。当然,达到这个目的的前提就是必须建立一个改良体系。

我们的联系信箱受到了相当多学生的欢迎,他们说,他们越来越频繁地与家人在餐桌上进行讨论,因此,我们继续与家长在分数、对孩子的认可和未来学习目标方面进行对话。在接下来的一节里,我们将探讨如何将学习目标具体化及它是如何影响学生学习的。

目标在某些时候可以激励人们行动。我们在这本书里强调了合作、小组共同努力和目标设置的重要性。在描述目标和团队合作的相互依存关系时,施莫克(1996)指出:许多合作之所以失败,是因为没有能够确立清晰的目标。他说:"许多团队随意接受一些不严格、不精确、不实际,也不是大家共同持有的目标……仅就团队合作本身而言,就永远不会创造出一个团队来。"(Katzenbach & Smith, quoted in Schmoker, 1996, p. 18)。施莫克认为,清晰的目标可以提高一个团队的成效,增强团队的凝聚力,引导团队走向成功。他举了一个例子来说明,为了给学生提供更好的、更全面的教育,就必须要建立总目标和分目标,具体如下:

目标和分目标

总目标:学生写作能力的形成。

分目标:

- 写出有效的引言。
- 写出支持性的细节。

总目标:学生数学能力的形成。

分目标:

- 描述和理解解决问题的步骤。
- 计算更精确。
- 将数学知识应用到实际情境中。

总目标:学生科学技能的掌握。

分目标:

- 对科学知识的掌握。
- 完成一个严谨的实验。
- 能够提出解决科学或技术问题的办法。(p. 21)

施莫克认为,在学校改革中目标是被忽视的部分。他指出:"当学校不存在具体目标时,是不可能实现师生的发展和各种轰轰烈烈的计划的。"(p.25)如果我们想要了解持久的结果和成功学生所要达到的目标,我们就必须让目标成为一种手段,以此"帮助学生获得基本的成就感和进步感,从而使生活有趣并具有挑战性"(p. 28)。学校改革拥有清晰的目标非常重要,它可以确保教师引导学生脱离支离破碎或者表面的事实,深入到复杂主题的学习中去。

加德纳(1991)指出,深入理解知识十分重要,学生在学习的第一阶段时对事物的理解经常会流于表面。为了鼓励学生更深入地理解事物,教师经常要引导学生将他过去的经验与新的知识联系起来。在进行最后的评估以前,学生应该有机会与新的知识进行广泛的接触。比如,在维恩图(Venn diagram)(用圆表示集与集之间关系的图形)的教学中,教师可以提出以下问题,使学生能对如何运用维恩图展开讨论和进行澄清:

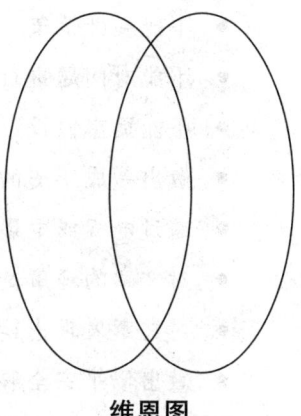

维恩图

- 你对维恩图的了解有多少?
- 它们被应用到什么地方?
- 维恩图是怎样描述事物的异同点的?
- 怎样运用维恩图来比较或对比两个不同的事物?

这次活动之后,可以使用维恩图来评估学生对两个相同或相互对照的概念的理解。比如说,要求学生使用维恩图来对比一本书和由此书拍摄的一部电影之间存在的差异,由此来评估学生的理解。

科伊和威尔斯(Kooy & Wells,1996)在他们撰写的《阅读的回应记录》(Reading Response Logs)一书中阐述了他们的发现:当学生在阅读文章时,他们对文章的理解是由浅入深的。首先是对文章进行字面上的了解,接着是进行理解和欣赏,其次才会对文章形成综合性的理解和评价。

科伊和威尔斯描述了在这三个阶段评估学生对阅读进行回应的标准。

阶段1:对文章字面上的了解。在这个最初阶段,学生的学习行为具有以下几个方面的特点:

- 对故事的兴趣是浅层次的
- 主要关注对文章的复述
- 判断是表面的
- 缺乏来自文章和他们自身经验的证据的支持
- 情节未展开时,所做的预测是不切实际的或者根本不可能的

- 不能展开情节
- 不能对问题进行组织
- 不能提出假设
- 做出一成不变的反应
- 通过电视或电影的印象来展开想象
- 对文章的理解是短暂和表面的
- 对文章表现出迷惑和误解
- 做出似乎完全脱离主题的反应

阶段2：对文章或新材料的理解和欣赏。处于这个水平阶段的学生的学习行为具有以下一些特点：

- 写作时超越了对文章的简单复述，对文章有自己的思考
- 将文章和自身经历进行联系和比较
- 对情节发展的预测似乎合理，但这种预测经常是短期的、在某种程度上说还未充分展开
- 在某种程度上，能够理解人物的动机，能与其产生共鸣
- 能将所学习的文章与其他相似或不同的文章进行比较
- 有时会产生一些简单的或未经深思熟虑的个人想法
- 表现出对文章的思考，想方设法去理解它
- 能够组织问题，做出假设和预测

阶段3：能把知识综合起来进行评价。处于这个更高学习水平阶段的学生的学习行为具有如下几个特点：

- 在理解文章意义的基础上，产生了对文章的强烈而主动的兴趣
- 能以文章和自身的经历为基础做出判断
- 精确的预测，对文章有深刻的理解
- 对人物角色的期望与文章提供的信息是一致的
- 在自身经历的基础上，对角色产生强烈的共鸣和理解
- 将文章与其他文献或著作进行比较和联系

- 认识到作者的写作技法，能够理解作者为了引导读者，在组织文章时做了精细的选择
- 认识到写作是一个想象创造的过程
- 意识到自己的个人信念可能不同于文章所提供的信念
- 意识到作者的观点

学生可以将这个阅读的回应记录表作为核查表来帮助自己从表面学习进入到对某个主题的深入理解。如果教师使用与此类似的检查表来向学生阐明学习的阶段，那么，学生就可以直观地看到学习的预期目标和成果。

回应记录表为学生提供了极好的机会，使得他们能够通过各种途径来学习。学生可以使用多元智能方法来进行学习。而我们则可以使用以下的方式从各个方面对这些学习进行记录：

语言智能：包括书面的或录音的记录，主要涉及词汇、词汇之间的联系以及复杂观点和概念的形成过程，目的在于通过词汇来交流意思。

数理逻辑智能：包括图形的组织、对数字的解释或说明以及事实和想法的逻辑顺序。

音乐智能：包括书面的歌词和作曲、录音和录像音乐，当这些音乐作为反省性的回应的刺激物时，就是对人们的感觉和想法的反映。

身体运动智能：包括各种表达想法、感觉、比较以及促使深入理解的动作方式。这一系列的动作都可以用录像带或照片记录下来。

空间智能：包括照片、图片及反映关于某个主题的想法、思维和感觉的象征物。

人际关系智能：包括学生对其他同学行为的反应、家长对孩子行为的反应、教师和家长对学生行为的反应，等等，所有诸如此类的群体相互作用的记录。

内省智能：包括元认知的表达（对自己思考的思考），具有元认知的学生会产生日益深入的自我认识，能够清晰地表达自己的优势和劣势。

自然智能：包括对环境的知识，如对植物、动物、云彩或岩石等自然

环境的组成部分的知识。

事实上，来自学生和教师的问题可以促进更加深入的思考。在此提供一些能够起提示作用的问题：

- 关于这个问题你还有什么要说的吗？
- 是什么引发了这个问题？
- 什么东西可以阻止这件事情的发生？
- 关于这一点你有什么证据？
- 怎样才能使它有所改善？
- 它可以与什么进行比较？
- 在类似情境下你将会怎么做？
- 你将如何完成这件事情？
- 对这件事情而言，尤其重要的是什么？
- 给你留下了深刻印象的是什么？
- 关于这一点，你想知道什么？
- 什么使你感到吃惊或惊讶了？
- 别人是怎么考虑这个问题的？

通过这些具有高度指向性的问题，学生可以更好地理解数学、历史、英语等学科的基本概念。问题可以激发学生的好奇心，使他们的心灵准备接受综合的答案。问题也可以培养学生跨学科的学习方法。

学生也可以运用互联网来为这些问题寻求答案。比如说，假如有这样一个问题"大屠杀对优生学到底造成了什么影响？"，学生可能会从给"优生学"下定义开始研究这个问题（所谓优生学，据说是通过增加令人满意的人口资源的数量来"改进"人的基因，这被称为"积极优生学"，积极优生学促进智能和体力上优秀的个体优生；而消灭劣等人群这种办法则称为"消极优生学"，消极优生学减少或防止有先天缺陷或疾病的个体的出生）。

评语在评价报告中所发挥的作用

戴维·卡罗尔（David Carroll）和帕特里夏·卡里尼（Patricia Carini）（1991）的研究表明，通过使用评语来描述学生的进步，可以表明教师对学生的了解。卡罗尔和卡里尼认为，描述性评价方法之所以有效果，是由于以下几个原因：

  首先，它使教师从日常班级工作中所获得的知识为公众所知，并且能够得到同事的支持和理解。此外，它加深了对儿童和课堂的思考与精确的描述。相对于其他简单的三言两语的评价，这种方法更为有用。

  其次，它可以通过特定的紧迫事情或者具体事件，对儿童进行更为广泛和更为长期的关注。它反映了儿童各个方面的个性特征，包括兴趣、选择、知觉和创建秩序的方式、思维和学习的方式……这种对学生的新认识使教师注意到自身知识的重要性，使他们在将这些知识应用于其他情境时信心十足。

  最后，这种评价方法提供了调和学校和家长之间的关系的机会，它保证家庭和学校之间的持续合作，这种合作以双方的共同努力为基础，目的在于确定孩子的兴趣和支持孩子的优势。

  教师、评语记录、给家长的报告和描述性评论本身使评价与课堂产生了紧密的联系，这些报告能够为儿童、家长和其他教育者保存相关的信息，从而使他们获益。(pp.45-46)

越来越多的教师正在建立这些评语的计算机档案，使用 Word 和 Works 程序来编辑档案有很多优点。第一，可以长期保存档案，而且检索起来又迅速又容易。第二，当你撰写新的评语时，你可以阅读以前所有的报告。这样，当你在以前的报告里对某个学生提出改进的建议后他（她）确实有所改进时，在这一点上你可以对这个学生表示祝贺。此外，你也可以确定学生长期存在的问题或者是那些日益恶化的问题。第三，对于那些十分繁忙、负担过重的教师来说，计算机可以简化他们的工作。几年以后，当学生回校要求提供个人在校的简历时，教师甚至还可以参考该学生的计算机档案。认真建立的评语档案有助于教师对学生开展许多的工作，有助于激活他们对具体事件和成绩的记忆。

厄尔（Earl）和勒马希欧（LeMahieu，1997）把这种评价方法叫作"儿童监控"，他们认为这种评价方式是充满活力的，也是必不可少的。他们写道："作为一个教师，你必须知道学生的学习风格，知道他们能做什么，必须迅速地了解这些信息。接受学生正在做的事情，这样你才能够以此为起点开展工作。"（p.154）

仔细观察学生的教师经常将他们的观察结果记录在核查表上。这张表可以反映学生在学习具体领域时所获得的进步、成功或者遇到的问题。在向家长报告学生的表现时，在与学生讨论他们的学习时，这些观察表都是相当有用的。教师还可以将这些表格整理汇集，用来观察学生所获得的进步。

在这些核查表中显得较弱的技能或行为可以作为学生未来核查表中的具体学习目标。这种方法并不复杂，也不会占用太多时间。虽然这些核查表在帮助学生直观地看到他们的进步方面有很大的作用，但它的操作其实非常简单，只需要在学生表现好的领域和仍需要改进的地方做上不同的标记就可以了。有时当学生看到自己在某个技能方面仍然保持平稳或毫无改变时，他会感到很惊讶。在所有的观察中至关重要的是：要明确所观察的具体学习结果，包括学生的投入，记录那些日常观察结果，这样才好确定学生的进步。比如说，在一个十一年级的班级中用于观察个人的英语学习情况的核查表就包括以下几个方面的内容：积极参与、学习习惯、学习态度、口语、写作和创造性。下面就是对这些核查表的具体描述。

对英语课堂中的表现和进步的评价

鼓励学生按表 11-2 所列出的各个方面将他们的努力和进步记录在表格中,这样有助于他们反思已经获得的成绩,并为未来的进步设置目标。

表 11-2 英语学习和进步情况的课堂表现评价

姓名:＿＿＿＿＿＿＿＿＿＿＿＿＿＿＿＿ 日期:＿＿＿＿＿＿＿＿＿
课程的名称:＿＿＿＿＿＿＿＿＿＿＿＿
上课的日期:＿＿＿＿＿＿＿＿＿＿＿＿

积极参与
- 出勤
- 守时
- 信赖感
- 主动性
- 努力

学习习惯
- 井井有条
- 努力
- 有效率
- 勤奋

小组学习
- 倾听
- 合作
- 参与
- 自信
- 热情

态度
- 积极
- 有帮助
- 恳切
- 关心

口语
- 重点突出
- 富有表情
- 有组织
- 观点明确
- 有效

写作
- 修改仔细
- 有创造性
- 有说服力和思路清晰
- 语法与拼写

创造性
- 新颖性
- 能力的激发
- 准确
- 有创新
- 其他

使用像表 11-2 这样的情况记录表，教师和学生就可以保存那些通过观察和学生的自我反思而获得的准确记录。这对于教师与学生家长的交流也是有用的，而且可以将学生当前的报告与以前的反思进行对比。

教师已经非常忙碌了，因此必须寻找一种有效运用时间和精力的方式。其实，这种评价方法只是要求教师创制空白的表格，以便学生用来记录他们的进步。同时，这种评价方法还为学生和家长的合作提供了特别有效的手段。因为，学生要确定自己在下个学期计划观察的具体技能和能力，就必须综合教师的要求、他们自己的优势和劣势以及家长对学生在家的进步速度的观察结果。

除了教师的观察结果之外，学生自己和同伴的观察结果将会增强评价的效果。

对学习和进步的自我评价

当学生学会反思他们的个人成就时，学生就学会了在他们的能力范围内进行学习。因此，学生对自己和同伴学习的反思，应当成为他们常规要求的重要组成部分。如表 11-3 那样，学生可以将他们的反思记录下来并进行整理归档，这对于比较他们在学期初和学期末的学业表现是非常有用的。使用表 11-3，学生可以对整个学期的进步进行反思并从中受益。

表 11-3　对学习和进步的自我评价

姓名：_____　　　　　　　日期：_____
课程的名称：_____
上课的日期：_____

积极参与
- 出勤
- 守时
- 信赖感
- 主动性
- 努力

口语
- 重点突出
- 富有表情
- 有组织
- 观点明确
- 有效

续表

学习习惯
- 井井有条
- 努力
- 有效率
- 勤奋

小组学习
- 倾听
- 合作
- 参与
- 自信
- 热情

态度
- 积极
- 有帮助
- 恳切
- 关心

写作
- 修改仔细
- 有创造性
- 有说服力和思路清晰
- 语法与拼写

创造性
- 新颖性
- 能力的激发
- 准确
- 有创新
- 其他

在观察的过程中,教师常常可以对学生在哪个特定的方面需要额外的帮助做出判断。这些帮助可能存在于各种各样的技能发展领域。此外,观察的结果可能会告诉我们,学生需要心理学家或其他方面专家的额外帮助。许多学生在严重的学习障碍重压下挣扎着,而他们的学习障碍从未为人所察觉。这些学生独自地面对失败、沮丧。在极端的情况下,他们甚至可能会自杀。美国学习障碍委员会的数据显示,美国有10%～15%的学生遭受着学习障碍的困扰。为了对学习障碍做出早期的诊断,可以观察学生是否表现出以下行为:

- 回避他人
- 在记忆上存在困难
- 不能够正确地排序
- 遭受失控情绪困扰
- 表现出不能遵照指令
- 难以记住词汇

- 表现出多动
- 表现出没有秩序感
- 不能解释观点和概念
- 不能理解内容的意思
- 手眼协调能力差
- 对噪声反应过度
- 容易分心
- 注意范围偏小

有时，批评者认为小组学习或合作性考试缺乏组织，或者认为这样做会在班级里造成更大的混乱。事实上这种反对意见并不正确。团队合作与混乱、迷惑并没多大关系。从学生的反馈表中可以明显地看出，学生喜欢秩序井然和组织良好的课堂。在以前我们都曾遇到过相反的情况，学生都无心向学，虚度光阴。当更多的人参与到一个主题中时，就需要更合理的组织。那些学习不好的学生在特别有组织的情况下会表现得更好一些。组织有助于做出预测，而预测使学生能够对困难情境预先做好准备，这样他们就不会因为缺乏准备、注意力不集中、难以承受同伴的批评而感到焦虑不安了。

小组学习的同伴评价

在小组学习中同伴的评价特别有用。表 11-4 所示的同伴评价表有助于将本书中所提到的小组活动联系起来。

表 11-4 小组学习的同伴评价

姓名：_____ 日期：_____
课程的名称：_____
上课的日期：_____

积极参与　　　　　　　　　　　口语
- 出勤　　　　　　　　　　　　- 重点突出
- 守时　　　　　　　　　　　　- 富有表情
- 信赖感　　　　　　　　　　　- 有组织
- 主动性　　　　　　　　　　　- 观点明确
- 努力　　　　　　　　　　　　- 有效

学习习惯　　　　　　　　　　　写作
- 井井有条　　　　　　　　　　- 修改仔细
- 努力　　　　　　　　　　　　- 有创造性
- 有效率　　　　　　　　　　　- 有说服力和思路清晰
- 勤奋　　　　　　　　　　　　- 语法与拼写

小组学习　　　　　　　　　　　创造性
- 倾听　　　　　　　　　　　　- 新颖性
- 合作　　　　　　　　　　　　- 能力的激发
- 参与　　　　　　　　　　　　- 准确
- 自信　　　　　　　　　　　　- 有创新
- 热情　　　　　　　　　　　　- 其他

态度
- 积极
- 有帮助
- 恳切
- 关心

上面所呈现的评价表是根据特定的学习需要和对小组学习或全班的评价而制定的。在使用的所有表格中，为了确定学生长期表现出来的优势和劣势，进行日常的观察就至关重要了。这些表格应该标明时间并汇集归档，以便教师、学生和家长查找。

评价实践将向何处去

虽然许多人都认为,评价改革是人们期待已久的事情,但人们在如何看待评价改革这个问题上很难达成一致意见。由此就会提出其他一些问题:由谁来参与评价改革?评价改革应该如何执行?谁来承担评价改革的责任?学校评价实践应该为谁负责任?

为了确保评价改革能够改善课堂教学,从而使评价改革成为一种不可阻挡的潮流,应该考虑以下几个关键因素:

- 对当前的评价体系进行评估。在最终做出评价改革的决定之前,必须对教职员工进行调查研究,从而确定他们所关注的问题到底是什么,并收集他们对评价改革的建议。
- 提出问题:有必要进行评价改革吗?如果答案是否定的,那么我们将不会对当前的评价体系进行干预。如果教职员工表达了评价需要改革的愿望,那么,就必须去了解评价改革应该在什么方面开展。这时要与教职员工开展头脑风暴活动,要与学生进行交流,以此来了解他们推荐的评价改革是怎样的。
- 确保不断进行沟通。在解决问题之前确定当前有什么问题非常重要。
- 一旦确定了问题,就要为改革配备必要的力量。这时必须更明确地界定问题是什么,从多方面寻求解决问题的办法,同时要考虑到改革的财政预算。
- 确定改革的阻碍并分析潜在的问题是什么。这时必须要集思广益,考虑不同的观点和来自不同文化背景的人的看法。
- 仔细考虑所提出的各种看法,以此促进所察觉到的障碍和问题的共同解决。
- 向评价方面的专家咨询,并研究那些取得成功的学校和地区是如何积极开展工作来收集专家的意见,以及来自各种背景的信息用于改革的。
- 在小的试点区进行评价改革。制订改革计划,以小步子、循序渐进的方式进行改革。
- 定期对改革和所进行的评价活动做出评估,并重新考虑最初的计划,确认计划的实施情况。

与许多政治家相比较而言,越来越多的教育者开始提倡教育评价改革应当在地方和州的层次水平上进行,而不是提倡由全国性考试所推动的改革。事实上,一些人,如迈克尔·阿普尔——威斯康星州的麦迪逊大学的教育学教授——已经指出了全国性考试的弊端:

> 这是一个保守议案在教育界举足轻重、大行其道的时代。在这样一个时代,人们把学校看作和工厂一样,由美国一小部分人口即工商界人士的需要来衡量它们的"投入"和"产出"。
>
> 我们正在施行的一套全国性学业成绩考试和国家课程,大部分是由保守议案推动的。这样的考试将会导致简化的纸笔考试的运用(这是最容易实施的)。这样的考试会迫使教师把应该教什么限制在极为狭隘的层面。只有那些为重要的经济和文化服务的东西才会被考试和被教授,而那些不太容易测量的任务,如重要的读写能力、少数族裔的知识和文化、发散性思维,等等,我们的学校几乎会无一例外地把其排除掉。(ASCD,1992,p.7)

如果我们将学习目标与学校管理联系起来思考,那么到今天为止,毫无疑问,我们的学校改革已经比阿普尔的学校质量改革取得了更多的成绩。施莫克(1996)指责我们在地区和学校水平上缺乏明确的目标,由此导致理想一次次地灰飞烟灭(p.27)。不过,他又乐观地指出:"我们已经比26年前知道得更多了,在那个时候古德拉德的研究认为,各级各类学校都没有清晰的、具体的学习目标。而我们现在已经意识到了目标对于改革的重要性。现在,我们应当宣传这些目标,让其成为学校和各级教育机构的共同

目标。"（p.28）

在加拿大安大略省所实施的一项适用于传统学校的评价改革，包括许多额外的合作性考试。这些考试取代了那些多项选择题、是非判断题、问答题和论述题的传统考试形式，这些传统考试只需要较低水平的思维技能就可以应付。而合作性考试的目标很有挑战性，旨在发展学生的智能。这些考试会向学生提出一些十分具有挑战性的问题，给他们至少一周的时间与自己的同伴共同解决这些问题，学生们必须通过高水平的研究来支持他们的问题解决策略。

学校发现，虽然学生在合作性考试中普遍学习得非常辛苦，但是他们喜欢这种学习方式，并且他们在这种学习中获得的知识和能力会比独立完成作业获得的多得多。至于成绩，一方面会给学生所参与的合作部分赋予一定的分值；另一方面，为了确保所有学生都理解了概念，都独立参与了问题的解决，还要求学生在课堂上独立完成个人的论文并赋予一定的分值。考试中的合作部分使学生学会了如何推理，如何与他人讨论，如何进行批判性思维；而论文考查部分则要求学生综合概括他们在小组中学到的知识，并把它们应用到新的情境中去。

对于在本章开始所提到的那些在即将毕业时感到压力重重的毕业生，我们诚恳地建议，家长要给予他们更多的支持。但是，假如出版商再向我约稿的话，我将会为青少年和教师提供一种方法，借此帮助家长参与到学校教育中来。这篇文章也将会在家长、学生和教师当中引起讨论，这个讨论将会围绕怎样使颁奖日变为褒奖能力的日子，这些能力必须能够界定每一个孩子的重要能力和真正能力。

在第十二章，也就是最后一章，我们将会为初中和高中的教育工作者提供各种各样的评价活动，以便他们将广泛的评价活动资料收集起来形成资料库进行共享。

第十二章

学生评价将走向何处

那些主张学习改革的人不可能停止执行新课程的脚步。面向真实表现的教育举措提出了引进新的评价手段，它们有助于学习方法与教学方法的革新。可这些新方法起源于何处呢？开发新的评价手段是要花费大量时间的，然而越来越多的学校发现自己为开发新的评价手段所付出的努力非常值得。

科罗拉多州的利特顿中学就实践了基于表现的教育评价。该校的教师、学生和家长共同组成了一个委员会，他们花了两年时间建立了一套新的毕业标准，以此代替老的卡耐基学分制。督导与课程开发协会（ASCD，1992年12月）是这样描述他们所做的工作的：

> 确立新要求的过程涉及对现存课程的超越，要寻求新的规则用以描述所有毕业生应该具备的关键特征……新的毕业标准的关注焦点在课程，教师会一直探究学生的课堂经历，使其有助于学生为展示学习结果做好准备。……这使人们不得不去思考：我们怎样去教才会使学生学有所获？(p.6)

学习评价的这种新趋势会鼓励各种合作学习活动的开展，合作学习有助于学生达到规定的标准。许多州和省已经开发了帮助和支持教师的评价项目。比如说,阿尔伯特地区建立的阿尔伯特评价协会就是家喻户晓的非营利性评审团与教育的合作组织,其作用在于提高学生课堂学习评价的质量。阿尔伯特评价协会的成员包括27个评审团和阿尔伯特教师协会,他们能够代表阿尔伯特地区的绝大部分学生。该协会的地址是:#500,11010-142 Street,Edmonton,AB,Canada,T5N 2R1。在互联网上,有许多类似的支持学习评价改革的组织,可以通过自己所在的学区找到这些组织。许多组织的目标与阿尔伯特评价协会的目标差不多,有一套可以广泛运用的评价体系。这种评价体系如下所示:

- 与阿尔伯特课程直接相关,评价标准以年级水平为基础,促进学生的学习。
- 通过提供机会提升教职员工的素质来支持教师。
- 促进知识、技能和专长的交流与分享。
- 与其他评价机构建立联盟。

评价组织特别鼓励不同学科的教师集思广益,并对这样的问题进行思考:我们怎样才能对学生如何写得好、想得好和用得好达成一致的期望?本章接下来将着重致力于阐释合作评价活动的范例,将进一步讨论怎样通过合作评价活动确保评价理所当然地成为学习的一部分,如何通过共同努力来建立一个共同的评价体系,如何确保我们的学生成为有成效的交流者、复杂的思考者、负责任的公民、能干的问题解决者、自我定向的学习者、有道德的个体和高素质的工作者。

为研究论文建构一个评价标准

通过创设一个评价标准可以对学生如何才算写得好、想得好和用得好达成一致的期望。值得注意的是,这个评价标准应该具体,每项有待测查的内容都要清楚地列出。

可能的论点

- 对紧密相关的意义重大的问题有澄清
- 创设了有效的回应或种种可能性
- 运用文本或研究中的具体观点来解决问题
- 通过对一个或多个人的现场访谈来获取资料
- 展示了个体较强的变通适应能力
- 为考虑解决未来的问题提出了很好的建议
- 在呈现解决问题的几个方面时展现了良好的表达技巧

具体的评价标准

A =
- 问题界定明确清晰
- 根据课程内容、研究和访谈做出了准确的回应
- 语法正确、语言表达流畅
- 逻辑严密、观点清晰新颖
- 运用多种方式解决问题
- 体现了运用个人优势解决问题的能力

A-/B+ =
- 在上述领域有良好的表现
- 很好地运用研究来解决问题
- 逻辑清楚、观点表述清晰
- 语法和拼写良好
- 能较好地参考课堂讨论、课本和实践经验
- 能较好地参照研究和访谈的不同视角

B/B- =
- 在上述领域的很多方面表现不错
- 写作通顺、语法正确
- 逻辑比较清楚、解决的问题清楚
- 语法和拼写良好
- 对研究的综述和访谈的叙述做得不错

- 能较好地组织和呈现观点来支持结论
C+/C = - 恰当的写作方式和语法运用
- 支持的观点前后一致
- 提出了值得进一步探讨的思想观点
- 提出了充分的解决问题的建议
C-/D = - 上述各个方面的表现都不佳

当家长、学生与教师在绝大多数的表现性任务维度上的意见达成一致时，学生就会对学习目标非常清楚，从而有更多的机会去实现更高水平的目标。尺度是简单的等级标准，特别是对学生进行评分的标准，一定要经过仔细的推敲。好的评价标准会激发学生的学习动机，使学生向更高目标的实现奋进。比如说，在一堂科学课上，可以这样来确定评价等级：

- 对抽象概念的实际运用
- 在新的情境下运用知识
- 运用适当的实验设备解决问题
- 分析统计数据
- 精确地测量数量
- 运用合适的媒体呈现研究结果
- 与他人进行良好的合作
- 及时提交实验报告
- 预测未来研究需要关注的每个研究主题
- 按照原程序复原科学工作的领域

斯蒂金斯（1994）建议教师运用专门的检查表来选择有效的评价任务。这个检查表如表12-1所示。

表 12-1　如何选择有效评价任务的检查表

_____　1. 这个任务与教育目标吻合吗?
_____　2. 这个任务恰当地表达了你所期望的学生要学的学习内容和技能吗?
_____　3. 这个任务能让学生证明他们的进步和能力吗?
_____　4. 评价运用了真实任务吗?
_____　5. 解决这个任务需要跨学科方法吗?
_____　6. 这个任务有能够很好地进行检测的解决方法吗?
_____　7. 这个任务与一个反映了复杂思维技能的重要结果相吻合吗?
_____　8. 这个任务形成了一种永久的问题类型———一种学生可能不得不重复的类型吗?
_____　9. 这个任务是公平的、没有偏见的吗?
_____　10. 这个任务在重要的利益相关者看来是意义深远的吗?
_____　11. 这个任务是意义深远并且促使学生动力十足地展示自己能力的吗?

在完成作业的过程中，这个检查表有助于学生检查他们的作业，否则学生会害怕他们没有达到要求的标准。他们可能会因为不知道应该增加、减少或概括什么材料而感到很受挫折。这个检查表首先会通过一个粗略的草图来指导学生，然后帮助学生最终完成高质量的蓝图。

在教师寻求在各种不同的课堂文化中发现许多丰富资源的方式中，新的评价方法尤其重要。如果家长和学生一开始就积极参与到评价中来，那么融汇性的结果就会自然而然地产生。一旦学生对为评价做出贡献习以为常时，就无须教师进行手把手的指导了。但是，当学生学会了如何形成他们自己的指导方针时，他们就会从协作性的准则标准中受益更多。这个时候，教师不再只是一个指导者的角色了，而应该是促使学生参与的促进者、学生达到课程标准的导师。

表 12-2 提供了一个详细的检查表，它是为十一年级学生的研究论文作业设计的。在使用这些积极主动的评价形式后，学生不用多少专门指导，就知道自己该做些什么以及如何汇报自己的成果。这个指南要简单明了，具有反思性，只用一张纸就可以了，可以附在论文后面。

表 12-2　研究论文涉及的作业清单

姓名：_____　　日期：_____

班级：_____

请把这个完成后的表格与你的作业一起上交。这个表格需要你和家长或监护人的签名。

检查和描述你在论文中用到的下列问题之一。
(　) 确认你在论文中提出的问题是：
(　) 你在论文中提出的问题和答案是：
(　) 你在论文中提出并证明的主题是：

请确保你在撰写论文过程中对下面每个要求都做到了：
(　) 陈述的目标清晰。
(　) 支撑的证据既清楚又相关。
(　) 结论逻辑性强。
(　) 用语正确。
(　) 引用的参考资料规范、准确。
(　) 除引文和文献外，观点具有原创性，是自己独创的。

学生签名：
家长签名：

如表 12-2 这样的反馈表有助于学生发现他们在完成作业时所遇到的困难，就可以减少学生对作业要求的错误理解。借助与同学的讨论，学生在最后上交作业前遇到的困难就会有所减少。

个人标准与小组标准

学生喜欢在小组活动中进行个人评价和同伴评价。表 12-3 就是为学生互相进行表现的评价而设计的活动检查表。表 12-3 中的项目适用于结对任务完成的评价，同时也适用于对同一项任务进行自我评价。通过比较与同伴在各个方面的不同表现，可以让学生更加全面地了解自己的优点和缺点。对这两方面的全面评价，我们将在接下来的自我评价部分进行介绍。

表 12-3　同伴评价活动

你的姓名：_____

同伴的姓名：_____

要解决的问题或要开展的项目：_____

 1．我通过下面这些方式认识到同伴的特殊能力有助于完成这个项目：

 2．我的同伴对这个项目的独特贡献是：

 3．我的同伴似乎在这些领域存在着困难：

 4．我的同伴在回答和解决问题时提出了如下建议：

 5．我通过下面这些方式认识到了同伴的特殊能力：

 6．我和我的同伴在一起工作将会更加成功，如果：

自 我 评 价

  不习惯于和其他人一起工作的学生或者感觉好像在小组合作中受到了不公正对待的学生，通常可以运用表 12-4 中列出的内容和过程来识别问题所在。通过同伴评价和自我评价，学生还可以发现自己的优点和缺点，珍视自己的投入和进步。在这个过程中，家长可以帮助学生运用自己的能力和兴趣爱好，以自己的速度来完成工作任务。在我们的访谈中让一些老师感到非常意外的是，接受访谈的学生希望看到他们的家长参与到学校项目中来时会受到更加热情的欢迎。许多学生说，他们的家长在帮助自己获得学业成就方面产生的影响是最有意义的。

表 12-4　同伴评价活动

你的姓名：_____

同伴的姓名：_____

要解决的问题或要开展的项目：_____

　　1. 我通过下面这些方式认识到了我的特殊能力有助于完成这个项目：

　　2. 我对这个项目的独特贡献是：

　　3. 我似乎在这些领域存在着困难：

　　4. 我在回答和解决问题时提出了如下建议：

　　5. 我通过下面这些方式认识到并运用了我的特殊能力：

　　6. 我和我的同伴在一起工作将会更加成功，如果：

家长的角色

　　通过更多家长的参与，我们可以着手建立一个对孩子有意义的家校协作制度。到那个时候，标准化考试只会变成安抚公众的一种简单方法。通过表 12-5 所示的自我定向学习契约，家长与学生可以共同计划和执行学习策略。

表 12-5　自我定向学习契约

姓名：_____　　　　　日期：_____

项目的题目：_____

目标（你希望学习什么？）：

学习策略（你将怎样去学习？）：

资源（谁会提供资源？在哪里能获得资源？）：

任务与期限（你将要完成的任务是什么？你要在什么时候完成？）：

证明演示（你将怎样证明你已经掌握的知识？）：

评价（你将怎样评价自己的学习？）：

家长与老师和学生一样，也是需要支持的。养育十几岁的青少年并非一件易事。一个十几岁的孩子可不容易对付。一位母亲（她的女儿决定去约会而不想因为考试好好在家复习）这样写道："其实，十年前我就应该知道养育孩子并不是一件小事情。那个时候，我的一位年轻的朋友告诉我说，你常常会听到女孩子说'我渴望有一个小宝宝'，可你什么时候听人说过'我渴望有一个十多岁的孩子'？"但是当家长与老师通力合作把评价变成激励孩子学习的一部分时，我们的工作同时也是在加强家庭教育和学校教育。

从传统考试到评价作为学习的一部分

传统的评价方法与真实的评价方法之间有什么样的区别呢？在本书的第三章中，我们讨论了琳达·达林哈蒙德对这两种不同的评价方法的目标进行的区分。传统的评价方法关注的是高度控制——"更多的科目、更多的考试、更多的官方课程，由于更多奖励而强加的更多的标准、更多的约束"（p.22）。根据琳达的观点，这些主张真实的评价方法的改革家则会"通过开发更多的考试和把奖金与学校的考试分数进行挂钩来改进教育状况"。

琳达提出了与传统的评价方法形成鲜明对比的真实性评价方法。琳达指出，真实性评价方法是"通过教师教育、资格认证、证书授予过程等方面的改变来促进学校的发展，提升教师的素养和能力"（p.22）。根据琳达的观点，在真实性评价方法中，任何人都会发现下面这样一些评价举措："强调教师的专业发展，鼓励教师参与决策来改变学校的权力过于集中的局面，改变地方评价实践，发展教师与学校之间的网络联系。"（p.22）

作为学习的一部分的评价也就是这里指的"真实性评价"，通常是通过教师与学生和家长共同协商来完成的，这对教师的教学实践提出了更高的要求。

- 与学生进行头脑风暴，为真实性评价计划寻求合适的评价标准。
- 在张贴表上列出评价标准，保持到整个单元学习结束。把这个标准作为常规，这样学生就了解了评价的期待是什么。
- 识别学生解决问题的能力或创造用来演示对所学内容有深刻理解的作品的能力。
- 既鼓励合作，也鼓励竞争。
- 与学生探究开展原创工作的可能性。
- 与每个学生一起总结其富有意义的目标陈述。
- 与学生进行头脑风暴探讨运用跨学科方法的适宜性。
- 与学生讨论该项工作如何才能概念化并呈现出来？
- 与学生讨论质量（技巧、原创性和精确性）。
- 与学生讨论如何才能实现个性化与合作性共存？在最后的计划书中如何体现这个特点？
- 考虑一下这个计划是如何反映课程的？

这样的合作探讨可以扩大教师与学生用来描述各种不同的成长水平的

词汇维度。当学生与教师一起讨论和回顾学习工作时，就需要用上某个词汇。

在互联网上人们可以发现一些网址，网上提供了在常规的中学评价实践中进一步运用多元智能观点的思想与活动的例子。

本章中阐述的表现性评价标准的一个关键原则就是，号召学生与教师（还可能包括家长）为一致的评价标准提供建议（参见表12-6）。我们希望设计的每个评价活动都能帮助学生认识到自己在各种不同领域表现出的优点和缺点，尽可能取长补短，取得可喜成绩。这样，就会要求学生广泛地运用自己的知识和技能，而不是简单地运用二次方程式或列出引起战争的三个原因。

表12-6 团队合作作业的评价指导

姓名：_____ 日期：_____

目的：通过加德纳八种多元智能模式中的至少五种来表达对某个重要历史事件的看法。

- 选择一个重要的历史事件，运用各种不同的方式来表述。
- 制订一个计划用以展示这一历史事件的各种各样的观点。
- 通过反思日志描述计划实施的进展情况。

对此计划进行的评价指导：

内容　　　　　　　　　　指标

态度　　　　　　　　　　学生是否

　　　　　　　　　　　　_____合作了？
　　　　　　　　　　　　_____贡献了观点？
　　　　　　　　　　　　_____得到了改进？
　　　　　　　　　　　　_____参加了小组会议？
　　　　　　　　　　　　_____与他人商讨了？
　　　　　　　　　　　　_____倾听了？
　　　　　　　　　　　　_____遵守纪律了？

续表

创造性的发展	学生是否
	_____ 产生了创造性的观点？
	_____ 进行头脑风暴提供了各种看法？
	_____ 发展了观点？
	_____ 运用了原创观点？
	_____ 进行了井然有序的组织？
	_____ 按顺序执行了计划？
	_____ 进行了修正工作？
	_____ 进行了研究？
	_____ 进行了反思？
	_____ 运用了多元智能教学方法？

我们的建议与许多学区所实施的评价实践是一致的。在这些学区的学校中，许多评价计划都是为学生提供展现自身能力的机会而设计的。毕业不再只是被界定为要求学生通过课程的数目，而是被定义为要求学生在20个左右的发展领域中熟练掌握的能力。这些领域包括交流、数学、伦理、个人健康与健身，等等。这一新思路将要求学校尽最大努力去着手开发评价工具，并整合整个社区的力量来支持协商评价的发展，从而促进学生的学习。

学生在组织学习和养成学习习惯的过程中，需要得到人们的指导。比如说，重要的视觉图像可以帮助学生反思他们已有的知识、学习新的概念和认清主要的论题。重要的视觉图像包括图片、地图、绘画、流程图、维恩图（英国逻辑学家维恩制定的一种类逻辑图解，可用来表示多个集合之间的逻辑关系）、时间表、格、行动标记、树状图、表格、平面图，等等。

根据肯·古德曼（Ken Goodman，1986）的观点，当语言与某些特征相一致时，这种语言所表达的内容对一些学生而言，学习起来是件轻而易举的事情，对另一些学生来说则会困难重重。下面就是一些例子：

当……时，它是容易的	当……时，它是困难的
它是真实、自然的	它是人为的
它是整体的	它是零碎的、片段的
它是能感觉到的	它是不可感觉的
它是有趣的	它是沉闷的、枯燥乏味的
它是有关联的	它是与学习者没有关系的
它是属于学习者的	它是属于别人的
它是真实事件的一部分	它是脱离背景的
它是有社会用途的	它是没有社会价值的
它的目的是为了学习者	它没有可能觉察到的目的
它是学习者选择运用的	它是别人强加的
它是学习者可以企及的	它是学习者不可企及的
学习者有权力运用它	学习者无能为力

古德曼指出，当语言表达真实的情境时，全语言（whole language）会促进学生的学习。全语言强调语言本身的完整性和工具性，同时考虑对语言、学习者和教师的重视。由于关注的焦点在语言所表达的意思而不是语言本身，所以说、读、写都可以通过真实的事件来学习。在这种情形下，评价会鼓励和邀请学生为了实现自己的目的，勇敢地去冒险运用多样化的语言。在全语言教学背景下，评价反映了如下假设：运用所有类型的语言都是适宜的，并且都是受鼓励的。

下面是运用古德曼的观点来评价学生在一个短篇故事单元中的活动的范例。这个故事是格莱汉姆·斯威夫特创设的"学习游戏"。在这个故事里，学生将把与故事相关的内容表现出来。比如说，学生可以选择戏剧表演活动。他们可以选择故事中的一个角色来进行扮演，要复述故事的主要观点。这些学生可以使用摄像机、灯光、道具、服装、布景、剧本、导演、音乐，等等。甚至那些拿着分镜头提示卡的学生也能学习台词，并与故事的观点联系起来。

用同一个故事可以进行另外一种活动,让学生在阅读故事本身的过程中接纳各种各样的人物角色的性格。学生可以扮演妻子的角色,给丈夫写信以表达对婚姻、家庭和他们自己的观点。此时,他们应该特别关注强调权力的问题,对婚姻、家庭与权力的关系进行解释。

此外,学生可以续写家庭去海滩度假后发生的故事,写丈夫、妻子与其他家庭成员之间的对话。他们可以描写每个家庭成员的权力问题。同样,学生还可以用艺术或图片来表达这个故事,可以扮演一家当地电视秀的评论家,可以创作音乐来表现每个人物的性格,也可以就故事中的权力主题进行辩论。

增强学习动机的评价

你曾想过评价能够增强学生的学习和理解的动机吗?增强学习动机的评价包括下面这些因素:

- **有关联的知识信息**:与学生的真实生活非常相关的思想观念和概念会使学习变得有趣、适用。
- **各种不同的学习方式**:允许学生通过各种各样的更加适合其能力和兴趣的方式来进行学习。
- **挑战知识信息**:为了突出学生的个性,有些问题的答案将会是开放性的,而另外的问题则与学生的兴趣和能力有关。
- **考虑特殊的需要**:评价的方法是为了确保所有的学生都得到恰当的评价而设计的。
- **多种多样的途径**:根据学生的建议,评价可以包括很多方面,诸如艺术、照片、植物展示,等等。
- **明确的期望**:清楚陈述的、直接可以看到的期望有助于激发学生的学习动机。
- **学生的观点**:学生完成某项作业感觉到主人翁意识时,会受到激发去出色地完成任务。

激发学生学习动机的评价所具有的特点：

- 避免学生的消沉。
- 相信学生的能力。
- 为每一类学习者创造活动。
- 不放弃任何一个学习者。
- 通过显示你自己的学习快乐来激发学生的学习热情。
- 家庭、朋友和学习伙伴也是评价过程的一部分。
- 给每个学生成功的机会。
- 帮助那些看起来快要失败的学生。
- 当你能够重视前进的阶梯时就会忽略错误。
- 一定要记得树立个人的目标。
- 不管任务有多困难，都要保持努力的姿态。
- 让自己不断地尝试。
- 永不放弃，勇往直前。
- 保持警觉、开阔的视野，发现新的可能性。
- 实践你所学到的技能，直至精熟。
- 一旦停止，就会退步。
- 阅读！阅读！！阅读！！！
- 在做出回答之前，停下来想一想。
- 掌控你的学习。
- 要理解你不可能知道所有的事情。
- 将你的回答视觉化。
- 等待，直到你有个绝妙的主意出现。
- 加速努力！
- 你是与别人不一样的，是独一无二的。
- 从零开始，直至顶峰！

- 毫无疑问，当学生考到好分数时，所教的课程内容是与考试材料联系密切的。这样一来，我们就会竭尽全力阻止由无关材料导致的低分数。安迪·法夸尔森（Andy Farquharson, 1988）提出了一个确保所教内容与所学技能都可检测的八个步骤：

1. 在开始教学之前就编制好你要实施测验的考试题。必须确保每个考试项目都是精确的、描述清楚的，而且与你要教的内容是一致的。
2. 确定在这个教学单元中要求学生表现出来的成果形式（小测验、小论文、讨论会等）。设计一个个人与小组的记录等级，确定表现性评价成绩在测验中所占的百分比。
3. 讲授教学单元。在头脑中始终有单元测验的概念，但不要教给学生单元测验的具体内容。监控学生个体与学生小组的工作，评价他们的表现性成果。在概念和技能上要提供具体的反馈。
4. 在教学完成之后，重新检查单元考试的内容。增加、修改或删除某些内容。针对每次考试中出现的问题，设计出一个或多个集中的学习项目。在考试中要包含所有的学习材料。在每次考试题目的后面附上题目的分数。
5. 将全班学生划分成"考试复习小组"。每组由3～4名能力水平不同的学生组成，将集中学习项目分配到每个复习小组。指导每个小组对复习项目的学习，并对每个学生进行考试，直到每个小组成员都掌握为止。
6. 根据安排回答每个学生的问题，并纠正学生可能出现的误解。
7. 对学生进行考试。在考试之前告诉学生他们已准备得很充分了，希望每个学生都取得好成绩。
8. 单元考试评分。计算出学生个人和小组的平均分数，为个人和小组的表现提供反馈和分析。认可并改进小组的表现。（p.12）

这种评价方式也有其缺点，它会引起学生对自己的不信任，不满意自己的成绩。这是因为，不管学生如何努力，不管学生取得何种程度的进步，他们都处于一个竞争环境之中。他们所得到的评价等级与其他人密切相关。而在许多情况下，这种相关并不存在，所以这种评价就不太公平。但学生相信，他们在分数面前人人平等。这样，当他们表现不好时，他们就认为自己肯定很笨。

在本书中，我们尝试介绍一种新的评价方式。随着新的评价方式的使用开始步入正轨，我们都知道，当成长档案袋评价取代纸笔考试时，一些教育家梦想着允许学生充分展现他们的个人能力。但是，某些教育者的工作却退步了，如项目评价的等级划分得太粗，教学并非总是在讲求质量。在 20 世纪 20 年代，随着做中创造设计运动（movement toward doing and creating project）的兴起，出现过教育质量的下降。某些人又开始采用严格机械的考试方式，企图用至少在学术圈里认同的标准答案来挽回这种堕落。

不适宜的评价常常会阻碍教育质量改革的进程。既然评价与作为手段、目的、方法的课程联系最为紧密，评价就不可避免地冲击着任何进步性的运动。当你允许学生联系生活实际时，你就等于是允许学生摆脱答案唯一的考试和智能测试。许多教师都承认这样的事实：胡乱的考试并无效果，作为手段、目的的课程倒可能是有效的。在课程设计改革的时代，评价有时候是马，有时候是马车，但无论是马还是马车，它都可能因为牢固的、传统的基础而在任何方向停止不前。这个基础会激发人们竞争的热情，使人们努力成为精英，攫取大量的物质财富，过上美好的生活。

结　　论

上述展现在你面前的评价活动和评价手段，是从和你一样关心评价的同行、家长和学习者那里收集来的。希望这些能为你打开一扇小窗，来激发你的创造力，从而为你发展学生的全部潜力而创建适宜的评价活动。

在评价中更有趣味的是，评价开始考虑如何才能让评价内容变得更加丰富，如何让学习与校外生活相联系，如何鼓励学生在向未知领域进军时发挥主动性并敢于冒险。同时，评价的范围也有了拓展，从原来的中等教育拓展到了高等教育机构，教师在高等教育机构接受了评价训练后，能够编制和运用更为适宜的评价工具了。本书的完成归功于许多人的精诚协作。在这个过程中，我们互相探讨：什么构成了一个意义深远的目标状态？如何创设一个适宜的测量跨学科工作进展的评价工具？如何使评价加深教师、家长与学生之间的联系？我们在此为这些问题以及其他重要问题的探讨开启了一道门。但这还只是打开了一道门而已。

比如说，依然需要进一步指出的是，职业教育对我们开发学校评价项目的工作提供了至关重要的帮助。另一个让人感兴趣且意义非凡的问题就是进一步的调查：在中学评价中，人生规划培训方案在评价中扮演着怎样的角色？我曾经写过一篇关于施特利中学的商务教育项目的文章。这篇文章发表在不列颠哥伦比亚省很流行的一本商务杂志《商务主考者》（Business Examiner）上。这篇文章引起了许多反响，说明这所中学找到了评价工作的关键所在。把孩子们的学习与外界真实的人生职业联系起来，学校发展形成了一种导师与学徒的教育模式，将专家与学生一对一地联系起来，使师生双方都能通过相互交流享受到学习的乐趣。

如果我们想更准确地描述高中学生的故事，那么，评价就必须要体现我们现在了解到的学习上发生的变化。如果我们希望孩子们成为拔尖人才，我们也必须告诉他们，让他们知道自己的优点和缺点是什么。我们应该打破考试的神秘感，在我们现在所知道的关于学生的能力的新知识土壤中，重新定位评价的世界。

在此，我们要特别介绍与感谢几个过去在这方面的评价活动中可以称得上奠基人物的人。首推的是加德纳与其哈佛大学研究团队的成员，他们领导并改进了把抽象理论与真实生活问题的解决联系起来的考试方式。另外一些领军人物，包括维果茨基，赛泽和精英联合学校的成员，以及迪金森（他当时提倡的小组学习是个新视角）。他们每一位都帮助我们运用抽象的观点来表达具体的现实。我们认为，教师、家长与学生小组的许多优秀表现和成果都是很有价值的。在本书中，我们更关注学生创设、创建、创造的有新意的、真实的成果，而不是他们完成目标任务所运用的技能。由于深受加德纳那样的专家的影响，我们对孩子的潜能很少去猜测，而对孩子们解决问题的能力则考查得很多。同样，我们强调解决真实生活中的问题，并提供把抽象理论运用到真实环境中解决问题的机会。

本书分析了在评价改革中存在的一些问题。新的评价工具给教师提出了新的问题，例如，它们有时较为复杂，并不像传统的纸笔考试那样有效率。此外，运用这些评价工具时不能及时评分，而且由于它们是由师生自己决定的，与特殊活动有直接关联，而不是在整个国家普遍实施的活动，所以难以标准化。家长们更想从标准化考试中获知他们的孩子在同学中所处的"合适"位置。从表面上看，旧的考试形式似乎更可靠，因此可以理解的是，家长顶多相信这些旧的考试方法是不精确的。

本书并不是要停留在对评价存在的问题进行责难和指指点点上，我们试图提出关键性的论题，并尽可能保持公正的立场来看待两方面的问题。比如说，当大学试图在有争议的评价领域提供自己的洞见时，却被指责脱离了学校实践。为了将评价运用在真实的课堂环境中，一些大学重新为教师提供有力的合作伙伴。中学教师有很多好的想法，但由于能力有限，不能将自己的想法运用到改革上来。同样，由于这些教师常常会缺少时间和资源，也就很难为评价领域的研究做出贡献。

本书明确提出，应该增加一线教师与研究者之间的合作。比如说，伙伴协作关系可以确保来自一线教师的观点在大学中的运用。如果教师强调高水平的思考和将抽象的概念运用于教学实践，那么，教育就可以在实践中得到建构。此外，大学中的研究者可以贡献他们的研究专长，以确保改革在稳定的理论和经验性的证据上进行。也许我们很快就会开始有效的合作，建构一个新的评价标准。比如说，我们如果想要避免20世纪20年代的问题，即评价内容划分的等级太粗略，我们就必须列出每个评价项目的标准，从而保证评价的质量。我们必须要问这样的问题：这个评价项目与所教的课程有关吗？它是针对某个特定问题的吗？其评价的媒介是否合适？评价体现了明显的等级水平吗？

教师还必须彼此合作来考虑这样一个问题：要想创建一个全国性的评价标准和策略，就必须建立一个关于评价观点的数据库。比如说，一个学校的教师可以通过几年的整合工作和公正评分的尝试，建立一个大储量的评价点子库。对那些模糊不清的、意义不明的语句进行修改后，就会形成一个可以评价各种各样的学习方案的标准评价语。在协作性团队中，教师开始不再"想当然"，他们不断对传统的评价方法的有效性进行反思。学生与家长的伙伴关系，有助于确保新的评价方法的开发，这种评价方法能更好地把学生的生活及个人能力和优点联系起来。生涯与职业伙伴关系有助于保证等级评价实践能适用于较大的社区所重视的技能和知识。

本书中有几章揭示了存在于学校之外的极为重大的改革障碍。现行社会一直是以这种方式进行评价的：好的评价能够帮助学生获得好的职位，因此家长就想让自己的孩子从学校的高等级或高分数中获益。在当前的评价系统中，冒险是不会受到好评的，因为冒险不能保证学生可以在社会中获得一个好的职位。比如说，当邻居家的女儿在学校里一直都拿 A 而成为学术上的第一名时，这个家长会让自己的女儿去"冒险"不用拿 A 吗？那些拿 A 的学生通常会获得比较满意的工作。既然在找工作的时候冒险的品质并不受欣赏，那么，我们如何期望这种品质会在学校教育的过程中受到鼓励呢？

我们想一想那个十年级的男生吧。因为他在得出一个自己满意的答案后就兴奋地离开了座位，可教师却在全班同学面前羞辱了他。因为根据书本上的答案，他的回答毫无疑问是完全错误的。在这一点上，一般来说，教师会如何做出反应呢？在同样的情形下，教师是应该鼓励孩子冒险回答问题从而引导他们增长知识，还是选择一种安全的、十拿九稳的答案？一些班级会鼓励冒险，学生意识到了在创造一个伟大的作品或进行一项伟大的创新之前，必然会出现许多错误。但是，太多的考试并没有给予更多的尝试机会，而只是对"错误的"答案给出较低的评分，对正确的答案则标记为"准确的"反应。那些敢于冒险的中学生得不到好的等级，而那些记住了正确答案的学生则受到表扬与激励。

你们中的每个人都可以收集自己的冒险故事。那些我在本书中曾经讲过的故事，更多的是来自十多年来我与数以千计的中学生、家长和老师共同工作的经历和他们的倾诉。我们的故事都有一个共同特点：要么犯错误会引发对问题更加深入的思考，要么可能导致对学生的责难和羞辱。在用标准化考试来评价学生是否聪明的班级里，或者说在不提倡冒险的班级里，一些学生永远都不会忘记他们的冒险在班级中是不可能受到奖励的。如此看来，要激发学生的全部潜能，真的是任重而道远。

本书还提供了一些好消息。比如说，一些大学在接受学生的条件和要求方面已经放宽了些，它们会参考成长档案袋和成绩单。在很多情况下，对学生的面试增加了评判学生在竞争中的反应能力和写作能力。大学的这些做法对那些致力于评价改革的工作者来说无疑是一种鼓舞，会促使他们对更具有传统性的智能性考试的反思。比如说，最好的内科医生不再仅仅是成绩全得 A 的学生，一个一直得 B 或 B+ 的，但非常热心于为流亡儿童搭建帐篷的学生，恐怕比那些只是专注于书本并总是得 A 的学生更有可能成为一名好的医生。

本书中每章都有一个教师特别关注的话题。比如说：我们仍然存在太多的问题但解决方案很少吗？这一系列解决方案是否适合我们的高度多元化的以学生为中心的教育体系？过去十年的教育改革强调个体差异，每个人的需要不同，因此我们必须允许不同的智能表现形式和评价方式。然而，我们还是要追问：是谁在决定哪种评价可以接受，哪种不能接受？在我们给出指导原则来决定评价过程并创设评价活动，来运用评价方法进行改革时，我们不只是在提供简单的规定。小组的共同活动在每个活动中都必须要有清楚的界定。评价的结果如何汇报和呈现？质量、技术、新颖性、精确性和个性在评价中起着什么样的作用？什么样的方法才是促进学生合作的方法？这里的合作可以是与同学、数据库、图书馆或其他信息来源的合作。

如果本书中的任何活动为教师与研究者提供了评价改革的新观点，鼓励他们在自己的领域中进行研究与实践的改革，那么这些活动就是有意义的。也可能其他的读者会树立更高的目标，比如说，建议如何将有效的评价与中学的实践联系起来，或者是指明我们如何在多个方面统一评价标准，其中包括不同学科、学校办学的指导方针等方面的统一。

本书并未呼吁"摈弃旧的评价方式，只用新的评价方式"。一些旧的评价模式，毫无疑问还是有助于改革者将一些新的创造性做法放进一个有质量的、可操作的体系中的。通过探究"有效运动"（efficiency movement）在中学教育中持续了一个世纪却未遭到严重挑战的原因，我们就能运用这些经验保证评价改革的继续进行。对于如何从根基上去动摇一个牢不可破的评价制度，我们是非常清楚的，我们会在现有的改革中不断前行，提高评价质量会继续成为我们追求的最高目标。很多人都会同意，在产生从A到F的评价等级的纸笔考试中，评价质量不一定会高。比如说，表现性评价就可以为提高评价质量增加一个维度。

还有重要的工作等着我们去做，我们需要研究教师的评价方法是否与学生的表现是相关联的，我们需要帮助设计课程的考试方式，确保学生与学生群体保持紧密的联系。中学与大学研究能够为这项工作提供有益的帮助。比如说，我们能从中学中观察和学习提高评价质量的技术。例如，琳达·坎贝尔等人（1996）在成功地实施多元智能教学的学校中发现了十种基本特征。这类学校从以下十个方面为学生积极主动地学习和发展多元智能提供了支持：

1．学习环境为每个学生从事多元智能活动提供了方便。
2．学校的课程范围广泛，为每个学生展示与发展八种智能提供了机会。
3．学校的全体教职员工将八种智能作为教学手段。

4. 家长与教师成为教育伙伴并肩作战。家长在家里教授孩子社会生活技能，也积极参与到学校活动中来。家长在家里与孩子讨论学校的生活，告诉孩子的老师孩子的优点是什么，参加学校的评价调查或会议，做志愿者为班级和学校服务。

5. 提供的部分课程需要不同年龄的学生共同参与，以便学生从他人的多种能力的表现中进行观察学习。学生从不同的文化理解中学习基本的读写能力。班级的课程活动从班级向家庭和社区扩展。在中等教育水平，学生开始学习核心内容与多学科的问题，有机会探索和挑战传统的知识，同时学生的职业兴趣也是受到鼓励的。

6. 课程的一个目标是教会学生理解。这样的课程范围是狭窄的，便于学生理解和掌握关键的概念。

7. 通过启动和完成他们选择的计划来发展学生的自主学习能力。

8. 学校的计划就是将学生漫无边际的、未经组织过的兴趣探索转变成意图明确的技能训练，既要教给学生常识，也要培养学生的创新意识。

9. 鉴别与培养学生的特殊能力和兴趣。学生有机会参加长期的课外课程的学习，可以自由选择导师或学徒项目。

10. 通过与教师的合作，学生认识到了他们被评价的标准。学生从多处来源中接受反馈与评价：教师、同伴、其他个体与自我反省。此外，"智能公平"的评价工具被用于评价学生的工作。给家长和学生提供的报告，包括针对学生优点和缺点的，也包括在家庭、学校和社区进一步开展工作的建议。

不断前进的学校可能告诉我们太多的东西：数量众多的改革项目，创新探索的范例，种种失误与教训。同样，研究者提出了有助于学校改进的建议。无疑，大学中研究方法的最大变化是从定量方法向定性方法的变化。比如说，直接的变化就是从简短回答的、由计算机计分的考试转变到基于表现性任务和真实情境（定性）的评价方法。但我们需要更多的关于完成任务的过程资料与成长档案袋的信息，也需要改进评价项目的计分标准。我们需要调查由学生和教师进行协商的活动过程，并对双方协商制定的评价标准进行评价。

评价可以帮助学生认识到他们的优点从而取长补短。我们必须尝试在学生的学习之路上有高质量的学习评价。在中学的评价改革运动中，我们必须保证学生的学习质量。这是一个困难的任务，需要有识之士共同努力来改变和改善我们的学校。

我们不能为了最终的评价系统的改进而把在这种评价系统中学习的完整的儿童给丢失了，也不能因为评价程序有些僵化而放弃整个评价系统。当我们在考虑最好的评价方法时，孩子们却坐在那里思考多项选择题的答案，猜测老师头脑里的答案是什么，然后写下老师早已确定好的答案。当前那些为参加州级或省级的考试而教的学校中，越来越多的学校落后于那些真实性评价开展得比较好的学校。大家都在努力改变落后的评价方法，教师也在进行革新以保证评价改革的进行。我希望我们已经提出了一些问题并做出了相应的回答，希望这些回答可以为读者参与评价工作的研究提供帮助。如果是这样，我们将会实现我们的目标——为学生的评价工作提供一些实践性的方法。

参考文献

Anderson, A., & Weber, E. (1997, April). A multiple-intelligence approach to healthy active living in high school. *Journal of Physical Education, Recreation and Dance (JOPERD)*, p. 57.

Armstrong, T. (1994). *Multiple intelligences in the classroom*. Alexandria, VA: Association for Supervision and Curriculum Development.

Association for Supervision and Curriculum Development. (1992, December). *Update*, 34(10). Alexandria, VA: Author.

Ausubel, D. P. (1991). Do instruction and metacognitive strategies help high school students? *Journal of Reading*, 34(6), 460–474.

Bateson, M. C. (1989). *Composing a life: Life as a work in progress—The improvisations of five extraordinary women*. New York: Plume.

Battistich, V., Solomon, D., Watson, M., & Schaps, E. (1994). *Students and teachers in caring classroom and school communities*. Presentation at American Educational Research Association Annual Meeting, New Orleans, Louisiana.

Brandt, R. (1993, October). On restructuring roles and relationships: A conversation with Phil Schlechty. *Educational Leadership*, 51(2), 8–11.

Brody, J. (1982). *Guide to personal health*. New York: Avon.

Brown, R. (1991). *Schools of thought*. San Francisco: Jossey-Bass.

Bullard, P., & Taylor, B. O. (1993). *Making school reform happen*. Boston: Allyn and Bacon.

Caine, R. N., & Caine, G. (1991). *Making connections: Teaching and the human brain*. Menlo Park, CA: Addison-Wesley.

Caine, R. N., & Caine, G. (1997). *Education on the edge of possibility*. Alexandria, VA: Association for Supervision and Curriculum Development.

Campbell, L., Campbell, B., & Dickinson, D. (1996). *Teaching and learning through multiple intelligences*. Boston: Allyn and Bacon.

Carroll, D., & Carini, P. (1991). Tapping teachers' knowledge. In V. C. Perrone (Ed.), *Expanding student assessment* (pp. 40–46). Alexandria, VA: Association for Supervision and Curriculum Development.

Darling-Hammond, L. (1992, November). Reframing the school reform agenda. *The School Administrator: Journal of the American Association of School Administrators*, pp. 22–27.

Darling-Hammond, L. (1994). National standards and assessments: Will they improve education? *American Journal of Education*, 102(4), 478–510.

Davis, J. E. (1974). *Coping with disruptive behavior*. Washington, DC: National Education Association.

Earl, L. M., & LeMahieu, P. G. (1997). Rethinking assessment and accountability. In A. Hargreaves (Ed.), *Rethinking educational change with heart and mind*. Alexandria, VA: Association for Supervision and Curriculum Development.

Eisner, E. W. (1993). Reshaping assessment in education: Some criteria in search of practice. *Journal of Curriculum Studies, 25*(3), 219–233.

Farquharson, A. (1998). *Teaching tips and instructional strategies*. Victoria, B.C.: Learning and Teaching Center.

Finders, M., & Lewis, C. (1994, May). Why some parents don't come to school. *Educational Leadership, 51*(8).

Fullan, M. (1993). *Change forces: Probing the depths of educational reform*. London: The Falmer Press.

Gardner, H. (1983). *Frames of mind: The theory of multiple intelligences*. New York: Basic Books.

Gardner, H. (1987). Beyond the IQ: Education and human development. *Harvard Educational Review, 57*(2), 187–193.

Gardner, H. (1991). *The unschooled mind*. New York: Basic Books.

Goodlad, J. (1984). *A place called school*. New York: Basic Books.

Greene, M. (1991). Texts and margins. *Harvard Educational Review, 61*(1), 27–39.

Haney, W. (1991). We must take care: Fitting assessments to functions. In V. C. Perrone (Ed.), *Expanding student assessment* (pp. 142–163). Alexandria, VA: Association for Supervision and Curriculum Development.

Hargreaves, A., & Fullan, M. (1992). *Understanding teacher development*. New York: Teachers College Press.

Hein, G. E. (1991). Active assessment for active science. In V. C. Perrone (Ed.), *Expanding student assessment* (pp. 106–131). Alexandria, VA: Association for Supervision and Curriculum Development.

Herman, J. L., Aschbacher, P. R., & Winter, L. (1992). *A practical guide to alternative assessment*. Alexandria, VA: Association for Supervision and Curriculum Development.

Kahn, N. B. (1992). *More learning in less time: A guide for students, professionals, career changers, and lifelong learners* (4th ed.). Berkeley, CA: Ten Speed Press.

Kohn, A. (1993). *Punished by rewards: The trouble with gold stars, incentive plans, A's, praise, and other bribes*. New York: Houghton Mifflin.

Kooy, M., & Wells, J. (1996). *Reading response logs*. Toronto, Ontario: Pembroke.

Kounin, J. S. (1970). *Discipline and groups management in classrooms*. New York: Holt, Rinehart & Winston.

Lieberman, A. (1992, August–September). The meaning of scholarly activity and the building of community. *Educational Researcher*, pp. 5–12.

Meyer, C. (1992). What's the difference between authentic and performance assessment? *Educational Leadership, 49*(8), 39–40.

Nunan, D. (1989). *Understanding language classrooms: A guide for teacher-initiated action*. Scarborough, Ontario: Prentice-Hall.

O'Neil, J. (1993). Turning the system on its head. *Educational Leadership, 51*(1), 8–13.

Perrone, V. (Ed.). (1991). *Expanding student assessments*. Alexandria, VA: Association for Supervision and Curriculum Development.

Peters, T. (1987). *Thriving on chaos*. New York: Knopf.

Robinson, F. P. (1961). *Effective study* (rev. ed.). New York: Harper & Row.

Sagor, R. (1996). Local control and authority: How to get it, keep it, and improve school *performance*. Thousand Oaks, CA: Corwin Press.

Schmoker, M. (1996). *Results: The key to continuous school improvement*. Alexandria, VA: Association for Supervision and Curriculum Development.

Scriven, M. (1967). The methodology of evaluation. *AERA Monograph Series on Curriculum Evaluation*, No. 1, pp. 39–83.

Senge, P. (1990). *The fifth discipline: The art and practice of the learning organization*. New York: Doubleday.

Skinner, B. F. (1983). Intellectual self-management in old age. *American Psychologist*, 38(3), 241.

Spady, W., & Marshall, K. (1991). Beyond traditional outcome-based education. *Educational Leadership*, 49(2), 67–72.

Sparks, D., & Hirsch, S. (1997). *A new vision for staff development*. Alexandria, VA: Association for Supervision and Curriculum Development.

Sternberg, R. (1991). Triarchic abilities test. In D. Dickinson (Ed.), *Creating the future: Perspectives on educational change*. Aston, Clinton, Bucks, U.K.: Accelerated Learning Systems, Ltd.

Stiggins, R. J. (1994). *Student-centered classroom assessment*. Toronto, Ontario: Maxwell MacMillan.

Stumbo, C. (1989, February). Teachers and teaching: Beyond the classroom. *Harvard Educational Review*, 59(1), 87–97.

Taylor, R. (1991). *Strengthening English and social studies instruction using outstanding integrated, thematic teaching strategies*. Bellevue, WA: Bureau of Education and Research.

Tobias, R., & Turner, T. (1997). Networking: Addressing urban students' self-esteem. In National Association of Secondary School Principals (NASSP), *Schools in the middle: Theory into practice* (pp. 33–38). New York: NASSP.

Travers, P. L. (1985). On unknowing. *Parabola: Myth and the quest for meaning*, 10(3), 76–79.

Vanier, J. (1991). *Images of love, words of hope*. Hansport, Nova Scotia: Lancelot Press.

Weber, E. (1995). *Creative learning from the inside out*. Vancouver, B.C.: EduServ.

Weber, E. (1995, November). Learning and loving it! *Home and School*, pp. 16–17.

Weber, E. (1995, Fall). Listening strategies for teachers and students. *Wellspring*, pp. 4–5.

Weber, E. (1996, November). Community in class (part 2). *Teachers in Focus*.

Weber, E. (1996, November). Creative communities in high school: An interactive learning and teaching approach. *NASSP Bulletin* (National Association of Secondary School Principals), pp. 76–87.

Weber, E. (1996, October). Eat your words and other building blocks for your classroom community. *Teachers in Focus*, pp. 24, 25.

Weber, E. (1996, April). Inuit pre-service teachers: A lesson in community learning. *Journal of Educational Thought*, 30(1), 23–30.

Weber, E. (1996, September). Multiple intelligences in high school classrooms. *Mindshift Connection: A Bulletin for Successful Teaching and Learning* (pp. 10–11). Tucson, AZ: Zephyr Press.

Weber, E. (1997, February). Resolving small group conflicts. *The Teaching Professor*, p. 4.

Weber, E. (1997). *Roundtable learning: Building understanding through enhanced MI strategies.* Tucson, AZ: Zephyr Press.

Weber, E. (1998). A multiple intelligence view of learning at the high school level. In Ronald Glasberg (Ed.), *Perspectives on the unity and integration of knowledge.* New York: Peter Lang.

Wheatley, P. (1995, September). *Leadership and the new science.* Presentation transcribed as Professional Development Brief #3, California State Development Council (CSDC).

Wiggins, G. (1989). A true test: Toward more authentic and equitable assessment. *Phi Delta Kappan,* pp. 703–713.

Williams, K. G., & Daviss, B. (1994). *Redesigning education.* New York: Henry Holt.

Zessoules, R., & Gardner, H. (1991). Authentic assessment: Beyond the buzzword and into the classroom. In V. C. Perrone (Ed.), *Expanding student assessment* (pp. 47–71). Alexandria, VA: Association for Supervision and Curriculum Development.